ABECEDARIO

DE

P. J. MARIETTE

ET AUTRES NOTES INÉDITES DE CET AMATEUR

SUR

LES ARTS ET LES ARTISTES

OUVRAGE PUBLIÉ
D'APRÈS LES MANUSCRITS AUTOGRAPHES CONSERVÉS AU CABINET DES ESTAMPES
DE LA BIBLIOTHÈQUE IMPÉRIALE, ET ANNOTÉ

PAR MM.

PH. DE CHENNEVIÈRES ET A. DE MONTAIGLON

TOME SIXIÈME

VAN SANTEN — ZUMBO.

APPENDICES ET SUPPLÉMENT

PARIS

J. B. DUMOULIN, QUAI DES AUGUSTINS, 13.

1862

ARCHIVES

DE

L'ART FRANÇAIS

XII

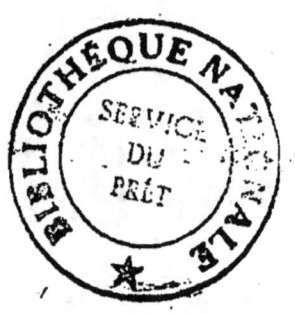

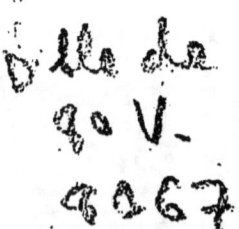

IMPRIMERIE DE FILLET FILS AÎNÉ, RUE DES GRANDS-AUGUSTINS, 5.

ABECEDARIO

DE

P. J. MARIETTE

ET AUTRES NOTES INÉDITES DE CET AMATEUR

SUR

LES ARTS ET LES ARTISTES

OUVRAGE PUBLIÉ

D'APRÈS LES MANUSCRITS AUTOGRAPHES CONSERVÉS AU CABINET DES ESTAMPES
DE LA BIBLIOTHÈQUE IMPÉRIALE, ET ANNOTÉ

PAR MM.

Ph. de CHENNEVIÈRES et A. de MONTAIGLON

TOME SIXIÈME

VAN SANTEN — ZUMBO.

APPENDICES ET SUPPLÉMENT

PARIS

J. B. DUMOULIN, QUAI DES AUGUSTINS, 13

—

1859-1860

ABECEDARIO

DE P. J. MARIETTE

ET

AUTRES NOTES INÉDITES

SUR LES

ARTS ET LES ARTISTES

TIRÉES DE SES PAPIERS

Conservés à la Bibliothèque Impériale.

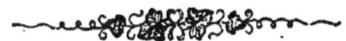

VAN SANTEN (THEODORE). C'etoit un excellent enlumineur hollandois, qui a vecu dans le dernier siecle en Hollande. Il y a loin de ce talent à celui de la peinture; mais quiconque se distingue dans sa profession autant que celui-ci l'a fait dans la sienne, merite de la consideration et que son nom ne tombe pas tout à fait dans l'oubli.

VAN SCHOOTEN (GEORGES), peintre hollandois, cité par Corn. de Bie, p. 373. On voit une estampe gravée d'après ce maistre, par J. G. Van Vliet.

VAN SCHUPPEN (PIERRE), d'Anvers, graveur ordinaire du roy et de son Académie royale de peinture.
— Pierre Van Schuppen, ayant appris l'art de la gravure à Anvers, lieu de sa naissance, et y ayant travaillé pendant

quelques années, vint s'établir pour toujours à Paris, où Robert Nanteuil jouissoit pour lors de sa plus grande réputation. Il s'attacha à ce graveur ; résolu de suivre le même genre de graveure, il se mit, comme luy, à faire des portraits, et, comme il avoit pour le moins une aussy belle couleur de burin, ce qu'il grava dans ce genre fut reçeu avec le même applaudissement. L'on ne l'appela plus que le petit Nanteuil. Il entreprit aussy de dessiner des portraits d'après nature, et il le fit avec d'autant plus de succès qu'ayant été destiné à la peinture dès sa plus tendre jeunesse, il avoit acquis la pratique de dessiner avec une grande précision. Personne n'étoit plus soigneux que luy de son ouvrage ; il l'étoit même à l'excès ; chaque planche l'occupoit un temps considérable, et il aimoit mieux en graver peu que de rien laisser sortir de ses mains où il parût quelque chose de négligé, et où il n'eût pas cru avoir donné l'entière perfection. Ainsi ses ouvrages semblent peu nombreux par rapport aux années qu'il a vécu, et cependant il auroit été difficile de trouver un artiste plus assidu. On ne pouvoit le distraire de son travail, et il avouoit luy mesme qu'il ne trouvoit point de plaisir qui approchât de celui qu'il goutoit renfermé dans son cabinet. Il mourut à Paris, y ayant plusieurs années qu'il avoit été reçu de l'Académie royale de peinture et de sculpture.

— Ce graveur étoit d'une propreté extraordinaire, et qui alloit même à l'excès ; il l'étoit non seulement dans ses ouvrages, mais dans tout ce qui dépendoit de son travail : table, burin, pierre à huile, coussin, tout ce qui étoit chez luy étoit de la dernière propreté, ce qui luy prenoit un grand temps, car, avant de se mettre à l'ouvrage, il perdoit beaucoup de temps à tout arranger de la sorte.

Il étoit si exact qu'il n'a presque point gravé de planche, du moins en France, où il n'ait marqué la date, et même, pour une plus grande précision, je remarque qu'il a fait suivre la date d'un chiffre, 1, 2, etc., jusques à 12; ce qui exprime, à ce que je ne doute point, le mois où la planche a été finie. Le 1 exprime janvier, 2 fevrier, et ainsi des autres successivement.

Ce graveur n'a point de variété; il n'a qu'une manière; ses tailles sont toujours prises de la même façon; il est très propre et son burin est d'une couleur fort douce et fort belle, mais sans esprit et sans âme. Les portraits que j'ay veu de luy, dessinés à la pierre noire sur du velin, l'étoient avec un grand soin, mais il n'y avoit point de touches; on dit qu'il les faisoit fort ressemblants. Du reste, il avoit un fort mauvais goût de dessiner, et on peut dire qu'à l'exception d'une tête, il ne sçavoit même pas dessiner, témoin tout ce qu'il a gravé et qui n'est pas portrait.

— En 1682 Van Schuppen étoit à Bruxelles, ainsy qu'on l'apprend de l'inscription au bas du portrait du baron de Meerbeck, chancelier de Brabant. — Le chiffre après la date veut peut-être designer le mois; 1, janvier, 2, fevrier, 3, mars, etc.

— *Desseins de Pierre Van Schuppen.*

Son portrait dessiné par luy mesme.

Carles Maurice Le Tellier, archevesque et duc de Rheims, dessiné en 1676. C'est sur ce dessein qu'a été gravée l'estampe.

Portrait anonyme d'un ministre ou conseiller d'État, dont il n'y a que la tête d'achevée.

Dominique de Ligny, evesque de Meaux, dessiné en 1659.

Portrait anonyme d'un abbé, dessiné en 1659.

Antoine Chasse, grand prieur du monastère de S¹ Vast, d'Arras, dessiné en 1680. C'est d'après ce dessein que l'estampe a été gravée.

Portrait anonyme d'un abbé ou evêque des Pays Bas, dessiné en 1682.

Louis XIV, roi de France. C'est sur ce dessein, fait en **1660**, que P. Van Schuppen a exécuté son estampe.

François Fouquet, surintendant des finances; il n'y a seulement que la tête d'achevée.

Portrait anonyme d'un homme d'affaires, en rabat de point; il n'y a encor dans ce portrait que la tête de terminée.

Denys Talon, avocat général et conseiller d'État; l'estampe a été gravée sur ce dessein.

N... Le Veau, fameux architecte, dessiné en **1659**.

J. B. Christian, baron de Meerbeck, chancelier de Brabant; l'estampe de ce même portrait a été faite d'après ce dessein.

Desseins faits à la plume par P. Van Schuppen, d'après des estampes.

Un enfant Jésus couché entre les bras de sa mère, d'après une estampe de Van Dyck, dont il y a une copie faite sous la conduite de P. Van Schuppen.

Jésus Christ apparoissant à la Magdelaine sous la forme d'un jardinier, en demy corps, d'après une estampe gravée par G. Sadeler, sur le dessein de Barthélemy Spranger.

La S⁰ Vierge embrassant l'enfant Jésus, qui est assis sur ses genoux; en demy corps, d'après une estampe de Raphaël, gravée par Gilles Sadeler.

Sigismond Bathori, prince de Transylvanie, d'après un portrait gravé par G. Sadeler.

Deux pelerins, d'après une estampe de J. Callot.

Une teste de femme, presque de profil; une autre teste de vieillard; dans des ovales; d'après des estampes de Rimbrandt, gravés par J. Van Vliet.

Une teste de femme, dont les cheveux retroussés sont ornés de fils de perles. Dans un ovale, d'après l'estampe d'H. Goltzius.

Portrait de l'archiduc Ferdinand, d'après l'estampe gravée par J. Sadeler.

Celuy de Gaspar Gevartius, d'après un des portraits d'Antoine Van Dyck, gravé par Paul Pontius.

— Vierge tenant sur ses genoux l'enfant Jésus endormi, accompagnée de S. Joseph et de St Jean Baptiste. En hauteur, in folio, d'après Crayer, 1653. — Les premières epreuves de cette pièce portent la date 1653 et une dédicace adressée par Crayer même à l'archiduc Leopold Guillaume, qui apprend que le tableau sur lequel cette estampe a été gravée étoit dans l'oratoire de ce prince à Bruxelles. — La même avec armes à la place de l'écrit et avec la date 1662.

— Mariage de S^e Catherine, où Jésus, assis sur les genoux de la Vierge, met un anneau au doigt de la sainte. Gravé par Blotelingh et retouché par Van Schuppen. — La date 1665 est au bas de la planche, mais gravée si légèrement à la pointe qu'il faut l'examiner de près pour la découvrir. Ainsi Blotelingh étoit à Paris en 1665.

— Portrait d'un homme à demy corps, d'après J. Dieu, en 1657. Au bas sont des armes, dans lesquelles sont trois gerbes et une bande d'or au croissant de gueules. — Pierre Bordier, intendant des finances, qui a fait batir le Raincy. C'est le premier portrait que Van Schuppen ait gravé à Paris.

— M. Pinson(1), qui avoit fort connu Van Schuppen, m'assuroit que le portrait de P. Bordier étoit le premier qu'il avoit gravé à Paris. En effet, je n'en vois point avec une date anterieure.

— Le chevalier François Joseph Burrus, de Milan, d'après J. Ouens. — Borri, Italien, chimiste, qui a été longtemps detenu à Rome, dans le château St Ange, pour cause de l'inquisition.

---

(1) Voir cet *Abecedario*, III, 375.

— Le portrait du premier président de Harlay, qui est dans le livre des *Hommes illustres* de Perrault, est gravé, a tête par Van Schuppen, et les habits par Du Flos. C'est Du Flos luy même qui me l'a fait remarquer.

— Puget de la Serre, homme de lettres, en pied. — Je crois, à n'en point douter, gravée par Lombart dans le même temps que la suivante. La teste a esté effacée et refaite depuis par Van Schuppen. — J'en ay veu une épreuve où M. Pinson avoit écrit au dos : Puget de la Serre ; la tête de Van Schuppen. — Le portrait du même, attaché dans un ovale au dessus de la bibliothèque des livres qu'il a composés. Gravé par Van Schuppen ; le reste de l'estampe est gravé par Lombart, d'après Huret.

— Portrait en hauteur, in 4º, du fils d'un président à mortier : Au bas il y a des armes avec cette inscription : Post funera vivo ; en 1664. — D'un premier président de Pau, suivant M. Pinson. — N....., fils de Thibault de la Vie ; premier président du parlement de Pau ; cela est certain. — De la Vie, fils d'un président de Bordeaux, mort fort jeune. Ce portrait est rare ; la planche a été envoyée à Bordeaux, et l'on n'en trouve que très peu. — Gabriel de la Vie, avocat general à Bordeaux ; puis maître des requêtes ; mort à Paris le 29 janvier 1691, âgé de 47 ans. Cette inscription manuscrite est au bas d'une épreuve qui est dans la collection de M. Clément, chez le roy, mais je doute un peu de son authenticité.

— Isaac Louis le Maistre de Sacy. Buste dans une forme quarrée. Nôtre epreuve est sans inscription, et je ne sais pas mesme si jamais il en a été mis à cette planche, pas mesme le nom du graveur.

— Louis XIV, roy de France, 1660, d'après Nocret. — C'est le portrait de Monsieur, et non du Roy.

— Jules, cardinal Mazarin, debout, gravé par:.... Il n'y

a que la tête qui soit gravée par Van Schuppen. Il n'a pas mis son nom sur cette planche, et il ne s'y trouve d'autre inscription que quatre vers français, qui commencent par : Qu'il soit grand de renom, etc. Je crois qu'elle a été faite pour P. de la Serre; examiner si ce n'est pas par Lombard.

— Portrait sans lettre d'un homme de guerre en fraise. Au bas sont ses armes, autour desquelles sont les colliers des ordres de S. Michel et de N. D. du Mont Carmel. — Philbert de Nereslang, grand maître de l'ordre de St Lazare. Ce portrait est rare, n'ayant pas encor paru. Il doit paroistre dans l'histoire de N. D. du Mont Carmel et de St Lazare. Je le sçay de Mr Pinson, qui a fait graver ce portrait.

— François de Noailles, évêque d'Acqs, en 1680. Buste dans un ovale, sans aucune inscription ; c'est un des derniers ouvrages de Van Schuppen. Pas mesme son nom.

— Portrait en rond d'une dame de qualité, en 1659, d'après Juste. — Madame la duchesse de Roquelaure, à ce que dit M. Pinson. — Charlotte Marie de Daillon du Ludé, duchesse de Roquelaure.

— Portrait d'une femme dans une niche, aux côtés de laquelle sont deux termes, dont l'un représente Apollon et l'autre Minerve. — Ce portrait se trouve à la tête d'un volume in folio, imprimé à Londres en 1668, dont voicy le titre : Plays never before printed, written (by) the duchess of Newcastle. London, 1668. — Il y a un livre en anglois intitulé : Principes de la philosophie naturelle, par Marguerite, duchesse de Newcastle, imprimé à Londres en 1668, folio, et il se pourroit fort bien faire que ce fût ici le portrait de cette Marguerite de Colchester, duchesse de Newcastle, épouse de Guillaume Cavendish, duc de Newcastle, d'autant plus que dans les vers anglois qui sont au bas du portrait, elle est traitée de femme savante. — C'est certainement son portrait.

— Portrait d'une femme assise dans un fauteuil, à côté

d'une table au devant de laquelle est une balustrade, et au dessus d'elle est un dais sous lequel sont quatre enfans, dont deux la couronnent. D'après Diepenbek. — Celle-ci me paroit encor être le portrait de la duchesse de Newcastle. — Est bien plus rare que le precedent.

VAN SCHUPPEN (JACQUES), fils de Pierre Van Schuppen, graveur celebre, naquit à Paris en 1669. Son pere avoit dessein d'en faire un graveur; mais, persuadé qu'on ne reussit dans cet art qu'autant qu'on a acquis quelque connoissance dans la peinture, parce qu'on a presque toujours des tableaux à graver, il le plaça auprès de Mr de Largilliere. C'étoit mal s'y prendre, car la peinture paroissoit dans cette ecole avec tant d'éclat que quiconque y entroit ne pouvoit se refuser à se consacrer tout entier à elle. Et c'est ce qui arriva au jeune Van Schuppen. Il ne pensa pas à la gravure, quelques remontrances que lui fit son pere, etudia serieusement pour devenir peintre, et il fut reçu en cette qualité dans l'Academie royale en 1704. Comme son maître, il se consacra principalement au genre du portrait; il y acquit quelque reputation, mais pas assez pour effacer ni pour aller de pair avec ses maîtres. Ainsi il ne lui fut pas difficile d'accepter l'offre qui lui fut faite de passer en Lorraine, où le duc le prit à son service et le déclara son premier peintre. Apres être demeuré plusieurs années à cette cour, las de s'y morfondre, il passa à celle de Vienne, et il fit si bien par ses pratiques et par le moyen du comte d'Althon, qui gouvernoit l'esprit et les bâtimens de l'empereur, qu'il fut admis à peindre les portraits de Leurs Majestés Impériales. J'ignore si l'on en fut content, je scais seulement que le peintre se plaignoit hautement de la recompense. Il se retourna d'un autre côté, et, profitant toujours de la faveur du comte d'Althon, il proposa comme le moyen le plus sûr de faire fleurir les arts à

Vienne, d'y établir une academie à l'instar de celle de Paris ;
ce qui ayant été fait, il en fut etabli le chef en 1725. Il l'etoit
deja lorsqu'il fit un voyage à Paris en 1727. — Je l'ai fort
connu dans le sejour que j'ai fait à Vienne ; c'etoit un esprit
pesant et son pinceau n'etoit pas plus léger. Il dessinoit mal
et c'est ce qui faisoit que ses testes n'étoient presque jamais
ensemble. Mais ce n'est pas ce qui fait les portraits ressemblants aux yeux de la multitude, pourvû qu'on y trouve
certains traits caracterisans qui fassent dire : voila le portrait
d'un tel, cela leur suffit, et dans ce cas là Van Schuppen aura
fait beaucoup de portraits ressemblants. Je luy ay vû faire
le portrait du general Bonneval. Je l'ai vu en liaison avec le
poëte Rousseau : de semblables connoissances auroient dû
influer sur son caractere, si un caractere fait pouvoit changer. Il est mort fort vieux à Vienne, le 28 fevrier 1751, agé
de 82 ans.

VAN SOMER (JEAN) etoit etabli à Amsterdam. On a de lui
plusieurs gravures en manière noire, et dans le nombre
quelques portraits qui sont éxécutés pesamment et peu propres à donner une idée favorable de ses talens. (*Notes sur
Walpole.*)

VAN STALBANT (ADRIEN), ou Stalbempt, né à Anvers le
12e juin 1580, a gravé une suitte de 6 paysages de son invention ; il estoit peintre et vivoit encore en 1661. Corn. de
Bie a donné sa vie en flamand, p. 228.

VAN STAREN (DIETERICH). Voici comment cette marque
est figurée D'V, et elle fait allusion au nom de l'auteur. C'est
proprement un logogriphe, car le nom de ce maistre est
Dieterich Van, ou Vander Staren, et Staren en allemand signifie une etoille. Je crois reconnoître dans sa gravure l'ouvrage d'un peintre en miniature ; j'y trouve plus de soin et

de propreté que de goût. Ses pièces, qui presque toutes portent des dattes, nous apprennent qu'il a vécu et gravé depuis 1522 jusqu'en 1544. J'ai trouvé une ou deux gravures à l'eau forte.

— Je n'ai encore vu aucune estampe de Dieterich Vander Staren avec la marque DV (en monog.), telle que l'indique ici le P. Orlandi, et j'aprehende fort que ce soit un plat de son metier. (*Voir Brulliot*, 2e *partie*, n° 2825.)

VAN SWANEVELT (HERMANN). *Herman* a peint de très beaux paysages dans les lambris du cabinet de l'Amour, à l'hotel du président Lambert, et sur l'un de ces tableaux il a mis son nom et la date 1640 ou 1646. Il étoit alors à Paris, l'inscription le dit aussi. Dans ces paysages on voit qu'il cherche à imiter, pour les sites, la maniere de Both d'Italie, et pour les effets de lumière celle de Claude le Lorrain. Both et Patel ont travaillé avec lui dans le même cabinet.

— *Ermano Scavemenfeld.....* Herman Schwanenfeld de Wurde, suivant Sandrart, ou plustost Herman van Swanevelt, puisqu'on le trouve écrit ainsy de sa main sur ses ouvrages, fut surnommé l'Hermite, parce qu'on le trouvoit continuellement dans les ruines et les lieux les moins fréquentés de Rome et des environs, dessinant d'après le naturel, ce qui le rendit très habile dans le talént de peindre des ruines et des paysages, et luy acquit de la réputation. Cependant il ne négligeoit pas de fréquenter les accademies de Rome et d'y venir dessiner le nud d'après le modele, avec la mesme assiduité qu'aucun autre peintre de figures; cela luy donna la facilité d'enrichir ses compositions de paysages de petites figures, qui y font toujours un heureux effet lorsqu'elles s'y trouvent placées avec intelligence. Ce peintre faisoit au reste tant de cas de ceux qui dessinent la figure avec correction, qu'il disoit souvent qu'une main bien des-

sinée étoit préférable à toutes les compositions de paysages.
Sandrart, page 311.—Herman a imité la manière de peindre
de Claude le Lorrain, et il a comme luy introduit dans ses
tableaux des accidents de lumière qui en relevent beaucoup
le mérite; les sites en sont assez bien contrastés, et les devans en sont presque toujours fort riches ; il y a mis ordinairement des plantes et des troncs d'arbres garnis de grosses
ecorcès et de mousse, ce qu'il traittoit très bien ; mais, autant
qu'il estoit riche et varié dans les devans de ses tableaux,
autant a-t-il été pauvre dans les compositions de ses loin-
tains, qui sont presque toujours les mesmes. Il a gravé plusieurs paysages et des ruines pendant son séjour à Rome, et
mesme, à ce que je croy, depuis son retour à Paris; il s'y
trouve le mesme faire et la mesme intelligence que dans ses
tableaux. — Corneille de Bie fait mention de ce peintre,
p. 259, et Felibien, t. 2, p. 477. Il estoit de Woerden ; Houbraken, t. 2, p. 352. J. B. Passeri, qui a écrit la vie de ce
peintre, lui fait abandonner Rome et mourir peu de temps
après à Venise en 1649, agé environ de 50 ans. ·

—Il me semble qu'il y a des planches gravées par Herman
en 1654, pour Israël; la date de sa mort donnée par J. B.
Passeri est donc fausse.

— L'amour de ce peintre pour sa profession et son assiduité à dessiner toutes choses d'après le naturel l'ont rendu
un des plus habiles peintres de paysages. On le trouvoit continuellement dans les ruines de Rome, occupé à dessiner, et,
quoyque ce ne fût pas son talent de peindre la figure, il fré-
quentoit avec la même assiduité l'académie du modèle. Il
s'attacha surtout à suivre la manière de Claude le Lorrain.
De retour de Rome, il vint s'établir à Paris, qui est le lieu
où il a le plus travaillé. Il a gravé luy même avec beaucoup
d'esprit la plus grande partie des pièces qui composent son
œuvre.

VAN THIELEN (JEAN PHILIPPE), seigneur de Couwen-
berch, né à Malines en 1618. Il est parlé de ce peintre dans le
livre de Corneille de Bie, à la page 344, ou l'on trouve son
portrait gravé par Richard Collin.

VAN THULDEN (THEODORE), peintre, disciple de Pierre
Paul Rubens.

— Theodore Van Thulden, disciple de Rubens, a peint
plusieurs tableaux dans l'eglise des religieux Mathurins à
Paris, qui montrent du genie. J'estime surtout celui qui represente le martyre de Ste Barbe. Il est agreablement peint
et l'on y retrouve une assez juste application des principes
de Rubens. Ce qu'il a peint cependant de plus considerable
dans cette eglise est la vie de St Jean de Matha, petits tableaux encastrés dans la menuiserie servant de lambris aux
stalles des religieux. Il les a gravés lui-même, car Van Thulden, qui avoit une pointe facile, se plaisoit à graver, ainsi
qu'on le peut voir par ses planches de la galerie d'Ulisse,
peinte par le Primatice à Fontainebleau, les decorations pour
l'entrée de l'archiduc à Anvers, executées sur les desseins de
Rubens, etc. Van Thulden etoit à Paris en 1632. Il est né à
Bois-le-Duc, ainsi qu'il a été remarqué par de Bie dans son
Cabinet doré, p. 242. J'ay son portrait gravé, ou je pense
qu'est marqué son age; on y trouve au haut la marque de
Van Thulden TVT; d'un coté on lit Æ, et de l'autre 24, et
au bas, aux deux coins de la pl. ANº — 1631, et par conséquent il faut placer sa naissance en 1607.

— Les travaux d'Ulysse representés en une suite de 58 pièces, sans compter les frontispices, lesquelles ont été dessinées
et gravées à l'eau forte par Théodore Van Thulden, d'après
les tableaux qui ont été peints à fresque dans une des galle-
ries du château de Fontainebleau, par Nicolo dell' Abbate,
sur les dessins et sous la conduite de Francois Primatice. —

Le frontispice où sont représentées les armes du cardinal de Richelieu, accompagnées de Mars et de Minerve. Cette pièce inventée et gravée en 1632 par Theodore Van Thulden, qui avoit pour lors dessein de dédier son ouvrage au cardinal de Richelieu; — c'étoit à M. de Bassompierre et non au cardinal de Richelieu (1); — il la supprima et il y substitua l'année suivante l'autre frontispice, qui représente les armoiries de M. le duc de Liancourt dans un cartouche (2).

— La vie du bienheureux Jean de Matha, fondateur de l'ordre de la Sainte Trinité de la rédemption des captifs, représentée en une suite de plusieurs tableaux qui ont été peints par Th. Van Thulden, dans le chœur de l'église des Mathurins à Paris, et ont été ensuite gravés à l'eau forte par luy mesme, en 1633. — Ces tableaux sont placés dans les lambris au dessus des stalles. — Ces deux sujets (celui où l'on donne la sepulture au bienheureux Felix de Valois, et celui où plusieurs malades recouvrent la santé en s'approchant du lieu où repose son corps) ne sont plus dans le chœur des Mathurins; je ne sçay où ces tableaux ont été transportés depuis qu'on accommoda la menuiserie des formes du chœur.

VAN TOL (DOMINIQUE), peintre hollandois, qui a mis dans ses ouvrages le même terminé que Gerard Douw dans les siens. Trois de ses tableaux, qui representent une ouvriere en dentelle, une faiseuse de beignets et un jeune garçon tenant une souriciere, sont decrits dans le catalogue des ta-

---

(1) Tous deux avaient pour armes trois chevrons.
(2) La chalcographie du Louvre a acquis il y a quelques années ces précieuses planches, seul souvenir d'une admirable galerie, dont il a déjà été question dans cet *Abecedario*, IV, 212-213.

bleaux de M. S. H. Van Hamkerk, dont la vente s'est faite à
la Haye en 1770, et j'ai un pressentiment que c'est un peintre de nos jours, que je ne trouve nommé ni dans Houbraken
ni dans Van Gool.

VAN UDEN (LUC), d'Anvers, né le 18 8bre 1595, peignoit
assez bien le paysage et le dessinoit dans la maniere de Rubens. Il en a gravé quelques uns à l'eau forte d'après le Titien, d'autres d'après Rubens, et d'autres sur ses propres desseins. Felibien fait mention de luy, mais il se trompe lorsqu'il
dit qu'il estoit Romain. Son portrait peint par Van Dyck a
été gravé par Luc Vostermann ; c'est un de ceux qui composent la suitte des 100 portraits. Voyez Corn. de Bie, p. 240.
Felibien, t. II, p. 290. L'on m'a assuré qu'il estoit disciple
de Fouquier.

— Les paysages de Van Uden sont des portraits fideles des
campagnes du Brabant. Ce peintre, qui avoit appris sous
Rubens les règles du clair obscur, se contente d'imiter ce
qu'il voit et de le rendre avec intelligence. Cette simplicité
naïve ne vaut-elle pas la richesse de compositions plus brillantes, mais moins naturelles? (*Catalogue Crozat.*)

VAN UYTENBROUCK (MOYSE), peintre et graveur, nommé
en France le petit Moyse. — Cet auteur composoit ses sujets
dans la manière de Corneille Poelembourg; il y mettoit une
grande intelligence du clair obscur, et généralement tout ce
qu'il a gravé est très estimé.

— Moyse Van Wtenbrouck, surnommé le petit Moyse, a
peint des paysages où se trouvent des figures dans la maniere de Corneille Polembourg. L'on voit de luy plusieurs
estampes gravées avec autant d'art que d'intelligence; il
mourut en 1650. Voyez ce qu'en dit Felibien, t. II, p. 236.
Il etoit imitateur de la maniere d'Adam Elsheimer et de celle

de Corneille Polemburgh. Ses premieres estampes sont gravées en 1620.

— Moyse Van Utenbrouck a gravé les figures qui se trouvent dans le livre intitulé : Tabacologia, hoc est tabaci, seu Nicotianæ descriptio medico-chirurgico-pharmaceutica, vel ejus præparatio et usus in omnibus ferme corporis humani incommodis, per Joan. Neandrum, Lugduni Batav. 1626, 4°. Ces figures sont premierement le titre, la manière de cueillir les feuilles du tabac, de le faire secher, de le filer et de le presser, ce qui est representé en trois pièces en travers dans des compositions de paysages. Elles ont 4° 3' h. 6° tr. et sont gravées à l'eau forte, mais ce ne sont pas des meilleures choses de ce maître. Elles sont dans le goût de l'histoire d'Argus, de celle de Tobie, et de quelques autres pièces dont j'ay fait mention dans le catalogue de ses ouvrages. Il a mis à celles cy son nom écrit de cette manière : M. V. V. Brovck. Apollon et Diane sont representés debout dans le frontispice, aux cotés de l'exposé du titre, et dans le haut l'on voit la Medecine assise au milieu de deux femmes représentant la Chimie et la Connoissance des simples.

— Le petit Moyse paroit avoir eu en vue d'imiter Corneille dans le tour et la disposition de ses figures, et Adam dans la disposition de son paysage. A l'égard de la graveure il a eu deux manières, la première, qui est celle de 1620, est moins recherchée pour le clair obscur ; elle est presque toute à l'eau forte, sans être beaucoup retouchée au burin, au lieu que les planches gravées en 1646 ou aux environs font un excellent effet de clair obscur ; le fond de la graveure est à l'eau forte, mais elles sont tellement retouchées au burin qu'on l'aperçoit difficilement. Cet artiste avoit bien peu de pratique du burin, mais il s'embarassoit peu de l'arrangement des tailles, pourvu que la planche fît son effet. Il dessinoit assez bien, mais, ne sachant pas manier le burin, il altéroit souvent ses contours. Il a mis son nom à plusieurs de ses pièces ; il se trouve à toutes celles des premières manières et à quelques unes des dernières, et à celles cy son nom est ordinairement suivi de celuy de *Ma. V. Wtenbrouck ex.*, qui étoit sans doute un de ses parens qui avoit les planches.

— Un paysage où l'on voit sur le devant un homme qui fait marcher devant luy un asne. — A l'eau forte et presque point de burin.

— Une suite de six paysages, dans chacun desquels sont représentées des veues de quelques endroits de Rome, tels que la tour de Conti, le temple du Soleil, celuy de Minerve, etc., mais dont cependant le peintre n'a pris que ce qui luy a paru convenir à la composition de son tableau.

VAN VEEN (OTHON) ou VÆNIVS. Le portrait d'Othon Van Veen, peintre, natif de Leyde, en demy corps, peint par Gertrude Van Veen, sa fille, et gravé au burin par Gilles Ruchol. — De la suite des portraits de Meyssens.

— La vie de St Thomas d'Aquin, de l'ordre des Frères prêcheurs, représentée en une suite de trente une planches, en y comprenant le frontispice et le portrait du saint, qui sont à la teste. Elles ont été gravées au burin sous la conduite du peintre, par C. Boel, Egbert Van Panderen, Guillaume Swanenburg, Corneille Galle, et mises au jour à Anvers en 1610. — C. Boel a gravé la 1, 2, 4, 6, 7, 8, 9, 10, 11, 12, 13, 16, 17 ; Egbert Van Panderen, qui ecrit icy son nom : E. Van Paenderen, a gravé la 3, 5, 15, 19, 20, 21, 22, 25, 26, 27, 28, 29 et 30. G. Swanenburg n'en a gravé que deux, la 14e et la 24e, et Corneille Galle deux autres, la 18e et 23e. Les noms des graveurs sont à toutes les planches, hors le titre, que je crois de Boël.

— Les divers evenemens de la guerre des Romains contre les Bataves, représentés en une suite de trente six pièces gravées à l'eau forte en 1611, par Antoine Tempeste, sur les desseins d'Othon Van Veen. — Le nom de Vœnius ne se trouve sur aucune des planches, mais seulement celuy de Tempeste à la première.

— Fonteius Capito, gouverneur pour les Romains chez les Bataves, envoyant à Rome Claude Civile, l'un des principaux de cette nation, après avoir fait mourir Julius Paulus, son frère, accusé, comme luy, du crime de rebellion. Gravé au burin par Guillaume du Mortier. — G. D. M. C'est la marque du graveur qui a écrit tout du long son nom après la dedicace qu'il fait de cette pièce aux magistrats de la ville de Douay : Guillielmus du Mortier Duacensis.

— L'histoire des sept Infans de Lara, représentée en une suite de 40 pièces gravées à l'eau forte par Antoine Tempeste, d'après les desseins d'Othon Van Veen. — Il n'y a à aucune le nom du peintre, mais il se trouve marqué dans un titre imprimé, qui se met ordinairement à la tête de cette suite. Ce titre marque qu'elle a été imprimée à Anvers, en 1612, chez Ph. Lisaert.

— Les emblèmes de l'amour profane, représentées par une suite de 125 planches, qui, à l'exception de la première, sont toutes de forme ovale ; elles sont gravées au burin par C. Boel. — Le trait de toutes est à l'eau forte, et le nom du graveur ne se trouve qu'à la première de celles qui sont en ovale.

— Celles de l'amour divin, en une autre suite de 60 planches gravées au burin par C. Boel, Egbert Van Panderen, et autres graveurs, dont s'est servy Othon Van Veen pour exécuter ses desseins. — Il n'y a à aucune de ces pièces le nom du graveur, et comme ceux qui ont gravé les pièces d'Othon Vœnius ont eu presque tous une manière fort semblable, il est bien difficile de reconnoître la manière particulière de chacun d'eux. — Diverses emblèmes morales, tirées des œu-

vres d'Horace, au nombre de 103; gravées au burin sur les
dessins d'Othon Van Veen, par les mêmes graveurs qui ont
gravé ses autres ouvrages, tels que C. Boel, C. Galle, P. de
Jode, Egbert Panderen, etc. — Il n'y a à aucune le nom des
graveurs. Les bonnes éditions de ce livre sont celles d'Anvers, en 1607, aux dépens de l'auteur.

— Cette critique des emblèmes d'Otho Vœnius paroîtra
sans doute trop sévère à ceux qui connoissent les estampes
dont parle M. Walpole avec tant de mepris. Je me mets du
nombre, et j'avoue que j'y trouve beaucoup d'esprit et autant de justesse que ces sujets en comportent. Je ne suis point
surpris que Rubens s'en soit affecté, ni de ce qu'il a fait passer dans ses tableaux une partie de ces agreables images. Si
elles sont permises à la poësie, pourquoi les refuseroit-on à
la peinture, qui est sa sœur. (*Notes de Walpole.*)

VAN VEEN (GISBERT). Jean de Bologne, Flamand, architecte et sculpteur fameux, en buste dans un ovale. Gravé au
burin à Venise, par Gisbert Vœnius, en 1589. Venetis G. V. F.
— Cette pièce n'est pas de l'invention d'Otho Vœnius (1).

— Le portrait du Tintoret, en buste dans une forme ovale,
accompagné de figures allégoriques représentant Atlas à qui
la Peinture aide à supporter le globe celeste. Gravé par Gisbert Vœnius, d'après Louis Pozzosarata, — en flamand Toe-
put (2). — Dédié à Alexandre Vittoria, sculpteur et architecte, par L. Pozzosarata. Le Tintoret étoit agé de 70 ans pour
lors.

---

(1) Probablement d'après la peinture du Bassan, qui est maintenant au musée du Louvre. Livret de l'école italienne, 5e édition,
n° 307.

(2) Cf. IV, 206.

VAN VELDE (ADRIEN et GUILLAUME). Voir t. V, p. 368.

VAN VELDE (JEAN), disciple de Jacques Matham, et qui, comme lui, est, à ce que je crois, natif de Harlem, travailloit dans cette ville dans toutes les premières années du 17e siècle. Dans le peu de morceaux qu'il a gravés et qui représentent des nuits, il paroit avoir eu dessein d'imiter la netteté de gravure et les effets du comte Goudt. On a de lui plusieurs portraits, et ce n'est pas ce qui lui fait le moins d'honneur. Ceux de ces portraits, dont on fait avec raison le plus de cas, sont ceux qui viennent d'après des tableaux peints par Fr. Hals. Il luy est arrivé, comme à Suyderhoef, d'avoir été soutenu par la touche hardie de ce peintre. L'un et l'autre, en la transportant dans leur gravure, autant que celle-ci pouvoit le comporter, se sont trouvés obligés, pour l'exprimer et le faire mieux sentir, de rompre leurs tailles, et, comme le peintre avoit un pinceau extremement gras, il leur a fallu mettre la même pâte dans leurs gravures, et cela leur a si bien réussi, surtout à Suyderhoef, que sa gravure semble de la peinture. Il n'y manque que la couleur. Sa manœuvre, dans son espèce, est la même que celle du peintre dans le sien. Mais Van Velde lui est, à mon avis, fort inférieur en ce qu'il est plus léché et que sa touche est moins expressive. Il n'ose prendre le même vol.

Je crois pourtant qu'il a précédé Suyderhoef dans la carrière où il marchoit, car, par les dates qu'il a mises à plusieurs de ses planches, je crois qu'il a commencé à graver en 1616, et qu'il a continué jusqu'en 1634, au lieu que Suyderhoef n'a guères travaillé que vers le milieu du siecle, et alors il se pourroit qu'il eût gravé sous Van Velde, et qu'il fût son disciple. Tous deux ont travaillé à Harlem, ville qui, dans ce moment, a été une pepinière d'excellents graveurs. P. Soutman, qui s'y étoit établi, les dirigeoit le plus sou-

vent et faisoit passer dans leur burin ce goût de couleur et
cette intelligence de clair obscur qu'il avoit puisé dans l'école
de Rubens, mais on pouvoit peut-être lui reprocher d'en
faire la charge. Je trouve des paysages en petit nombre avec
le nom d'Esaïe Van Velde. J'en vois d'autres avec celui de
Jean, et tous sont de même manière; ils sont aussi de même
epoque. Cela demande d'être examiné et d'être mis au clair.
Esaïe est annoncé dans les livres comme peintre, et l'étoit
en effet; il a pu graver quelques morceaux. Jean, qui est
peut-être son frère, a gravé de préférence, mais je ne dirois
pas qu'il n'eût aussi manié le pinceau, et ce qui me le feroit
soupçonner, c'est le petit nombre de pièces gravées qu'on
voit de lui. Les cinq livres de paysages publiés par Clas
Vischer sont de l'année 1616, les Quatre saisons en 1617, et,
dans cette année, ont été pareillement publiés sur ses desseins une suite de ruines. Je trouve des pièces avec les dates.
1621, 22, 23, 26, 28, 29, 30 et 31. Ce fut dans cette dernière année qu'il grava le portrait de J. Matham, son maître,
et peut-être est-ce le dernier morceau qu'il ait fait. Deux de
ses meilleurs ouvrages, *l'Aurore* et *la Sorcière*, sont des années 1622 et 1626. Il ne me paroit guère probable que Jean
Van Velde, en seize ans de temps, ait mis au jour un si petit
nombre de planches, dont la pluspart, gravées legerement à
l'eau forte, lui devoient coûter peu de temps. Il n'y avoit pas
de quoi le faire vivre, nouveau sujet de présomption que la
gravure n'étoit pas ce qui l'occupoit davantage, et aussi
voit-on que d'autres ont gravé d'après ses desseins, et qu'ainsi
on ne risque rien de le mettre ainsi qu'Isaïe au nombre des
peintres hollandois.

Il a eu pour disciples un W. Akersloot et un Nicolas Pou-
welzoon. (A le bien prendre, la manière de l'un et de l'autre
rentre dans celle d'Adam Elsheimer qui avoit pris beaucoup
de faveur.)

Je trouve plusieurs morceaux qu'il a gravés ou fait graver d'après Moyse Van Wytenbrock, et je remarque beaucoup de conformité dans sa manière de traiter le paysage, et celle de ce fameux peintre, plus connu sous le nom du petit Moyse (1), d'où je conclurois qu'il étoit son disciple, ou du moins le sectateur de sa manière de composer, et peut-être de peindre. (Je trouve des gravures du petit Moyse en 1620.)

VAN VIANEN (CHRÉTIEN) etoit d'Utrecht et fils d'Adam Van Vianen, qui lui même s'est distingué par des ouvrages d'orfevrerie, dont on admire encore l'exécution, mais non les formes, qui sont aussi bizarres qu'elles sont peu régulières et d'un goût qu'on peut nommer barbare. L'on en a des gravures par Th. Van Ketter, qui en a gravé 48 planches, qui forment trois parties, et ce livre est recherché par les Hollandois. Il a été publié par Chretien Van Vianen, et l'on y trouve le portrait de l'auteur. (*Notes sur Walpole.*)

VAN VIANEN (PAUL). Cette estampe est mal indiquée; elle n'est point gravée par Paul Vianen, et ce n'est point le portrait d'Adrien Van Vianen, peint par Jean Van Aken, qui y est représenté. C'est tout le contraire. Une inscription latine, qu'on lit sur cette estampe, nous dit que c'est Paul Vianen qu'on y voit occupé à peindre le portrait de Van Aken; la troisieme tête qui occupe une place dans la même composition passe pour être celle d'Adam Vianen. La gravure, qui est à l'eau forte, est de Jacques Lutma, et le cartouche, qui renferme les portraits, du dessein du vieux Jean Lutma. Voici comment est conçue l'inscription : *In hâc*

---

(1) Voir ce volume même, p. 14-16.

tabulá, qui pingitur Joannes Av. Aken, qui pingit Paulus Vianensis, uterque arte celeberrimus. J. Van Acken et Paul Vianen étoient, comme on le voit, contemporains des Lutma ; ils étoient comme eux orfevres et vivoient dans le milieu du dernier siècle à Amsterdam, en réputation d'excellents artistes, et je ne doute pas que le Vianen d'Angleterre ne fût de la même famille et ne sortît de la même école. Quelques ouvrages d'orfévrerie, du dessein d'Adam et de Paul Vianen, ont été gravés par M. Mosyn dans une suite qui en contient d'autres, de l'invention de J. Lutma et de Gebrand Vander Eckhout, en francois *Du Chêne*, qui sont tous deux dans le même gout et qui montrent combien ces artistes s'efforçoient de mettre de la bizarrerie dans leurs formes et d'en bannir cette noble simplicité, qui seule a le don de plaire. On ne voit pas qu'ils fissent usage de feuillages ; ils cherchoient, autant qu'ils pouvoient, à rendre la surface de leurs ouvrages raboteux ; on les eût pris pour des pièces d'orfévrerie bosselées avec art, mais le coup de ciselet y étoit admirablement bien donné, et cela les rendoit précieux. (*Notes sur Walpole.*)

VAN VITEL, né en 1653 à Amberfort, pres d'Utrecht, s'etoit deja exercé dans le dessein sous Mathias Withoos, peintre de paysages, de fruits et de fleurs en Hollande, lorsqu'il vint à Rome en 1679. Il y continua d'étudier avec grande application sous Corneille Meyer et Abraham Genoels, Flamand, et, s'étant ensuite mis à peindre d'après nature, il est devenu un des meilleurs peintres de veües qui ayent encore paru tant à huile qu'à guasse. Il est d'une justesse et il entre dans des détails qui causent une veritable admiration ; aussi ses tableaux sont-ils extremement recherchés. On le nomme communement Gasparo degli Occhiali. Il est mort à Rome le 13 7bre 1736, et a laissé un fils celebre architecte.

VAN VLIET (J. G.) est nommé par le père Orlandi Jacques Grand'homme Van Vliet; mais, comme je ne sçais d'où il l'a tiré, je n'ay pas voulu hazarder de le dire. Au reste ce graveur a fait plusieurs choses d'après Rheimbrandt, et il a cherché à en imiter la manière; il a marqué quelquefois ses estampes *J. G.* (en monog.), mais le plus souvent *J. G.* (en monog.) *Van Vliet.* Il dessinoit très mal, touchoit sans esprit et sans intelligence.

VANNI (FRANÇOIS). Vanius, ou plutôt le cavalier François Vanni, de Sienne, né en 1565, mort en 1609.

—Archange Salimbeni etoit son beau père, c'est à dire qu'il avoit epousé la mère de Vanni. Vanni naquit en 1565. Son epitaphe, que ses enfants ont fait mettre dans l'eglise de St Georges à Sienne, et que j'ai fait copier, ne donne point l'année de la naissance ni celle de la mort de Vanni. Elle est cependant faite pour leur faire honneur et executée précisement dans la même manière que le fameux pavé de Sienne, c'est a dire que le marbre peint represente exactement et rend un dessein fait a la plume et lavé d'aquarelle. On y apprend que le fils de Vanni, Michel-Ange, celui qui avoit pris le soin de faire eriger le monument en 1656, etoit entré dans une des meilleurs maisons de Sienne, en épousant Catherine Piccolomini. Le portrait de François Vanni, gravé par Bern. Capitelli, son compatriote, en 1634, place sa mort en 1609, et le fait alors agé de 46 ans. Il etoit donc né en 1563 et non en 1565, comme le dit le père Azzolini, qui met sa mort le 25 8bre 1609. Les dattes données par le Baglioni sont fausses.

— Ce peintre gracieux, sans avoir été le disciple du Barroche, en a pris toute la manière; il s'est, comme lui, renfermé dans des sujets de piété, et il a eu la même attention à terminer ses ouvrages, et singulièrement ses desseins. Ceux qui sont ici ont appartenu à M. de la Noüe, fameux curieux, et c'est à leur occasion que le comte d'Arondel se détermina à faire un voyage à Paris, ainsi que je l'ai rapporté (1) dans une lettre qui est imprimée à la tête d'un recueil de charges de Leonard de Vinci. (*Catalogue Crozat.*)

— La S⁰ Vierge adorant l'enfant Jesus endormy. En demy corps. Gravé au burin par Corn. Galle. Cette estampe est une des plus gracieuses que l'on puisse voir et l'une des plus rares de l'œuvre, surtout lorsqu'on en trouve des épreuves avant que la planche eût été retouchée. Celle-cy est pure, et celle d'au dessous est retouchée, mais elle ne laisse pas cependant d'estre fort considérable par la beauté de l'impression : Matheo Florimi ex. — Il y en a une très belle estampe gravée en clair obscur. — M. Crozat a le dessein.

— La S⁰ Vierge ayant entre ses bras l'enfant Jésus au maillot, à qui elle donne de la bouillie qui luy est servie par un ange, et dans le fond est S. Joseph qui tient des cerises. Figures en demy corps. Cette charmante estampe est ce que Vanni a fait de plus beau, et ce que Corn. Galle a le mieux exécuté. Elle est fort rare à trouver bien imprimée. — M. Crozat a le dessein original parfaitement beau, qui a servi à graver cette estampe.

— La S⁰ Vierge tenant sur ses bras l'enfant Jésus au dessus d'un croissant. En demy corps dans un ovale. Gravé au burin — peut-être à Venise, car elle est dédiée par Sadeler à la femme d'un magistrat vénitien, ou noble — par Raphaël Sadeler.

— La fuite en Egypte. La S⁰ Vierge, accompagnée de St Joseph, tient par la main l'enfant Jésus, qui est à pied et porte dans un panier les instrumens de charpentier. Un peu

---

(1) Cf. cet *Abecedario*, III, 161, note 1.

plus loin est le jeune St Jean en acte d'adoration, et sur le devant les corps morts de trois enfans tués par ordre d'Hérode, étendus par terre. Cette estampe, qui est éxécutée au plus mal, est gravée à l'eau forte par François Leoncini de S. Geminien, d'après Fr. Vanni, en 1622 ; cette date se trouve sur la terrasse. — Le tableau est dans l'église de S. Quirico, à Sienne. — M. Crozat en a un fort beau dessein du Vanni, et qui fait deplorer la manière pitoyable dont cette estampe a été éxécutée.

— La S^e Vierge, s'évanouissant à la vue de J. C. couronné d'épines et revêtu d'un manteau de pourpre. Gravé au burin par Pierre de Jode. C'est une fort belle estampe gravée avec art et bien dessinée. — Matheus Florimus excudit. — M. Crozat a le dessein original à la sanguine, très beau, sur quoy l'estampe a été gravée. — J'ay actuellement ce dessin.

— Le dessein, de Vannius, du Christ à la colonne, que j'ai eu à la vente Crozat, vient originairement de la collection de M. de la Noue. M. Crozat l'avoit numeroté 8. Celui du martyre de S^e Luce, recevant la communion, étoit venu d'Angleterre à M. Crozat, et portoit le numéro 20. Il avoit marqué au bas que le tableau étoit à Sienne dans l'église de la confrérie de S^e Luce, et avoit, cité : *Baldinucci, fol.* 144, apparemment dans la vie de Vannius.

— La S^e Vierge en pleurs, rencontrant J. C. chargé de sa croix. Gravé au burin par Juste Sadeler. — Il y a une autre planche de ce même dessein, qui est, suivant toutes les apparences, l'originale de celle cy. Elle est gravée en bois, et beaucoup mieux dans le goût de l'auteur. L'on n'y trouve point le nom de Vannius comme à celle de Sadeler, mais seulement, sur la terrasse, en assez petits caractères, la marque d'André Andréani, et au bas de la planche la même inscription qu'à celle de Sadeler, qui commence par ces mots : Qui non accipit, etc. — La planche en bois est tournée de l'autre coté que celle en cuivre. Il y en a une épreuve chez le roy, dans l'œuvre de Vannius.

— Jesus Christ attaché sur la croix, adoré par S. François et Sᵉ Catherine de Sienne, qui sont accompagnés de la Sᵉ Vierge. Gravé au burin par Corneille Galle, d'après F. Vanius. C'est assez de nommer le peintre et le graveur pour rendre cette estampe fort estimable, sans ajouter encore qu'elle est très rare. Vanni avoit un talent particulier pour les sujets de devotion. Sa manière est vague et gracieuse, et elle approche fort de celle du Baroche, qu'il s'est toujours proposé d'imiter. De son coté, Corneille Galle, ayant sans doute l'imagination échauffée par les beaux objets qu'il avoit devant les yeux, s'est surpassé dans tout ce qu'il a fait en Italie. L'on y voit une touche et une sublimité de goût, à laquelle il n'a pu atteindre depuis. Il en est de même de P. de Jode, qui estoit Flamand aussy bien que C. Galle, et vivoit dans le même temps, et ce qu'il y a d'extraordinaire, c'est que ces deux graveurs, déjà habiles dans leur profession lorsqu'ils vinrent en Italie, s'y soient perfectionnés à ce point là, et que, de retour chez eux, ils n'ayent pu y rien faire que de fort inférieur. — Matheo Florimi exc. — Ce tableau est à Sienne, je pense dans l'église de S. Georges. C'est, à mon avis, un des plus beaux tableaux de Vanius; — il me fit un grand plaisir. — Le dessein original est chez M. Crozat. Il vient, ainsi que tous les beaux desseins qu'il a du Vanni, de la collection de M. Desneux de la Noue, excellent curieux.

— La Sᵉ Vierge, reyne des anges, assise dans le ciel, au dessus du frontispice d'une église qui luy est dédiée. Autour une bordure, où sont des festons d'instrumens de musique. Cette pièce est très rare et très bien exécutée. L'on n'y voit pas le nom du graveur, mais l'on ne doute pas cependant qu'elle ne soit de Pierre de Jode. — A Rome, en 1599. C'est le frontispice d'un livre de musique dont voicy le titre : Tempio armonico, overo canzoni spirituali, della beatissima Virgine N. S. fabricatoli per opera del R. P. Giovenale A. F. P. (Ancina Fozzanese, prete) della congregatione dell' Oratorio, poi vescovo di Sanizzo. Prima parte a tre voci. Stampata in Roma da Nicolo Mutii, 1599. C'est dans ce même livre que se trouvent deux pièces de P. de Jode, où le père Giovenale est representé à genoux devant la S^e Vierge dans l'une, et dans l'autre devant St Luc. — La planche étant tombée entre les mains de N. Van Aelst, marchand d'estampes à Rome, pour la rendre vendable, il fit effacer le titre du livre et mettre à la place : *Santa Maria de gli angeli.*

—Une copie de cette même pièce, gravée au burin par J. Boulanger. Ce graveur y a representé au bas la veue de la chapelle de Notre Dame des Anges, qui est dans la forêt de Livry, près Paris.

—La S^e Vierge assise près de S^e Catherine de Sienne, qui tient amoureusement entre ses bras l'enfant Jésus endormy. St Jean Baptiste dort d'un autre coté, et sur le devant est representé l'apostre St Pierre, revêtu du pallium et des autres ornemens pontificaux. Cette pièce, gravée au burin par Phillippe Thomassin en 1597, est une de ses plus belles choses, et qu'il est difficile de trouver aussi bien imprimées que celle-ci. — Les premières épreuves portent le nom de Thomassin et de Jean Turpin, associés. La société s'étant dissoute, ils partagèrent leurs planches, et celle-cy échut à Jean Turpin ; ainsi les secondes épreuves ne portent que son nom.

— St Francois d'Assise, S^e Catherine, martyre, S^e Catherine de Sienne et St Bonaventure invoquans la S^e Vierge, qui est couronnée dans le ciel par la sainte Trinité. Gravé au burin par Pierre de Jode. L'on conjecture qu'il l'a fait d'après un dessin de F. Vanni ; il se pourroit aussi qu'elle fût d'après un des disciples de ce peintre. — Petrus de Jode excudit, mais je ne doute cependant pas qu'elle ne soit gravée de luy.

— Certainement d'après Vanius ; il a peint ce tableau à ....., et M. Crozat en a le dessin.

— Les quatre docteurs de l'Église latine : St Grégoire, St Ambroise, St Augustin et St Jerosme; en demy corps dans des ovales. Gravés au burin par un maitre inconnu. Mateo Florimi formis. — Seroit-ce Jean Florimi qui seroit le graveur?

— S. Bartole de St Géminien, celebrant le sacrifice de la messe, pendant lequel J. C. luy apparoist dans l'hostie, sous la forme d'un crucifix. Cette pièce et tous les sujets de la vie de ce même saint, qui l'environnent, sont gravés au burin par Dominique Falcini ; l'exécution en est assez médiocre, mais la manière de Fr. Vanni y est assez bien conservée. Cette estampe est très rare. — Domco Falcini formis, con privil. di S. A. I. (cioè del Duca di Firenza.) — Elle est gravée dans la même manière que le saint Jean Gualbert. Domenico Falcini s'y nomme le graveur, au lieu qu'icy il ne paroist que le marchand. Quoyqu'il en soit, je vois tant de conformité de manière en ces deux pièces, que je ne doute nullement que l'une et l'autre ne soit gravée par le même D. Falcini à Sienne.

— St Blaise, évêque et martyr, tenant des peignes de fer, instrumens de son supplice ; en demy corps. Gravé au burin en 1590, par François Villamène. Matheus Florimus DDD. F. V. F. — M. Crozat en a le dessin original, qui est très beau.

— St François tombant en extase au son d'un instrument touché par un ange. En demy corps. Il n'y a guères d'estampes où l'on puisse mieux juger de l'habileté de Fr. Vanni; aussy l'a-t-il gravée luy mesme avec beaucoup d'art. Se peut-il rien de plus beau que l'expression du saint extasié? Le Carrache en a été si fort touché qu'il a pris la peine de la copier. — Une copie de cette pièce faite au burin en 1595, par Augustin Carrache, mais avec quelques differences. Il y a changé entierement la figure de l'ange qui joue du violon,

pour y en substituer une autre de son invention, d'un bien
meilleur goût, et il y a ajouté un fond de paysage qui est
touché avec un grand art. Que si l'on compare cette belle
copie avec l'originale de Vanni, celle cy l'emportera toujours
pour la beauté de l'impression, quoy que dans celle du Carache l'on trouvera plus de précision, plus de fermeté et
même plus de correction de dessin. — Une autre copie faite
d'après la planche originale de Vanni, par Raphaël Sadeler,
ou peut-être par quelques uns de ses enfans, sous sa conduite.

— S. François adorant l'enfant Jesus, que la Se Vierge vient
de luy remettre entre les bras. Cette estampe est sans contredit une des plus parfaites de l'œuvre de Vanius. Corneille
Galle, qui en est le graveur, l'a exécutée d'une manière qu'elle
merite justement la grande réputation qui y est attachée. On
ne la trouve que très difficilement. Matheo Florimi D. D. —
M. Crozat a le dessein original sur lequel la planche a été
gravée. Vanni etoit curieux de faire luy même des desseins
très arrêtés de ses tableaux qu'il faisoit graver, et il a été heureux de rencontrer de très bons graveurs. — Le tableau original est à Lyon, dans l'église des religieux observantins, à
la chapelle des Luquois.

— Le beau tableau de ce peintre, qui est dans la chapelle
des Luquois, dans l'eglise des Observatins, à Lyon, et qui represente la Ste Vierge et St François, dont on en a une estampe gravée par Camille Galle, a été donné par le cardinal
Bonvisi en 1599. *Description des peintures qui sont à Lyon,
par Bombourg.*

— St Francois joignant les mains et priant devant un crucifix. En demy corps; gravé au burin par un fort médiocre
graveur, je crois de nation française. Son nom y étoit, mais
on l'a gratté.

— S. Georges assis au milieu de deux femmes qui représentent, l'une la Prière et l'autre la Pénitence. Gravé au burin

à Venise, par Lucas Kilian en 1602. — Dedié à Maximilien, archiduc d'Autriche, pâr Dominique Custos. F. VAN. SEN. INV. L. KIL. *Scolp. Venet.* — Peint à fresque au dessus de la porte de l'eglise de S. Georges à Sienne, dans laquelle le Vanni a sa sépulture.

— Le bienheureux Fra Jacopone de' Benedetti, da Todi, religieux francisquain, fondant en pleurs en embrassant un crucifix. En demy corps ; gravé au burin en 1596 par Pierre Paul Sensini. — Il y a au bas une dedicace faite au cardinal Casano, par P. P. Sensini, datée de Todi, le 24 9bre 1596. Il y est dit qu'il y a mis cette estampe en lumière, mais il n'y paroît pas que ce soit luy qui en soit le graveur. Il y a cette marque PST (en monog.) F, ce que j'interprète Phil. Sensini Formis, — ou plutôt Philippus Thomassin (*fecit*). — Il n'en faut pas douter, cette marque est celle de Philippe Thomassin, qui, dans la même année, a gravé pour le même Sensini une planche qui représente les saints protecteurs de la ville de Todi, sur le dessin de Ferau Finzoni, de Faenza, qu'il dedia à Angelo Cesi, evèque de Todi, qui avoit fait la translation des reliques de ces saints patrons et les avoit fait mettre dans une châsse, et qui en avoit fait autant des reliques du B. H. Jacopone. Voyez l'*Ughelli*, t. 1, p. 250. — L'on a des poësies italiennes de ce Jacopone, qui sont celebres. Voyez le Crescimbeni, *Histoire de la poësie italienne*, t. 3. — Je ne crois point cette pièce du dessein du Vanni. Je la crois faite d'après quelque ancien monument, dessiné peut-être par Ferau Finzoni.

— S. Jean Baptiste assis dans le désert. Autour de ce sujet principal il y en a treize autres où est representée la vie de ce saint. Cette pièce, quoyque médiocrement bien éxécutée, ne laisse pas de conserver du goût de Fr. Vanni, d'après qui elle est. L'on n'y voit aucun nom de graveur ; l'on conjecture seulement qu'elle pourroit être de César Bassan, qui en a gravé quelques autres dans la même manière. — Mätheo Florimi formis. L'on n'y voit pas même le nóm de Vanius; ainsi ce n'est que parce qu'elle est dans sa manière que l'on la met dans son œuvre. Qui scait si le dessein n'en seroit pas de quelques uns de ses disciples? Ma conjecture pour le nom du graveur est fondée sur le St Jerosme; le nóm du Bassan y est, et il me semble que cette pièce et celle cy sont dans la même manière. Je crois même que ce Bassan a gravé pour Florimi plusieurs de ces pièces où il n'y a aucuns noms de graveurs.

— St Romuald, fondateur des camaldules, adorant Jésus Christ assis dans le ciel à côté de la S[e] Vierge; autour de ce sujet principal l'on en a disposé plusieurs autres qui représentent quelques actions de la vie de ce saint et les portraits de quatre saints de son ordre. L'on range ordinairement cette pièce parmy les ouvrages de Fr. Vanni; cependant dom Thomas de Minis, Florentin, religieux camaldule, qui sera sans doute un de ses disciples, s'en attribue l'honneur; elle est fort rare et l'on n'en connoît pas le graveur. — Peut-être aussi que ce moine, qui se nomme *inventor*, n'est que l'inventeur du sujet, et que Vanius en est le peintre. Je me souviens que Sadeler s'est dit quelquefois l'inventeur d'estampes dont d'autres avoient donné le dessein, parce que c'estoit luy qui avoit fourni l'idée du sujet. Quoyqu'il en soit, le graveur me paroist un disciple de Villamine.

— Un saint hermite priant les mains jointes, en se promenant dans sa solitude. Mon père, Jean Mariette, qui a gravé ce petit morceau d'après un dessein, et que j'estime être de Fr. Vanni, l'a baptisé S. Elye, et l'a inséré dans la suite des S.S. P.P. du désert, avec l'abregé de leur vie, volume in 12 qu'il a imprimé.

— La vie de S[e] Catherine de Sienne, en douze pièces; gravé au burin par Pierre de Jode en 1597. Cette suite est

certainement ce qui est de plus considérable dans l'œuvre de
Fr. Vanni, et l'on y decouvre mieux que partout ailleurs son
génie fécond et gracieux, et sa belle manière de draper simple et vague. Elle est très rare, surtout à en rencontrer des
exemplaires bien conditionnés. Matteo Florimi formis. —
P. de Jode, de retour à Anvers, regrava ou fit graver sous sa
conduite de nouvelles planches, même grandeur que les originaux. — C. Galle les a aussi copiés en petit, mettant chaque
sujet sur une planche particulière. Cette petite suite n'est pas
commune.

— Plusieurs sujets de la vie de S⁰ Cécile, vierge et martyre, dans des cartouches, au milieu desquels est le tombeau
de cette sainte et la situation dans laquelle on trouva son
corps à Rome, en 1599. Cette pièce est pleine d'esprit. Corneille Galle l'a gravée au burin en 1601. — La figure cou-
chée de S⁰ Cécile, qui est dans le milieu, est dessinée d'après
la statue de marbre qui est sur le tombeau de la sainte et
qui a été éxécutée par Stefano Maderno.

— S⁰ Cecile renversée par terre près de deux hommes qui
recueillent son sang. Gravé au burin. — Le tableau est à
Rome dans la chapelle basse, ou confession, de l'eglise de
S⁰ Cecile, au dessus de l'autel elevé sur le tombeau de cette
sainte.

— Portrait de la mère Pasitea Crogi, fondatrice du cou-
vent des capucines à Sienne, sa patrie; *D. A. XXX*, ce que
j'explique ainsi : *Di anni trenta*. Elle est représentée en
demie figure, les bras croisés sur la poitrine, et tenant de la
main droite un chapelet. On ne peut rien voir de plus mal
gravé. Sur l'epreuve que j'ai je trouve écrit au bas par une
main italienne : *Caval.-Francescho Vanni, pittore Sanese*, et
je ne doute pas que la pièce ne soit de son dessein. Elle est
très rare.

— Les armes d'un cardinal Justiniani, dans un cartouche,

au milieu de deux femmes, dont l'une représente la Prudence et l'autre la Justice. Gravé au burin en 1598, par Dom Epiphane de Alfiano, religieux de l'ordre de Vallombrose. Cette pièce est des plus singulières de l'œuvre. — Les noms des peintre et graveur y sont.

— Une décoration d'architecture au milieu de laquelle sont placées les armes d'un cardinal, et, de chaque coté, dans des niches, deux figures hieroglipiques qui représentent la Sagesse et la Vertu. Cette pièce est gravée au burin par Jean Florimi; l'on en attribue l'invention à Fr. Vanni. — Elle est dans le goût de l'école de Sienne, mais je croirois autant d'après un des disciples de Vanni que d'après ce peintre. — Le cardinal est Alexandre Petruzzi, archevêque de Sienne en 1615, mort en 1628.

— La Religion et la Piété aux costés des armes d'un cardinal, placées dans un cartouche, gravé au burin par Pierre de Jode; cette pièce est fort rare. — Ce cardinal porte pour armes un bœuf rampant, en chef les armes Aldobrandines. La Piété est désignée par une femme armée, ayant un coq sur son casque et à ses pieds une cigogne. Le nom de Vanni y est et celui de Pierre Jode. — François Marie Tarusius, créé par le pape Clément VIII, archevêque de Sienne en 1597, mort en 1608. Il estoit très lié d'amitié avec le cardinal Baronius; l'un et l'autre étoient de l'Oratoire et disciples de S. Philippe de Neri, et furent inhumés dans le même tombeau. Tarusius s'est illustré par sa piété. Il étoit zelé prédicateur.

— P. Teius, Siennois, fondateur de la congregation des cloux, surnommé le père des pauvres. Mort à Sienne en 1601. Dans un ovale; gravé au burin d'après Fr. Vanni. — Je crois par C. Galle. — Aux meilleures épreuves on lit : *Fran. Vann^s fils amant^s*. F. Vanni étoit lui même très charitable et tellement affectionné au père Tejus qu'il voulut être enterré dans l'église de S. Georges à Sienne, qui est celle des religieux de la congregation des cloux.

— Plan de la ville de Sienne, au dessus duquel Fr. Vanni a représenté dans une gloire les saints qui en sont originaires. C'est une de ses plus belles choses et des mieux gravées au burin par Pierre de Jode. Cette pièce est fort rare. — En quatre grandes feuilles. Dédié au grand-duc Ferdinand par Vanius. — M. Crozat a une partie du dessin de la gloire.

— Pièce emblématique sur la perfection chrétienne et le chemin pour y arriver. L'on y voit au milieu les armes de la congrégation du Mont Olivet; ce sont trois montagnes, surmontées d'une croix et de deux branches d'olivier, qui sont placées dans une niche décorée de pilastres d'ordre dorique et de plusieurs figures hiéroglifiques qui designent la Foy, la Charité, l'Espérance, l'Humilité et les autres vertus chrétiennes, et plus bas, d'un coté est le pape, représenté à genoux à la tête du clergé, et de l'autre coté le roy d'Espagne accompagné des autres princes chrétiens. Cette pièce, qui est très rare, est tout à fait dans la manière de Fr. Vanni. Sans doute que le père Léonard, de Naples, religieux du mont Olivet, qui s'en dit l'inventeur, estoit un de ses disciples. Elle est gravée au burin fort artistement en 1599. — Cette pièce, dédiée par ce moine de la congrégation du mont Olivet, qui se nomme l'inventeur, pourroit pourtant bien estre de Vanni; car c'est une allégorie dont l'invention peut convenir au moine, et peut être est-ce la seule chose dont il est l'inventeur. Je ne connois pas le graveur, à moins que ce ne soit ce Dominique Falcini, dont on a veu cy dessus quelques pièces, ou bien Cesare Bassani; mais je suis moins porté pour ce dernier.

VANNI (GIO BATTISTA). Il a aussi gravé une piece d'apres Bamboche. Le Baldinucci en parle à la fin de la vie de Christophe Allori. Il avoit dessein d'écrire sa vie, ce qu'il n'a pas executé. Il le fait *Fiorentino*. Il se trouvoit à Venise en 1637. Il s'etoit mis dans la teste qu'il pourroit achetter pour le grand duc le tableau de Paul Veronese, qui est dans le refectoire de St Georges majeur, mais les offres furent rejettées comme l'avoient deja été celles du roy de Pologne. Il fallut se contenter de dessiner le tableau et de le graver. Il étoit de retour à Florence en 1642 de son voyage dans la Lombardie, et il y grava la coupole du Correge à Parme, qu'il avoit dessinée sur le lieu.

VANNI (RAPHAEL). Le triomphe de la Penitence. Cette vertu est assise dans un char entre des épines. Elle en est couronnée, et elle tient des fouets et des disciplines. La Mort et le Tems sont enchainés au char et le conduisent. Au haut le titre *Triumphus Penitentiæ*. Gravé par Therese del Po, à l'eau forte, d'après le chevalier Raphaël Vanni; pièce très mediocre, et dont la composition ne fait pas honneur au peintre.

VARIN (JEAN). J'ay toujours ouy dire que Warin (car c'est ainsi qu'il ecrivoit son nom et non pas Varin) (1) avoit été ac-

---

(1) Mariette a parfaitement raison, et c'est ainsi que notre artiste a signé son testament, publié dans le premier volume des *Archives*; mais ses contemporains, Perrault, son jugement de décharge publié dans le sixième volume, les notaires mêmes qui rédigent son testament, s'en tiennent à la prononciation et écrivent Varin, de sorte que, la faute étant consacrée, nous laissons son article à la seule place où on le cherchera. — Les annotations données dans les Documents nous dispensent d'en mettre ici; nous leur ajouterons néanmoins, et à cause de l'occasion, cette raillerie des petits marchands rencontrée dans un *Ana :*

« Parce qu'ils ne manient guère que de la petite monnoie, une pièce de quatre pistoles, dont on peut acheter toute leur bou-

cusé et prévenu d'avoir fabriqué de la fausse monoye, crime qui le conduisoit à une mort infamante, mais que son habileté lui sauva la vie; cette affaire fut assoupie; on lui donna un tour favorable, et, ce qui est de plus fort, Warin fut conservé dans ses charges, sans qu'on put s'apercevoir qu'il eut prevariqué en rien. Il faut lire son eloge dans ceux des hommes illustres du regne de Louis XIV, par Perrault, t. II, p. 85. Cet auteur a dit que les medailles de Warin alloient de pair avec ce que l'antiquité nous offre de plus parfait et que quelquefois elles ont la supériorité sur celles des anciens. Il n'a rien avancé que de vrai. J'ai une medaille en or, où d'un coté est le portrait de Louis XIV jeune, et de l'autre celui d'Anne d'Autriche, sa mere. C'est un chef d'œuvre et dont rien n'approche dans le même genre; finesse de touche, élégance de dessein, beauté de travail, tout y est porté à un tel point qu'il n'est pas possible d'aller au delà. — Il naquit à Liege en 1604, et mourut à Paris en 1672.

— Il s'est quelquefois hasardé de faire des desseins de composition dont il étoit l'inventeur. Il s'en trouve trois, dont une porte son nom dans la suite des vertus et des vices, c'est celle qui represente le supplice de Prométhée, les deux autres sont le Tantale et l'Ixion, dont les planches sont gravées par Bloemaert, mais je ne crois pas qu'il se soit souvent essayé sur de pareils sujets. Il ne s'y seroit pas aussi distingué qu'il l'a fait en s'en tenant à la gravure des medailles. — Warin prit une charge de secretaire du roy du grand college en 1658, qu'il résigna en 1659, peut être à cause de son affaire. Il y a beau-

---

tique, les épouvante, et ils ne se plaisent qu'à recevoir des pièces de trente sous, car ils ne connoissent que le coin de Varrin, sans regarder à la solidité de la matière. »

Sorberiana, éd. de 1695, p. 245.

coup de choses à reformer dans l'eloge de Warin qu'a ecrit
Perrault. Il ne succeda point, comme il le dit, à un René Olivier dans l'office de tailleur general des monnoyes de France :
premierement Olivier, qui étoit directeur d'une nouvelle monnoye établie dans l'isle du Palais, se nommoit *René* et non
Pierre, et il vivoit fort anterieurement à Warin, puisque son
portrait, gravé de son vivant par L. Gautier, est de 1581;
2° celui qui étoit pourvû de cet office avant que Warin l'eût
obtenu, étoit Jean Davaiane, dit l'Orfelin, lequel en 1648 eut
la permission de graver des poinçons de la grandeur d'un
ecu pour le service de la royne Christine, lesquels furent en-
voyés à la monnoye de Stockolm ; — 3° l'office de tailleur
general des monnoyes de France avoit été créé en 1547, et la
personne qui en a été pourvue se nommoit Marc de Bechot;
— 4° avant l'Orfelin, la charge en 1639 étoit entre les mains
d'un Pierre Regnier. J'ai extrait tout ceci du traité de la cour
des monnoyes de Constant, et peut être l'ouvrage de Boute-
roue donnera t il quelques autres particularités ; — 5° Nicol.
Briot, l'inventeur de la fabrication des monnoyes au burin,
differente apparemment de celle dont René Olivier avoit l'in-
tendance en 1581, étoit aussi pourvû de l'office de graveur
general lorsqu'il quitta la France pour aller porter ses machines en Angleterre.

— *Comme Walpole met ce court et curieux article :* « *Ce
nom d'artiste se trouve sur quatre morceaux que M. West,
conserve dans son cabinet. Le premier est un grand médaillon
jetté en cire fondue avec cette legende : Guil. fil. Rob. Dacy
mil. et Baronet, œtatis suæ 21, 1626, et les trois autres sont
des médailles, aussi jettées en sable, de Phil. Howard, cardinal
de Norfolk, d'Endymion Porter, agé de 48 ans en 1635, et de
Marguerite, sa femme, agée de 25 ans en 1633 »* Mariette
ajoute : Cet artiste est le celebre Jean Warin, graveur général
des monnoyes de France, qui, sous les règnes de Louis XIII

et de Louis XIV, s'est illustré par un très grand nombre de chefs-d'œuvres. Il étoit né à Liége en 1604, et il est mort à Paris en 1672. On ignoroit qu'il eût fait ses premières preuves en Angleterre, où il a du séjourner près de dix années, en parlant d'après les dates des médailles produites par M. Walpole, à qui nous avons l'obligation de cette anecdote, sans que cela diminue en rien de la surprise où l'on doit être de le trouver si peu instruit sur le compte d'un artiste aussi renommé que celui-ci. Il en eut dit davantage s'il eût consulté les éloges des hommes illustres du siècle de Louis XIV, par Perrault; il y eut trouvé celui de Warin à la page 85 du tome deuxième. (*Notes sur Walpole.*)

VARIN (QUINTIN), natif d'Amiens, peignoit à Paris avec succès vers le milieu du siecle passé. Son principal ouvrage est le tableau du maistre autel des Carmes déchaussés, qui represente la presentation au temple et qui a du estre peint vers l'année 1636, puisque c'est le temps que l'autel a été construit. Il a peint aussy, dans le temps du ministere de Mʳ Desnoyers, le tableau du maistre autel de l'eglise paroissiale de Fontainebleau, dont le sujet est J. C. guerissant le paralytique. L'on ne sache point d'autres ouvrages publics de ce peintre, digne sans doutte d'une plus grande reputation, s'il est vray que le tableau des Carmes déchaussés soit de luy. Car celui de Fontainebleau est non seulement fort inferieur, mais dans une maniere toute differente, et j'ai assez de peinne à croire que celui qui a fait l'un ait fait l'autre. D'ailleurs j'ay ouy dire à Mʳ Hallé que ce Varin etoit un peintre qui entreprenoit des ouvrages et qui tenoit chez lui de jeunes peintres. Sur ce pied là il se pourroit faire que quelque peintre habile, mais dont le nom n'étoit pas encore fait, se seroit trouvé chez Varin, et que celui ci lui aiant fait peindre le beau tableau des Carmes, l'auroit ensuite donné comme de lui. Ce ne seroit pas la premiere fois qu'une pareille chose seroit arrivée (1).

La peinture doit Mr Poussin à ses conseils; ce fut luy qui le détermina à embrasser cet art, et Felibien asseure mesme qu'il luy en avoit donné les premiers elements. Voyez Bellori, p. 408; Felibien, t. II, p. 178, 311; le Maire, description de Paris, t. Ier, p. 413; Brice, t. III, p. 106; Merveilles de Fontainebleau, p. 328.

---

(1) L'un de nous a parlé en détail de ce curieux artiste dans le premier volume des *Peintres provinciaux*, p. 217-36. Le lecteur pourra s'y reporter; il est seulement bon de rappeler ici, pour l'opposer à l'assertion de Hallé, celle de Pierre Louvet dans son Supplément à l'histoire du Beauvoisis : « Ce qui était cause qu'il ne gagnait pas tant, est qu'il voulait tout faire lui-même à ses tableaux. »

Un fait important à ajouter, c'est que Varin laissa une fille héritière de ses talents. Voici ce qu'en dit le P. Daire, et dans son *Histoire d'Amiens*, 1757, in-4°, II, p. 319, et dans son *Tableau historique des sciences, belles-lettres et arts en Picardie*, 1768, in-12, p. 197-8. L'église des Ursulines d'Amiens, commencée en 1624, fut consacrée en 1628, et ce fut la mère Canterel de saint Augustin, seconde supérieure, qui, songeant à décorer de peinture cet édifice, employa à cet ouvrage la sœur sainte Magdeleine, fille de Quintin Varin, mais la mort l'enleva avant qu'elle eût fait autre chose que les dessins. Ceux-ci furent exécutés par les sœurs Françoise Becquerel, dite de sainte Marie des Anges, Marguerite Canteraine, dite de sainte Agathe, et Françoise du Croquet, dite de saint Augustin. Le crucifix de la voûte « dont la perspective est charmante, » — Varin avait dans la perspective une réputation particulière, — était de la façon de la mère Françoise Becquerel des Anges, native d'Amiens.

Enfin M. Gandar, dans un récent article sur la jeunesse de Poussin, publié par la *Gazette des beaux-arts*, a signalé et décrit de nouveaux tableaux de Varin, et à ce propos qu'on nous permette d'exprimer le désir de voir rentrer au Louvre sa *Présentation*, qui se trouve aujourd'hui à Saint-Germain des Prés. Elle n'en vient pas, ne peut que s'y perdre, et, lorsqu'il donne à la vieille basilique les belles décorations murales de M. Hippolyte Flandrin, l'État peut bien sans injustice reprendre ce qu'il a donné; dans l'église ce n'est qu'un tableau, au Louvre ce serait un document important et curieux pour l'histoire de l'art français.

VAROTARI (ALEXANDRE), surnommé le Padouanin. Il laissa
un fils nommé Darius, comme son ayeul, et qui suivit de si
près la maniere de peindre de son père, que les ouvrages de
l'un sont confondus quelque fois avec ceux de l'autre. Vedi
il nuovo Boschini, p. 33. Il n'est point né à Verone, mais à
Padoue. Voyez l'auteur du liv. Della pitt. Venez., p. 364. Il y
est parlé de ce peintre avec éloge, et l'on y fait connoître sa
maniere de peindre en homme éclairé et capable d'en bien
juger.

VASSÉ (ANTOINE FRANÇOIS), de la ville de la Seine en Provence, — la Seine est située dans la rade et près de Toulon,
— est mort à Paris en 1736, agé de 53 ans. Il étoit alors dans
l'Academie royale, ou il avoit été admis en 17.. (1). Il ne vit
jamais l'Italie et ses ouvrages le disent assez. On n'y voit que
de la gentillesse, et rien de ce goût solide et mâle qui doit
être le veritable caractere de la sculpture, et que donne seule
l'étude du bel antique. Son principal ouvrage est la figure
en marbre sur l'autel de la chapelle de la Vierge à N. D. de
Paris. Vassé étoit decorateur et c'étoit principalement dans
cette partie qu'il brilloit. On a beaucoup admiré les ornemens de toute espece qu'il a pratiqués dans la galerie de
l'hôtel de Toulouse, et il est vrai que l'execution en etoit sur-
prenante. Ils sont sculptés en bois ; la dorure dont on les a
couverts les a gatés. Je ne scais si ce fut la recompense de cet
ouvrage, mais Vassé avoit la même place de sculpteur des
galères du roy qu'avoit eu Puget. Il a laissé un fils qui se
distingua dans la même profession (2).

VASSÉ (LOUIS CLAUDE), mort en decembre 1772, agé de

---

(1) En 1723, mais seulement comme agréé.
(2) Cf. les *Archives*, tome VI, p. 269-272.

56 ans, étoit depuis 1761 professeur dans l'Academie royale
de peinture et de sculpture, où il avoit été admis en 1751. Il
étoit né avec d'heureux talents dont il auroit pu profiter davantage, si dans les premières années qu'il se donna à la sculpture il se fût appliqué avec plus de zele à l'etude de son art
et qu'il eût sû profiter des leçons que lui donnoit Bouchardon,
dont il frequenta l'attelier pendant quelque temps. Il ne le
quitta que pour aller à Rome, à la prière du roy. On peut
dire qu'il se fia trop à la facilité avec laquelle il operoit. Il
mettoit de la grace et de la legereté dans son travail, mais
quand on venoit à l'examiner on n'y trouvoit rien d'assez
solide. Je ne scais quel tort il avoit avec Bouchardon, mais
celui ci ne pouvoit le souffrir et voyoit avec chagrin que
Mr de Caylus lui accorda sa protection. Vassé le devoit à la
complaisance avec laquelle il se plioit à tout ce que cet amateur exigeoit de lui, et ce ne devoit pas être sans effort de sa
part, car Vassé étoit né fier et peu traitable. J'eus toutes les
peinnes du monde à determiner Bouchardon à consentir qu'il
lui succeda dans la place de dessinateur de l'Acad. des belles
lettres. Mais il auroit eu encore plus de peinne qu'il eût été
choisi pour terminer son ouvrage de la statue equestre, et
ce fut ce qui le determina à jetter les yeux sur Pigal avec lequel il n'avoit aucune relation. Vassé en fut extrem^t piqué,
et sans raison il m'en fit la moue, comme si c'étoit moi qui
avois inspiré cette idée à Bouchardon. Son ressentiment alla
plus loin; il eut l'imprudence de produire des memoires contre Pigal, et se fit fort de faire l'ouvrage à un prix fort au
dessous de celui auquel on étoit convenu avec ce sculpteur,
qui s'en plaignit hautement à l'Academie et demanda justice.
On étoit prêt de la lui accorder et de punir Vassé en lui faisant perdre la place d'académicien. Il para le coup et chanta
les palinodies; il fit des excuses, s'humilia et ne s'en reconci-
lia pas davantage avec ses confreres qui, de ce moment, ces-

serènt de le regarder d'un bon œil. Il ne manquoit pas de genie. Il a paru à sa vente, faite après sa mort, des desseins qu'il
faisoit au coin de son feu; ce sont de veritables songes; mais
qui n'en sont pas moins spirituels. Ce fut à la protection de
Mr de Caylus qu'il dut le travail qu'il fit pour la Russie, je
veux dire le tombeau de la princesse Galitzin, née Trubetz-
koï, et morte à Paris, que lui ordonna le general Bestki, oncle de cette dame. Il pria en partant Mr de Caylus de veiller
sur l'ouvrage, et à son défaut ce devoit être moi qui seroit
chargé de cette inspection; heureusement pour moi il n'en a
pas été besoin

VASSELLI (ALESSANDRO), nato in Cesena l'anno 1637, ar-
rivato in Roma si pose in casa di Mr Bentivogli, quale l'acco-
modò nella scuola di Pier. Franc. Mola, che l'amò come figlio
e lo tenne sino alla morte, doppo la quale passò in quella di
Giacinto Brandi. *Mss Pio.* Mr Crosat avoit son portrait dessiné qui venoit de Pio.

VASSILACCHI (ANTONIO), car c'est ainsi que le Gigli, auteur contemporain, ecrit son nom, et voici l'idée qu'il donne
de sa maniere de peindre...

> Che col suo polito e gracile operare
> Ogn' altro aguaglia.

VAUQUIER (ROBERT), mort à Paris en 1670.

VECCHIETTI (LORENZO). Altare majus (ecclesiæ cathedralis
Senensis) ciborio pulcherrimo ornatur, ex ære, artifice Lau-
rentio Vecchietti, anno 1472. Angeli quoque duodecim ænei
artificio sunt singulari, peritissimis fabris. Diarium italicum
D. Montfauçon, p. 344.

VECELLIO (TIZIANO). Il étoit à Padoue en 1511. Voyez ce que j'en ai dit à l'article de Dom. Campagnola (1).

VELASQUEZ (DIEGO); c'est d'après luy que Paul Pontius a gravé ce beau portrait du comte Olivarès, dont Rubens a dessiné les accompagnemens. Il nacquit à Seville en 1594 et apprit la peinture de Fr. Pacheco. Peu de peintres ont fait une fortune aussi brillante que celui-ci. Il mourut à Madrid en 1660, comblé d'honneurs et de richesses. Son principal talent fut de peindre les portraits. J'en ai vu d'un pinceau léger que Van Dyck n'auroit pas désavoué, et d'autres touchés avec une hardiesse inconcevable, et qui, à leur distance, faisoient un effet surprenant, et qui alloient jusqu'à produire une illusion parfaite. Le Palomino a écrit dans un grand détail la vie de cet artiste.

VELLI (BENEDETTO). Il fit un tableau qui trouva place dans les magnifiques décorations pour l'entrée de la grande duchesse Christine à Florence en 1588.

VELLY (DE), graveur, actuellement à Pétersbourg.

VENTURINI (GASPARD), peintre ferrarois. Le P. Orlandi, p. 97, article de Benvenuto Garofolo, le nomme et le range parmi les peintres de Ferrare. Il le fait vivre en 1612. Il y a apparence que ce n'étoit qu'un mediocre artiste, car l'auteur de la description des peintures de Ferrare se contente de citer quelques uns de ses tableaux qui sont dans les églises de Ferrare, et en demeure là. Il n'en fait aucune mention dans

---

(1) Cf. tome I, p. 294, et sur Titien, V, 301-340.

la notice des principaux peintres de Ferrare, qu'il a mise à la tête de sa description.

VERBRUGGEN (GASPARD PIERRE), qu'on soupçonne être le fils de Pierre Verbruggen, directeur de l'Academie de peinture de la ville d'Anvers, y est né en 1668, et son talent etoit de peindre des fleurs et des fruits. Il en formoit des compositions agreables et y mettoit une liberté de touche qui faisoit que ses tableaux tenoient plus tost de la manière de Baptiste Monoyer que de celle de Van Huysum. C'est en faire l'eloge. Il trouva de frequentes occasions d'exercer son pinceau en Hollande, où il passa vers l'année 1706, et Mathieu Terwesten se l'associa souvent en lui faisant peindre des fleurs dans des plafonds et dans plusieurs autres grandes compositions qu'il eut à peindre. Sur la fin de sa vie, Verbruggen se retira à Anvers et y mourut en 1720. On vante beaucoup un tableau de fleurs qui se voit dans les salles de l'Academie de peinture à Anvers, et qui est son morceau de reception. Descamps, t. 4, p. 122.

VERDIER (FRANÇOIS) est mort à Paris en 1730, agé de 79 ans. Ses commencements avoient été fort brillants : il montroit un génie riche et qui paraissoit inépuisable ; mais ce n'étoit qu'un génie d'emprunt qui, formé dans l'ecole de le Brun, rapportoit à la maniere de ce maître tout ce qu'il produisoit, tenoit tout de lui, et qui peu à peu s'eclipsa au point que, devenu lâche et sans saveur, il ne fit plus rien de supportable et fut absolument abandonné. Le peu de conduite de sa femme, nièce et héritière de madame le Brun, le reduisit sur la fin de sa vie presque à la mendicité, et cela acheva d'eteindre toutes les facultés de son âme. Jamais il n'eut de couleur.

VERDOT (CLAUDE), peintre.

VERDUN (LOUIS DE). Louis de Beauchamp, en buste dans un ovale. Gravé par Michel Lasne. Sans nom. — A cette épreuve cy il n'y a encore point de nom, mais il y a des armoiries où est représenté un cheval passant devant un arbre. — J'en ay veu une épreuve avec cette inscription : Louis de Verdun, architecte du roy (1).

VERELST (HERMAN). On a le portrait de madame Constance Here, gravé en manière noire d'après H. Verelst ; elle est représentée tenant des fleurs dans son giron, et sur ce portrait on est en droit de prononcer que le peintre étoit un aussi mauvais dessinateur qu'un compositeur insipide. (Notes sur Walpole.)

VERKRUYS (THEODORE). St François d'Assise montrant un crucifix, objet de son adoration, gravé au burin pour Carle Maratte, et sur son dessin, par Theodore Verkruys, qui dans la suite a italianisé son nom et s'est fait appeler della Croce.

VERMEYEN. Jan Cornelisz, c'est à dire fils de Corneille, Vermeyen, en latin Majus, a gravé plusieurs morceaux, presque tous interessants, et entre autres le portrait du cardinal Everard de la Marck, celui aux intrigues duquel Charles V

---

(1) Cette inscription dont parle Mariette ne se trouve que dans la suite d'Odieuvre, fort sujet à caution, et le portrait est bien celui de Louis de Beauchamp, dont les armes étaient parlantes, puisqu'on y voit un cheval courant, c'est-à-dire prenant du champ. De l'un des deux portraits du même individu, gravé par Michel Lasne, je veux dire du plus grand, daté de 1629, la Bibliothèque possède une épreuve qui ne porte dans la bordure ovale que le nom de LOVIS, à la suite duquel on lit très-bien de Beauchamp, légèrement indiqué à la pointe sèche, pour donner les distances au graveur qui devait graver les lettres au burin.

dut la couronne imperiale. Sa pointe, qui est extremement
legère, est fine et expressive. Etant en Espagne, à la suite de
l'empereur, il grava une veue du palais royal à Madrid, et
celle des fameux aqueducs de Segovie. Tout ce qu'il a gravé
est rare. Lorsque j'étois à Bruxelles on y retrouva les cartons
qu'il avoit peints, et dans lesquels étoient représentées les
conquêtes de Charles V. On les mit en tapisseries, et, n'en
connaissant pas l'auteur, on n'hésita pas de les attribuer au
Titien, et véritablement il y avoit des parties dignes du pinceau de ce grand peintre. La longue barbe de Vermeyen en
faisoit un homme extraordinaire, et cette singularité, dont
les princes s'amusent volontiers, ne nuisit point à sa fortune.
On a son portrait dans la suite de portraits des anciens peintres flamands, et j'ai rapporté à la fin de ce volume le monogramme qui lui étoit particulier.

— Jean Maius, dont le nom flamand est Jean Vermeyen,
étoit peintre de Charles Quint, empereur. Il l'avoit suivy dans
son expédition d'Afrique, et il avoit peint les principaux evenemens de cette expedition pour être exécutés en tapisseries.
J'en ay veu à Bruxelles quelques morceaux, car on en avoit
retrouvé les cartons, que l'on croyoit du Titien et que l'on
exécutoit de nouveau en tapisseries pour l'empereur, toujours dans cette croyance. En effect, quoyqu'ils fussent en
mauvais estat, on ne laissoit pas d'y trouver des testes parfaitement bien peintes. M. de Piles avoit vu ces tapisseries en
Portugal, sans doute celles qui avoient été exécutées du vivant
de l'auteur, et il en faisoit beaucoup de cas.

Il me restoit à m'éclaircir si ce peintre avoit en effet gravé
les pièces où est la marque IC (en monog.) et le portrait du
cardinal de Bouillon — où est son nom au long. — J'avois
là dessus quelque douté, mais je n'en ay plus présentement
aucun. Il m'est venu entre les mains une autre pièce de ce
peintre, gravée certainement par luy mesme, à l'eau forte et

dans la même manière que ce que j'avois déjà veu de luy.
Ainsy il n'y a plus à doutter qu'il a gravé et qu'il se soit
servy de cette marque IC pour se designer, c'est à dire *Joannes Cornelii,* nom sous lequel il estoit connu, comme l'etoit
Theodorus Bernardi et tant d'autres. Cette pièce, que j'ay eu
depuis peu, est un plan ou veuë — d'oyseau — de la ville de
Bougie en Afrique, assiégée par l'armée de Ferdinand V,
roy d'Espagne, commandée par le cardinal Ximenès; elle
fut gravée en 1551, ainsy qu'on l'apprend de l'inscription qui
est au bas : Anno Domini 1504, ab Hisp. rege catholica Fer-
dinando V, fortiter expugnata fuit BVGIA, urbs maritima
Africæ, duce archiepiscopo Toletano, cujus typum Joan.
Maj^9 Car. V^{ti} Imp. Ro. Hisp. regis pictor expressit an^o 1551.
Ce qu'elle représente la rend singulière. La touche en est
spirituelle.

A l'égard du portrait du cardinal de Bouillon, il est bien
dessiné, gravé de chair, et les ombres placées avec intelligence. C'est un des beaux portraits qui ayent été gravés.

— Ce peintre Jean Maius est celuy dont on voit le portrait
dans la suite de Jerôme Cock. Van Mander et après luy Sandrart en font mention sous le nom de Jean de Corneille Vermeyen. Son nom étoit Jean, celuy de son père étoit Corneille, ce qui fait qu'on le nommoit Jean de Corneille, et que
Vasari ne le nomme pas autrement. Giovanni Cornelis, d'Amsterdam, t. 3, p. 269. Cependant il n'estoit pas d'Amsterdam,
mais d'un lieu auprès d'Harlem, appelé *Beverwick.* Vermeyen
est son nom de famille, que Lampsonius a traduit en latin
Majus. Ce peintre avoit accompagné l'empereur Charles V à
l'expédition de Tunis. Van Mander, Sandrart et de Piles rap-
portent plusieurs particularités de sa vie, mais aucun ne
parle de ce qu'il a gravé. Cependant il est constant qu'il n'y
a qu'un peintre qui ait pu graver ce beau portrait qui est de
grandeur naturelle, et l'inscription qui est au bas semble ne

laisser aucun lieu de douter que ce ne soit Jean Maius, à moins qu'après ces mots *per Jo. Majum*, on veuille seulement sous entendre *pictus*, ce qui n'auroit pour lors rapport qu'au tableau. Ce qui est très certain c'est qu'il est gravé dans la mesme manière, et certainement par le même maistre que ces deux pièces qui sont dans ce recueil et portent la marque et la datte 15 IC (en monog.) 45, temps auquel vivoit nostre peintre. J'avois cru que ce pouvoit estre la marque de Jerosme Cock, et cela n'est pas mesme hors de vraysemblance; or il a gravé des paysages qui tiennent de cette manière pour le maniement de la pointe; mais je remarque en même temps qu'il a toujours fait commencer son nom de baptesme par un *H*, de cette sorte : *H. Cock*, ou *Hieronimus Cock*, au lieu que cette marque cy est composée d'un J et d'un C, ce qui voudra apparemment exprimer le nom de baptesme de Vermeyen, qui est Jean ou Joannes, et le C celuy de son père Corneille, sous lequel il estoit connu dans les Pays Bas. J'ay observé que cela s'est pratiqué ainsy à l'égard de plusieurs autres artistes, et Vasari, comme je l'ay déjà fait remarquer, ne le nomme pas autrement, luy qui écrivoit sur les mémoires que luy avoit envoyé Lampsonius.

— 15 IC (en monog.) 45. C'est ici le monogramme qu'a employé sur quelques unes de ses gravures à l'eau forte Jean Corneille Vermeyen, en latin Majus, peintre des Pays Bas, qui étoit au service de Charles V, et qui l'accompagna dans son expédition en Afrique. Ce qu'il a gravé est curieux. Il travailloit, comme l'on voit, en 1545 et jusqu'en 1551.

— Je connois encore quelques pièces singulières de ce J. Maius, entr'autres deux portraits de femmes; la veue du palais de Madrid, tel qu'il étoit au milieu du 16° siècle; la veue de l'aqueduc de Segovie; le portrait de Philippe, roy d'Angleterre et prince d'Espagne : c'est Philippe II, il est en buste, veu de face, et gravé par J. Mayus, quoyque son nom ni sa marque ne s'y trouvent pas; celuy de don Fernand de Gonzague, ministre de Charles V, avec cette inscription : *Don Fernando — de Gonzaga*. Il est aussy de Maius, quoyque son nom ny sa marque ne s'y trouvent pas; ce portrait est en demie figure, les mains jointes; il est vêtu d'une pelisse et a le collier de l'ordre de la Toison.

VERMONT (HYACINTHE COLLIN DE). Voir tome II, p. 1-2.

VERNANSAL (LOUIS DE). Il faut qu'il se soit arrêté pendant du temps à Padoue, car le Rossetti, auteur de la description des peintures de Padoue, fait mention de plusieurs tableaux de cet artiste qui se trouvent repandus dans les eglises de cette ville, et il y a apparence qu'il les fit à son retour de Rome, où je pense qu'il etoit un des pensionnaires que le roi y entretient. Il est Francois, et Rossetti, p. 106, le dit Parisien.

— Guide Louis Vernansal, peintre, disciple de le Brun, né à Fontainebleau, mort à Paris en 1729. Brice.

VERNER TAM (FRANCOIS) est regardé par les Allemands comme un second van Huysum. Ses tableaux sont d'un plus grand fini. Il peignoit également bien les animaux, les fruits et les fleurs. Les galéries des princes d'Allemagne sont remplies de ses peintures qui ne sont pas d'une grande étendue ni chargées de beaucoup d'ouvrages, mais dont on ne peut assez priser la belle touche et la parfaite intelligence qui y regnent. Il naquit à Hambourg le 6 mars 1658, et étant allé à Rome dans l'intention de suivre le genre de l'histoire, il se prit d'affection pour des tableaux de Carlo di Fiori, et se consacra au même talent. Il mettoit alors plus de hardiesse et de fermeté dans sa touche. Dans la suite la veue des tableaux de Van Huysum luy fit changer de systeme. Il sacrifia

tout au grand terminé, et il n'en plut que davantage aux curieux qui le faisoient travailler. Il s'étoit établi à Vienne d'où
il sortit sur la fin de sa vie pour revoir sa ville natale; il n'y
demeura que peu d'années; il revint à Vienne et il y a terminé sa carriere le 19 juin 1724. Son portrait, peint par
Kupetzki, se trouve encore à Vienne. Eclaircis. hist., p. 202.
Il y a deux de ses tableaux dans la galerie de Dresde.

VERNET (JOSEPH), né à Avignon en 1715, le 15 aoust, se
distingua dans le talent de peindre des paysages et des marines. Il a demeuré longtemps en Italie, et c'est en etudiant
d'après nature et en travaillant avec la plus grande application qu'il s'est fait une si belle touche, et qu'il a su rendre
avec tant de verité les differens effets de la lumiere, et ce
que produisent dans l'air les vapeurs qui sortent de la terre
ou de l'eau, et que le soleil a tiré à lui. Je ne connais aucun
peintre, pas même Claude le Lorrain, qui les ait mieux rendues. Il n'a pas moins bien imité la limpidité de l'eau, et, si
c'est une tempête qu'il represente, on la voit avec toutes ses
horreurs. On ne finiroit pas s'il falloit le suivre dans toutes
les differentes situations de l'atmosphere dont ses tableaux
donnent une image fidele. Ses commencemens furent difficiles, mais, sa reputation s'étant accrue, il eut une si grande
vogue, surtout de la part des Anglois, qu'il ne pouvoit pas
suffire à la quantité d'ouvrages qui lui etoient ordonnés. Ce
fut dans ces circonstances que le roi l'appela et qu'il lui fut
ordonné d'aller dans les principaux ports de mer du royaume
en prendre des vues et en faire des tableaux, qui au 13e en
sont restés là faute d'argent. Cela lui a du etre assez indiffe-
rent et est même tourné à son avantage, car il n'a pas manqué d'amateurs qui se sont empressés de le faire travailler et
qui ont rempli ses poches d'argent. M. de la Borde s'est surtout distingué. Il lui a fait faire pour sa terre de la Ferté huit

tableaux qui lui ont été payés quarante mille livres et qui
ont été faits en un clin d'œil, et peut etre un peu trop à la
hâte. Notre peintre, s'il en faut dire mon avis, montre un
peu trop de confiance dans son pinceau et dans une pratique
de faire qu'il s'est acquise, et qui, s'il n'y prend garde, de-
generera en pratique et pourra lui nuire. Quand il etoit soutenu par la veue de la nature, il n'avoit pas ce malheur à
craindre. Il est peut etre le seul d'entre les peintres qui ait
vu vendre ses tableaux au poids de l'or. Tel de ses ouvrages
dont il n'avoit pu avoir, étant à Rome, plus de cent écus, en
a été vendu mille. La mode y est, on se les arrache. Dans le
temps qu'il etoit à Rochefort et qu'il en peignoit une veue, le
commandant de la flotte angloise qui croisoit dans ces pa-
rages en fut informé et l'invita de se rendre à son bord, où
il lui fit un accueil digne de l'estime que meritoient ses talens.

— M. Vernet, qui scavoit deja manier le pinceau, sortit
d'Avignon et vint trouver à Aix le pere du peintre Viali qui
peignoit le paysage et des marines avec assez de succès. On
est curieux en Provence d'avoir des chaises à porteur fort
ornées, et Viali etoit un de ceux qui etoient le plus employés
a les enrichir de peinture. Vernet se trouva en etat de lui
aider, et c'est ainsi qu'il est entré dans une carriere où il
s'est si fort distingué. Il sentit que, pour y faire de plus grands
progrès, le voyage d'Italie lui etoit necessaire; il y passa en
1733. Il vint à Rome, d'où se détachant de temps en temps
il faisoit des incursions dans les campagnes et sur les côtes
maritimes, et partout il etudioit la nature et ses effets, et les
rendoit ensuite sur la toile dans la plus grande verité. La
veue des paysages de Salvator Rosa ne contribua pas peu à
le diriger et à lui faire acquerir une touche précieuse et brillante. Il voulut voir lui meme les lieux que ce fameux peintre avoit consultés; il fit le voyage de Naples et il en retira
beaucoup de fruit. Sa reputation s'accrut avec ses ouvrages

qui devinrent nombreux par sa grande facilité d'operer, et les Anglois, amateurs du genre de tableaux auquel il s'etoit consacré, ne contribuerent pas peu à accroitre sa reputation. Il passa de ses tableaux en France. Ils furent donnés pour la première fois au public dans l'exposition du salon de 1746, et l'on desira d'en voir de plus près l'auteur. Le roi le manda, et M. de Marigny qui l'avoit connu etant à Rome n'y contribua pas peu par le bon temoignage qu'il rendit de ses talens. Ce fut alors à qui auroit de ses ouvrages. Il ne sçavoit auquel entendre. Il en força le prix, et il eut la satisfaction, que peu de ses confreres ont eu, de voir revendre ses tableaux des prix enormes, de sorte qu'un tableau qu'il avoit fait autrefois pour cent écus romains fut payé jusqu'à cinq mille livres (1).

VERRIO (ANTOINE), Napolitain, né à Lecce, ville de la terre d'Otrante, en 1639, fut un de ces peintres praticiens qui ne trouvent aucune difficulté à couvrir de figures les plafonds et les murailles de la plus vaste étendue, mais qui, mauvais coloristes et encore plus méchants dessinateurs, ne sçauroient sortir d'une manière commune et triviale qu'ils se sont faite. C'est l'idée qu'en donne M. Walpole, bien différente de celle qu'en a pris le peintre Domenici, en voyant ce que cet artiste a peint dans le plafond de l'apoticairerie de la maison des Jesuites à Naples, appellée *il Giesu vecchio*. Ce morceau, dont on trouve une fort ample description dans la vie des peintres

---

(1) L'un de nos collaborateurs et amis, M. Léon Lagrange, a publié dans la *Revue universelle des arts* et tiré à part, Bruxelles, 1858, in-8° de 195 p., une monographie de Vernet faite avec les papiers conservés à Avignon; nous ne pouvons que renvoyer à son travail, qui est excellent, et qui le sera encore davantage dans la seconde édition qu'il en prepare.

napolitains par le Domenici, porte le nom de l'auteur, celui de sa patrie et l'année dans laquelle il fut exécuté, qui est l'an 1661. Verrio n'étoit alors âgé que de 22 ans. Il avoit déjà vu Venise, où il avoit été prendre des leçons de peinture, et il avoit enrichi sa patrie de plusieurs ouvrages qui commencerent sa réputation. Le goût pour les voyages lui fit entreprendre celui de France. Il s'arrêta à Toulouse, où il mit dans l'eglise des Carmes un de ses tableaux. Charles second, roy de la Grande Bretagne, en remontant sur le trône de ses pères, voulut bien s'occuper du rétablissement des arts dans son royaume, et, ayant jeté les yeux sur Verrio, il le fit venir, lui fit peindre quantité de plafonds dans le château de Windsor, et le combla de biens qui n'étoient jamais capables de satisfaire le goût que son peintre avoit pour la dépense, et qui le mettoient continuellement à l'étroit. Le roi Guillaume auroit souhaité l'employer, mais Verrio, attaché par reconnoissance à la maison des Stuarts, eut toutes les peines du monde à se prêter aux volontés de ce prince et le fit de fort mauvaise grâce. La reyne Anne, touchée de le voir privé de la vue, lui accorda une pension, dont il jouit peu longtemps, étant mort en 1707. Domenici raconte sa mort fort differemment, mais il étoit mal instruit, et tout ce qu'il a dit à ce sujet est fabuleux. Voyez M. Walpole, *Anecdotes de peinture*, t. 3, p. 34, et Domenici, *Vies des peintres napolitains*, t. 3, p. 173.

— Antoine Verrio est né à Lecce, ville episcopale de la terre d'Otrante. Ce peintre l'a ecrit lui même sur le tableau qu'il a peint a Naples dans le plafond de l'apoticairerie del Giesu nuovo; c'étoit en 1661. Il n'avoit alors que 22 ans, ainsi que l'a fait imprimer le Domenici dans son ouvrage sur les *Vies des peintres napolitains*. Mais, quant à tout ce que cet auteur raconte de son changement de religion et de sa mort funeste, qu'il regarde comme la punition de cette desertion à l'eglise romaine, c'est une pure fable qui doit être redressée par ce qu'on en raconte ici. On y entre dans des détails concernant les différens ouvrages qu'il a fait en Angleterre, qu'on ne trouve point ailleurs; et à l'égard du temps et à la manière dont il a fini ses jours à Londres, ce sont des faits certains qu'on ne peut revoquer en doute. (*Notes sur Walpole.*)

— On en a l'estampe gravée par Vanderbanc (*d'une peinture pour l'ornement de la salle de Windsor, où le roi mange en public*), lequel a pareillement gravé le plafond de la chambre à coucher du roi de ce même palais de Windsor. A en juger par ces gravures, la manière de dessiner du peintre est lourde et sans goût, et ses compositions n'ont rien qu'on ne trouve dans celles des peintres qui se sont, comme celui-ci, livrés à la pratique et ont soumis l'étude à un faux brillant de genie (1).

---

(1) Hamptoncourt est encore plein des peintures de Verrio. Le grand escalier du roi est tout rempli d'un immense Olympe, auquel le petit guide français de E. Roberts (Windsor, 1851, in-12) consacre toute une page. Dans la chambre à coucher de Guillaume III, se voient au plafond la Nuit et le Matin; dans le cabinet de toilette, Mars, Vénus et l'Amour; dans le salon de la reine, la reine Anne sous le caractère de la Justice. Mais tout cela est si nul de pensée, si commun de composition, si lâché comme dessin, si ruiné de couleur, que le souvenir fait peu de différence entre le pinceau d'un artiste qui s'abandonnait avec cet orgueil à toutes les faiblesses d'une improvisation impuissante et celui d'un peintre en bâtiments; le mur est couvert et voilà tout. Aussi, au lieu de se souvenir trop longtemps de cet affadissement banal qui caractérise tous les machinistes du dernier ordre, j'aime mieux citer un passage de la préface que Palaprat a mise à son théâtre; elle nous montre Verrio dans son milieu et même aux côtés d'un homme dont le souvenir n'est jamais indifférent : « Ce n'est pas seulement auprès de ces seigneurs que j'appris des particularités de notre ancienne comédie. Je soupai tous les samedis en très-bonne compagnie chez un peintre italien nommé Vario, tant que dura l'hiver de cette année 1671, hiver qui fut plus riant qu'un printemps pour

VERROCHI (ANDREA). Il y a eu un peintre florentin du même nom, et plus moderne que celui dont il est parlé ici, qui mourut à Venise où il avoit été travailler à la statue equestre de Barthelemi Colleone. Cet autre vivoit en 1588, et dans cette année il peignit un tableau pour l'entrée de la grande duchesse Christine de Lorraine à Florence. On en voit l'estampe et on en lit la description dans le récit de cette feste, qui a été imprimé à Florence en 1589.

VERSCHAFELT (PIETRO), sculpteur flamand, que j'ai vu à Paris, et qui y a travaillé pendant deux ou trois années aux ouvrages de Bouchardon. Celui-ci le regardoit comme un excellent praticien, ce qu'il a de commun avec tous les artistes de sa profession qui sortent de Flandres. Il retourna en Italie, où M. Bouchardon l'avoit connu, et je vois, par la nouvelle édition du Titi, qu'il y est employé. — Il est actuellement (en 1784) en Allemagne, et s'y distingue. L'électeur Palatin l'a pris à son service. Il est né à Gand.

VEYRIER (CHRISTOPHE), élève de Puget, nacquit à Tretz, petite ville de Provence, peu eloignée d'Aix, vers l'année 1630.

---

la ville de Paris, parce que le roi l'y passa tout entier. L'illustre M. Riquet... avait fait venir Vario de Florence pour orner de plusieurs belles peintures sa maison charmante de Bonrepos. C'est là où j'avais lié une grande amitié avec Vario pendant les deux ou trois années qu'il y avait travaillé. Mon Florentin, — nous l'appellions *Berrio* et allongions l'*io*, par l'habitude que nous avons d'estropier les noms et de donner au B et au V l'usage de l'un à l'autre, — était venu à Paris, et il n'y avait pas été plutôt établi qu'il était devenu grand ami, cousin, camarade et compère de tous les excellents acteurs de ce temps-là ; elle jouait au Palais-Royal et avait ses jours marqués sur le même théâtre avec la troupe de Molière. (Théâtre de Brueys et Palaprat, Paris, Briasson, 1755, in-18, t. I, p. XXIX.)

Attaché à ce grand artiste de la façon la plus intime, il ne le quitta point du moment qu'il fut entré dans son école; il resta auprès de lui jusqu'à sa mort, et travailla dans tous les ouvrages de sculpture qui sortirent des mains du Puget. C'etoit lui qui les ébauchoit, et cela lui fit prendre une si bonne manière de tailler le marbre, que peu de nos artistes y ont aussi bien réussi que lui. Il n'en a pas pour cela acquis plus de reputation. On ne l'a regardé que comme un simple compagnon sculpteur; ses talens ont été éclipsés par ceux de son maître. Une trop grande timidité, jointe au peu de bonne opinion qu'il avoit de lui même, a outre cela empéché qu'on ne connût tout ce qu'il valoit; mais ceux qui ont voyagé en Provence, et qui y ont vu les sculptures qu'il y a fait entierement de sa main, sans l'aide de Puget, scavent lui rendre justice et le regardent avec raison comme un sculpteur d'un rare mérite, et qui marche d'assez près sur les traces de son maitre. Il est mort à Toulon vers l'année 1696, où la place de dessinateur des galeres et vaisseaux du roi, dans laquelle il venoit de succeder à Puget, lui avoit fait prendre un etablissement. Il eut un cousin nommé Lazare Veyrier, qui fut pareillement sculpteur, et qui termina plusieurs ouvrages que Christophe avoit commencés et qu'il laissoit imparfaits.

VEZZO (VIRGINIE DE), de Velletri, dessinoit agreablement, peignoit en miniature et pouvoit travailler d'après ses propres compositions. Simon Vouet, étant à Rome, en fit sa femme et fit entrer avec elle le bonheur et la joye dans sa maison; car outre les talens cette femme avoit un bon esprit. Elle suivit son mari en France, lorsque celui-ci y fut rappelé par son prince. Elle le fit pere de plusieurs enfans et mourut âgée seulement de 32 ans, en 1638. Elle s'etoit tellement fait aimer et estimer à Paris, que le roi, par une grace singulière et sans exemple, lui as·ura le logement que son mari avoit aux galeries du Louvre, au cas qu'il mourût avant elle. Mem. mss (1).

VIALI (LOUIS RENÉ), de Provence, a appris de H. Rigaud et s'est pareillement attaché au portrait. Il a fait celui de don Philippe, Infant d'Espagne, duc de Parme, qui a été gravé par Balechou, et c'est lui, je pense, qui a mis le pinceau entre les mains de M. Vernet, qui en a conservé de la reconnoissance, car l'on voit chez Viali, qui vit encore en 1764, plusieurs de ses tableaux dont il lui a fait present. C'est aussi auprès de lui que Balechou a pris les premiers enseignemens du dessein; peut être que sans ses conseils il n'auroit jamais exercé la gravure. Voilà deux grands presens qu'il a fait à l'art. Il est mort au commencement de 1770, agé de près de 90 ans.

VIANINO (ANTOINE MARIE), de Crémone. Le Gigli en parle dans son poëme *Della pittura trionfante*, imprimé en 1615, et il y a apparence qu'il étoit vivant. Il faut que sa reputation ne se soit pas soutenue, ou qu'il soit mort jeune, car il n'est fait mention de lui nulle part. — Il en est parlé dans plus d'un endroit de la description des peintures de Mantoue, par le Cadioli, et particulierement à la page 30, où l'on apprend qu'il fut appelé à Mantoue par le duc Vincent, en 1598, et qu'il y exerça l'architecture avec reputation.

---

(1) L'un de nous a réuni tous les témoignages relatifs à cette première femme de Vouet, d'abord dans le catalogue raisonné de l'œuvre de Claude Mellan, Abbeville, 1856-7; p. 193-4, et aussi dans un article de la *Revue universelle des arts*, Bruxelles, t. VI, 1857, p. 249-251.

VICECOMITE (francesco), peintre en miniature, qui possedoit le secret des plus beaux émaux et qui contrefaisoit, à
s'y tromper, les pierres gravées en les imitant en pâte de
verre. Cesare Cesariani dans son *Commentaire sur Vitruve*,
lib. 2, cap. 7.

VICENTINO (andré), Venitien, disciple de Jacques Palme
le jeune.

— Jesus Christ honorant de sa présence les nopces de
Cana ; gravé à l'eau forte par Noel Cochin, d'après le tableau
qui est à Venise dans l'eglise de tous les saints. — Une autre
estampe, beaucoup plus grande, de ce mesme tableau, gravé
au burin par un anonyme à Venise, en 1594. — Assez mal
gravée, et cependant paroist avoir été faite sous les yeux du
peintre, puisque c'est luy qui en fait la dedicace. La marque
du graveur, que voicy : MP (en monog.) F, y est, mais je
ne la connois pas. Elle est de 4 feuilles.

VICENTINO (lorenzo), scollore molto excellente. Palladio
en parle en ces termes dans la seconde partie de son livre
d'architecture, p. 18. Il avoit fait les statues pour la décoration d'un palais baty par Palladio, aux portes de Vicence,
pour monsignor Paul Almerico.

VICENTINO (marco), fils d'André et son eleve, a marché
sur ses traces et n'a guères fait qu'un peintre maniériste.
Della pittura Veneziana, p. 335.

VICENTINO (valerio). Le Vasari, qui a écrit la vie de Valerio Vicentini, et qui s'est beaucoup étendu sur ses ouvrages,
ne lui fait point faire le voyage d'Angleterre, et, quelqu'assurance que Mr Walpole mette dans son récit, je tiens pour
certain qu'il n'y a jamais mis le pied. Comment auroit-il pu

y graver le portrait de la reyne Elisabeth, lui qui est mort en 1546, douze ans avant que cette princesse fut montée sur le trosne. L'anachronisme est démontré et je défie Mr Walpole de se tirer de ce mauvais pas. Je croirois plust o que les gravures dont on parle ici sont des ouvrages de Coldoré, excellent graveur en pierres fines, qui a été au service de Henri IV, et dont le véritable nom est Julien de Fontenay. Il passe pour constant dans ce pays-ci qu'il a travaillé en Angleterre. Je l'ai avancé sur la foi publique dans mon *Traité des pierres gravées*, pag. 136. J'ai même cité, pour appuyer cette opinion, un très beau portrait en relief de la reyne Elisabeth, qui est aujourd'hui dans le cabinet de Mr le duc d'Orléans, et qui, pendant tout le temps que l'a possédé M. Crozat, n'a cessé d'être regardé comme une production de Coldoré. Je suis sûr que, si Mr Walpole avoit eu connaissance de cette anecdote, et il ne tenoit qu'à lui d'en être instruit, il en auroit fait usage et se seroit épargné le désagrément de tomber dans une de ces erreurs grossières dont il est si difficile de se garantir, quand on s'en rapporte aveuglement à des bruits et à des memoires infideles, et qu'on neglige de recourir aux véritables sources. (*Notes sur Walpole. — Sur ce Vicentino,* voyez I, 111-112.)

VICO (ENÉE), Parmesan.

— Enée Vico, ou, comme quelques uns l'appellent, Vighi, étoit natif de Parme en Italie, et vivoit à peu près dans le même temps que François Mazzoli, de la même ville de Parme, se faisoit si fort distinguer dans la peinture. Le goût et la manière de cet excellent maistre ont toujours été tellement suivis par Vico que l'on pourroit conjecturer de là -qu'il auroit pu être un de ses disciples. Quoyqu'il en soit, on le met avec justice au rang des meilleurs graveurs d'Italie ; car, outre qu'il inventoit et dessinoit avec beaucoup de grâce

et de legereté, il n'y en avoit encore eu aucun avant luy qui
eût manié le burin avec tant de politesse et de propreté. On
pourroit toutesfois luy reprocher qu'il a presque toujours été
sec et maniéré dans ses ouvrages, et qu'il s'y est souvent négligé. Il excelloit à faire des portraits; ceux qu'il a gravés le
sont avec beaucoup d'art, et ce n'est pas une des moindres
parties de son œuvre. Au reste, ce sçavant artiste joignoit à
tous ces talens une grande connoissance de l'antiquité; on
luy est redevable de plusieurs traités qu'il a composés sur
les médailles, et qui sont fort estimés.

— Sa gravure étoit faite pour tirer nombre d'épreuves sur
une même planche.

— Je ne doute nullement que Vicus n'ait appris à graver
chez Salamanque. Suivant son epitaphe, il est né en 1519 et
mort en 1563, agé de 44 ans.

— Je serois assez porté à croire que Martin Rola seroit son
disciple.

— Voir l'appendice de : Vari soggetti Parmigiani, che,
o per bonta di vita, o per dignita, o per dottrina sono molti
celebri ed illustri, 1642, 4°; Bibliotheca nummaria Cl. Ban-
duri; Vetustissimam tabulam æneam Egyptiorum litteris cœ-
latam commentariis illustravit Eneas Vicus, Venetiis, anno
1559, folio.

— Voyez, au sujet des estampes qui portent le nom de
Medaglie del Doni, deux lettres que lui écrit Paul Jove, et
qui se trouvent imprimées dans le tome V des *Lettere sur la
pittura*; ce sont celles qui portent les numéros 35 et 36.

— La S° Vierge écoutant avec étonnement l'ange Gabriel
qui luy annonce le mistère de l'incarnation, gravé en 1548.
Vasari assure qu'elle est d'après le Titien. — Mon père prétendoit qu'elle étoit d'après le Parmesan, mais je crois qu'il
se trompoit; aussi la crois-je gravée à Venise. (B. 3.)

— La S° Vierge assise au pied de la croix, regardant avec

douleur le corps mort de J. C., qui est étendu sur ses genoux. Elle est accompagnée des saintes femmes, d'un pape,
de St Maurice et de plusieurs autres personnages que le peintre a pris licence d'introduire dans sa composition. Il a aussi
mis un jeune ange qui tient un livre ouvert, où est écrit le
commencement de la généalogie de J. C. Ce tableau est tout
à fait dans la manière de l'école florentine; ainsy l'on croit
qu'il pourroit estre de Georges Vasari — ou plutôt de Salviati. — Sans aucuns noms d'artistes. Cette remarque est de
moy; il faudra s'en informer avec mon père. — Ce morceau
est tout à fait dans le style de l'école florentine, et je ne
doute nullement que l'invention n'en soit du frère Jean Angelo Montorsoli, sculpteur, que Michel Ange a fait travailler
et qui jouissoit d'une réputation. Ce sera le desseïn, — je
n'en doute même pas, — dont il est fait mention dans une
lettre du Doni, adressée à Enée Vico, qui se trouve imprimée
à la fin du livre intitulé : *Disegno del Doni.* Le Montorsoli
l'avoit envoyé à ce dernier en le chargeant de le présenter à
Vico pour le graver. L'auteur n'avoit point mis son nom sur
son desseïn; il ne se voit point non plus sur l'estampe.
(B. 9.)

— Enéas Vicus. Le Doni lui adresse une lettre datée de
Venise le dernier aout 1547, et l'accompagne d'un dessein
de Jean Agnolo, — frère Jean Angelo Montorsoli (Cf. IV,
p. 10-11) — qui, ayant été religieux servite ainsi que le
Doni, étoit resté son ami. Ce dessein étoit envoyé à Vicus,
afin qu'il le grave, et, pour mieux l'y engager, le Doni se répand en louanges, et, après avoir remis sous les yeux du
Vicus les meilleures estampes et lui avoir rappelé les médailles qu'il lui avoit gravés, et une estampe de la conversion de St Paul, il l'élève jusqu'au ciel. Ce dessein sera sans
doute celui qui a servi à graver la descente de croix, remarquable par le livre que tient un ange et qui contient le com-

mencement de la généalogie de J. C. Voyez cette lettre dans le livre : *Disegno del Doni*, p. 52.

— S. Georges combattant à cheval contre un dragon qu'il perce de sa lance. Gravé en 1542, d'après don Jules Clovio — qui, étant Croate de naissance, est nommé sur la planche Corvatinus. — Vasari dit que ce sont de ses premières choses de graveure. (B. 12.)

— S. Jerome en pénitence dans le désert; il tient d'une main un crucifix et de l'autre une pierre ; un lyon est près de sa personne. — Gravé en 1542; on ignore d'après qui et j'en fais peu de cas. (B. 10.)

— La conversion de S. Paul (B. 13). Gravé en 1545 d'après un dessein d'un disciple du Salviati nommé François, et que l'on conjecture etre François del Prato. Ce fut Cosme de Medicis, depuis grand duc, qui fit la dépense de cette planche. — D'après un dessein de François Salviati. — Voicy l'inscription de cette planche : Francisci Flor. Jo. Car. Salviati alumni inventum, Eneas Parmensis incidebat 1545, ce qui signifie : Francisci (*supple* de' Rossi, qui étoit le nom de famille du Salviati) Florentini, Joannis cardinalis Salviati alumni, inventum. L'on peut voir, dans la *Vie du Salviati* ecrite par le Vasari, que ce peintre avoit été au service du cardinal Salviati, et que c'est ce qui luy fit donner le nom de Cecchino del Salviati. — La pièce est considérable ; le graveur y est parfaitement entré dans la manière du peintre.

— Deux pelerins, dont l'un, qui est couché par terre, présente à boire à son compagnon qui est assis près de luy. Gravé en 1542 d'après Georges — Vasari — d'Arezzo. — Elle est curieuse en ce que l'on ne connoit que rès peu de morceaux gravés d'après le Vasari. (B. 40.)

— Les amours de Léda et de Jupiter changé en cigne, dans un ovale, gravé en 1542. — Vasari fait mention d'une Leda gravée par E. Vico, d'après Michel Ange. Seroit-ce celle-ci?

— On estime cette pièce du dessein de Pèrin del Vaga. —
N. B. Suivant ma conjecture propre. (B. 25.)

— Jupiter changé en cigne, jouissant de Leda. Gravé en
1546 d'après Michel Ange Buonaroti. — Fameux tableau, que
ce grand artiste destinoit pour le duc de Ferrare, et qui vint
en France, où il a eu le sort d'être mis en pièces sous le ministère de Desnoyers. (B. 26.)

— Venus s'essuyant au sortir du bain, gravé en 1546
d'après un dessein fort gracieux, que l'on conjecture estre
de Raphaël d'Urbin — et que le graveur n'a pas tellement
suivi qu'il n'y ait fait passer des incorrections. — N'est-ce
pas un groupe qui se trouve dans une des pièces de la Psiché?
— Elle est accroupie et a près d'elle l'Amour, qui tient des
draperies. (B. 19.)

— Vulcain et ses Cyclopes forgeant des fleches pour les
amours (B. 31). Cette pièce, qui est une des plus belles
d'Enéas Vicus, est du dessein de François Primatice, et c'est
sans raison que le Vasari en fait inventeur le Rosso. — Il y
en a une gravée par G. Ruggieri, où est le nom de St Martin
de Bologne. (Cf. IV, p. 215.)

— Les trois Grâces se tenans par la main, gravé par Enéas
Vicus — 1542, E. V. — d'après le même bas relief qui l'avoit
déjà été par Marc Antoine. Cette estampe est assez mal exécutée pour la gravure, mais le dessein en est d'une proportion fort svelte. — Avec ce faux enoncé : « Exemplar chari-
tüm ex Policleti opere marmoreo sumptum. » (B. 20.) — Une
copie de l'estampe qu'avoit gravé Marc Antoine : « Sic Romæ
charites niveo ex marmore sculptum. » Elle est sans la marque ni le nom de Vicus, et n'en est pas moins de lui.

— Trois amours en portant un quatrième en triomphe :
FR. PAR. INVENTOR. Quoyqu'on ne voye point sur cette
pièce le nom de Vicus ni sa marque, elle n'est pas moins
de lui et de son meilleur temps. Ce qui en fait le lointain

est misérablement gravé. On n'en sçavoit pas alors davantage..

— La Fortune promettant à un jeune homme de le rendre heureux dans ses amours, s'il veut estre hardy et entreprenant, ce qui est signifié par le cheval sur lequel ce jeune homme est appuyé. L'on ne connoit pas le nom du peintre d'après qui est cette estampe, sinon qu'elle a beaucoup de la manière de l'école de Raphaël. On en a attribué la graveure à Enéas Vicus, et on la met ordinairement parmy ses ouvrages; ce n'est pas qu'on ne puisse la contester. — Sans nom d'artiste. Avec ces deux vers au bas :

Jo son Fortuna buona; ho meco Amore ;
Se mi conosci, ti faro signore.

— Je suis fort convaincu que ce n'est rien moins qu'une production de Vicus, mais je ne puis nommer celui qui l'a gravé. (B. XV, page 369.)

— Un cartouche renfermant un embleme qui représente deux lions, dont l'un dechire un taureau, et l'autre, au contraire, flatte un agneau, avec ces mots : Parcere subjectis et debellare superbos. — Je pense que cette pièce est une de celles dont Vicus dit, dans la préface de son livre des *Médailles*, qu'il s'occupoit et qui devoient entrer dans un livre des devises de sa façon, ouvrage qui n'a pas eu lieu. (B. 34.)

— Tarquin voulant violer Lucréce, d'après Raphaël d'Urbin. Augustin Vénitien avoit déjà gravé ce tableau en 1524. Celle-cy, qui est d'Eneas Vicus, est gravée avec beaucoup de soin, et c'est une des pièces de son œuvre des plus estimées et des plus rares à trouver. — Même sens que dans l'original; la planche un peu plus grande. — Æneas Vicus restituit, et, sur le manteau de la cheminée : Raphaël Urbin inven. — Tarquin tient un livre à la main. Je ne scais trop pourtant si c'est cette histoire, car il y a dans le fond un homme qui accourt au bruit, et il me semble que Tite-Live ne dit rien de cela. (B. 14.)

— Pierre Aretin avec la dedicace : Al nobiliss. ingegno M. Enea Vico Parmigianino amico singulariss. — Plein de feu, l'on s'apercoit qu'il a été fait pour un ami. (B. 238.)

— M. Mantua Benavidius, jurisconsulte. Buste dans un ovale placé au centre d'un cartouche, accompagné de figures, dans le même goût que ceux qui ont été employés par Vicus dans ses livres de médailles, ce qui peut faire croire que cette planche, qui est sans nom ni marque d'artiste, pourroit être de lui. (B. 252.)

— Le portrait de l'empereur Charles V, dans un ovale, placé au milieu d'un frontispice d'architecture d'ordre dorique, orné de statues et de figures allégoriques sur les victoires de ce prince. Cette pièce est de l'invention et du dessein d'Eneas Vicus. Il l'a gravée en 1550 dans le tems de sa plus grande force, et Vasari assure que l'on en fut si content à la cour de Charles V, que cet empereur luy fit donner une grande récompense. L'épreuve qui est ici est des plus parfaites. — Le Doni en a fait imprimer une explication qui vient de reparoitre dans le tome V des *Lettere pittoriche*. Il se pourroit que le Doni eût fourni les sujets de l'allégorie. — Vicus dit lui même dans l'epitre dedicatoire de ses discours sur les médailles, adressé à Cosme de Medicis, que Sa Maj. Imp. la trouva *fra le cose sue piu care*. (B. 255.)

— Charles V, empereur, dans un ovale au milieu d'une décoration d'architecture. — Thomasius de Saloniho excudebat. Le nom d'Enéas Vicus n'y est pas (B. 251). — Seroit-ce Thomas Barlacchi qui se seroit désigné par le nom de la ville qui lui avoit donné la naissance, Salone en Dalmatie. — Je le présume.

— L'armée de l'empereur Charles V traversant l'Elbe, près

e

de Mulberg, à la veue de l'ennemi. Cet evenement, l'un des plus glorieux du règne de cet empereur, est représenté dans un ovale, au haut duquel paroissent assises deux femmes qui designent la valeur et l'activité de Sa Majesté Impériale. — Le nom de Vicus tout au long, et l'année. On les trouve aux pieds de chacune des deux figures qui designent la grandeur de courage et la prévoyance de l'empereur. D'un coté on lit : AVTOR AENEAS — VICVS PAR, et de l'autre coté : SCVLP. ANNO — MDLI — cum privileg. — Il y en a des épreuves avec cette marque au bas de l'ovale : D.B, et d'autres avec cette autre marque : IBM, en place de la précédente marque. — C'est un des plus beaux ouvrages de Vicus, et qui lui fait infiniment d'honneur. On lit en haut : Imp. Caroli V, Altis. apud Milburgum felicissimo numine trajectio. — Eneas Vicus s'en declare l'auteur ainsi que le graveur, et, si cela est, il peut à bon droit prétendre une place parmi les meilleurs dessinateurs. J'ai pourtant quelques scrupules là dessus. Il se peut qu'il se soit contenté de donner le sujet, et que le dessein ait été fait par quelque peintre plus exercé qu'il ne devait l'être dans la partie de la composition. J'y crois trouver quelque chose de la manière du Salviati, de Venise. Mais pourquoi cette marque D.B. qu'on voit sur la terrasse, au bas de la planche dans les premières épreuves. La même marque a été employée par un Flamand qui demeuroit avec le Titien, et qui s'en est servi sur des paysages qu'il a gravé. Il se nommoit en flamand *Dieterich Barent*, qui, traduit en latin, repond au nom *Theodorus Bernardi*, sous lequel il est plus connu (1). Est-ce que ce seroit lui qui auroit donné le dessein d'après lequel Vicus a gravé la planche? Mais pourquoi cette marque dans les épreuves postérieures a-t-elle disparu

---

(1) Cf. cet *Abecedario*, I, 65-8, V, 332-334.

pour donner place à celle-ci : I.B.M., qui est celle de Jean Baptiste Mantouan? C'est ce que je ne puis résoudre. Quant à l'estampe en elle même, j'en fais d'autant plus de cas qu'indépendamment de ce qu'elle est très bien exécutée, on y voit rendu avec fidélité le local et la disposition des deux armées au moment du passage du fleuve, qui fut suivi de la bataille où le malheureux Fréderic, électeur de Saxe, fut défait et fait prisonnier en 1547, près de Mulberg. Cela aura été administré à Eneas Vicus, sans doute par ordre de Charles V, et par quelqu'un qui y avoit été présent. On a pris la licence de diminuer le fleuve de largeur, afin de pouvoir, aans l'espace étroit qui étoit à remplir, ne rien obmettre de ce qui étoit du sujet, et, si l'on y prend garde, on reconnoitra sur un des premiers plans ce jeune homme qui vint à l'armée et qui enseigna l'endroit où le fleuve étoit guéable, et, au centre de l'armée, sur le bord du fleuve, Charles V à cheval, tel que les historiens nous l'ont depeint dans cette journée mémorable. Vicus a gravé cette belle planche en 1551. (B. 18.)

— Hippolyte de Gonzague, fille de Ferdinand II, duc de Molfette et prince de Guastalla, laquelle epousa Fabrice Colonne, et en secondes nopces Antoine Caraffe, prince de Stigliano. Agée de 17 ans ; gravé d'après un médaillon où elle est représentée de profil ; la tête est de grandeur naturelle. Vicus n'y a pas son nom, mais la gravure me paroît être incontestable de lui.

— Come de Medicis n'étant encore que duc de Florence. Son buste, imité d'après une sculpture, est posé dans une niche ovale qu'environne une composition d'architecture où dominent les ornemens qui s'employent dans l'ordre dorique, et des deux cotés de la niche sont deux figures de femmes debout, représentant, l'une la science ou l'art de gouverner, et l'autre Minerve, déesse des arts. Cette pièce est de l'invention d'Enéas Vicus, et ce qu'il a gravé de plus terminé. Elle est peu commune. — Ce portrait se trouve à la tête d'un livre composé par Eneas Vicus sur la connoissance des médailles, publié en 1555. (B. 239.)

— Vasari fait mention : d'un portrait de Cosme de Medicis le jeune, armé de toutes pièces et qui est du dessein de Bacce Bandinelli ; — c'est une erreur de Vasari, jamais Enéas Vicus n'a gravé ce portrait, mais N. della Casa ; — du portrait du dit Bacce Bandinelli ; — il se trompe aussi à celui ci qui est de : N. D. la Casa f ; — de la généalogie des empereurs (B. 256); de celle des marquis et ducs d'Est et de Ferrare. Ces pièces ne se trouvent pas dans cette œuvre cy.

— Le portrait sans nom d'un homme barbu, vu de profil, vêtu d'un habit à bandes de velours, et sur le devant de la poitrine duquel pend à une double chaîne une médaille où l'on voit imprimée une croix. Ce doit être l'auteur d'un livre qui peut-être n'a jamais existé, et dont on trouve pourtant le titre sur cette planche; car on lit, dans une table qui tient lieu de frise à une porte, le mot : DICERIE, et, sur la bordure ovale dont est environné le portrait qui occupe le vide de la porte : SOPRA LE MEDAGLIE DEL DONI. L'ovale est soutenu par deux enfants nuds et posé sur un piedouche, sur le devant duquel est écrit : SIC VOS NON VOBIS, et les premières lettres du nom du graveur : AEN. V. P. F. Il s'y est donné tous les soins dont il étoit capable, et ç'est en même temps un des morceaux rares de son œuvre (B. 244). — Autant que j'en puis conjecturer, ce doit être le portrait de Jean Urtado de Mendoza, ambassadeur de Charles V auprès de la république de Venise, à qui le Doni, ainsi qu'il nous l'apprend dans une épitre dedicatoire à la tête de son livre intitulé : *Il Disegno*, publié en 1549, avoit présenté en manuscrit le livre *Delle Dicerie*, qui n'auroit jamais été imprimé, mais qui, dans le manuscrit, pouvoit et devoit être accompagné de l'estampe dont il est question ici. — Sans doute le père d'un autre Jean Urtado Mendoza, dont Martin Rota a gravé le portrait en 1574.

— Cipriano Morosini. C'étoit un des protecteurs du Doni, ainsi que cet écrivain nous l'apprend dans une lettre adressée audit Morosoni, qui est insérée dans son livre *Del Disegno*. (B. 249.)

— Marie d'Aragon, dans la 38e année de son âge. Elle est représentée en buste, vue de profil, au derrière duquel profil, dans le champ de l'ovale qui le renferme, est une couronne. L'ovale, autour duquel on lit : MARIA ARAGONA, est accompagné de deux femmes debout, dont une lève un voile qui lui couvroit le visage, et l'autre tient un gouvernail. On lit sur une table au fond de l'ovale : ÆTATIS SVÆ ANNO XXXVIII. — A un coin de la planche : AEN. VICVS PARM. F. — Il n'a rien fait de mieux et c'est un morceau rare (B. 233). — Cette Marie d'Aragon, dont le portrait a été gravé par Eneas Vicus, étoit une beauté. Elle étoit fille de Ferdinand d'Aragon, duc de Montalto, l'un des fils naturels de Ferdinand I, roi de Naples, et sœur d'Isabelle d'Aragon, femme d'Ascagne Colonne, prince de Tagliacozzo, que son courage a rendu celebre dans le XVIe siècle. Sa sœur Marie avoit épousé Alfonse d'Avalos, marquis du Guast, fameux capitaine. C'est la même dont on voit le portrait dans un tableau qu'a peint le Titien, en compagnie du marquis del Guast, son mary, et dont on voit l'estampe gravée par Natalis. (Cf. V, 328.)

— Desseins des habillemens usités par les peuples des diverses contrées de l'Espagne, au nombre de 56 pièces. — J'en ay veu une suite avec un frontispice qui porte la date 1558.

— Æ. V. Mon père a bien remarqué que cette marque a été adjoutée après coup, mais ce n'est pas, comme il le dit, ny comme le dit aussi Vasari, les habits des nations, mais seulement ceux d'Espagne. (B. 134 à 203.)

— Divers habillemens des nations de l'Afrique, de l'Asie, de la Tartarie, etc., en onze feuilles dessinées et gravées par Eneas Vicus, avec beaucoup d'esprit et de legereté. — J'ay ajouté celles cy ; le nom d'Eneas Vicus n'y est pas, mais je ne doute pourtant pas qu'elles ne soient de luy et de ses belles choses. Je ne crois pas la suite complete, et je crois que ce sera de celle là dont a voulu parler le Vasari. (B. 204 à 232.)

— Un rinocéros gravé par Eneas Vicus en 1548, sur un dessein envoyé de Portugal, — où cet animal avoit été apporté de l'Inde à Emmanuel II. — C'est une copie exacte de celui qu'Albert Durer avoit gravé en bois en 1513, et qui, suivant l'inscription allemande qu'il mit au haut de sa planche, avoit été gravé sur un dessein qui lui venoit de Portugal.

— Une suite de 14 vases antiques, tant de marbre que de bronze, dessinés et gravés en 1543 d'après les monumens étant à Rome. — Ce sont des copies de ce qu'avoit gravé Aug. Vénitien, mais qui valent les originaux. (B. 420-433.)

— Desseins de quatre chandeliers ou candélabres, en quatre feuilles dessinées et gravées à Rome en 1552. — D'après des ouvrages modernes. Chaque pièce est cotée depuis 1 jusqu'à 4. — Je crois que c'est le marchand qui a adjouté Romæ 1552. Le nom d'Eneas Vicus n'y est pas, mais c'est surement de lui et de son beau temps. (B. 491-4.)

VIEN (JOSEPH MARIE) est né à Montpellier en 1710, et les premières années de sa vie se sont passées dans des exercices qui n'étoient guères propres à le faire entrer dans le chemin de la peinture, où il étoit dit qu'il devoit marcher avec tant de succès. L'ingénieur de sa province l'employa à lever des plans, et peut être ne fut il point sorti de ce genre d'occupations s'il n'eût trouvé dans son pays un peintre nommé Giralde, qui venoit de Paris, où il avoit étudié sous la Fosse, et qui lui mit le pinceau à la main. Il lui parla des beaux ouvrages qui se faisoient dans les lieux qu'il venoit de quitter; il enflamma son courage et son zèle, et ce fut dans ces heureuses dispositions que M. Vien arriva à Paris en 1740.

On comprend aisement que, n'étant point attendu et n'ayant pas fait encore de grands progrès, il ne rencontra pas dans les commencements des occasions fort brillantes de s'exercer. Il fut obligé, pour subsister, de travailler à vil prix pour les marchands de tableaux du pont Notre Dame, et cela dura jusqu'en 1743, qu'il entra chez M. Natoire, où bientôt il fit preuve de ses talens et mérita, après avoir remporté le prix de l'Academie en 174., d'être envoyé à Rome à la pension en 1744, et là, se livrant à l'étude avec plus d'ardeur que jamais, il n'eut plus qu'à se maintenir dans ce qu'il avoit acquis, et, pour n'en rien perdre, il prit la ferme résolution de prendre en toute occasion la nature pour guide et à ne rien faire de pratique.

Après un voyage de cinq années à Rome, il revint en France en 1749. En passant par la Provence, il rencontra une occasion de se faire connoître. On lui demanda pour Tarascon quelques grands tableaux, dont on eut lieu d'être content. Il lui en restoit un à faire, qui fut le premier ouvrage dont il s'occupa à son arrivée à Paris. C'est celui qui fut exposé au salon en 1750, et je me souviens que M. Bouchardon conçut sur ce tableau une très bonne idée de l'auteur, et qu'il auguroit bien du succès s'il continuoit à travailler dans les mêmes principes. Le tableau étoit largement peint et excellement composé. Ce fut à peu près vers ce temps là que je lui fis faire, pour servir de modèle à la bannière de St Germain l'Auxerrois, ce beau tableau qu'on voit à l'autel de la chapelle de ladite église où est le tombeau du comte de Caylus, et je doute qu'il aille jamais plus loin. Il est tout à fait dans le style des meilleurs maîtres de l'ecole lombarde.

Il en a exécuté beaucoup depuis, et, dans les intervalles

que ces grandes machines lui laissoient des momens de reste,
il s'est souvent occupé de tableaux de chevalet qui, traités
dans le goût de l'antique et peints avec le plus grand soin,
ont eu une très grande vogue. Mme Geoffrin lui en fit faire
quatre, qui firent desirer à nos curieux d'en meubler pareillement leurs cabinets, et, pour captiver davantage leur suffrage, M. Vien les étudia et les termina comme l'auroit pu
faire l'Albane, mais ce ne sont pas ceux qui me plairoient le
plus. Je les trouve un peu trop froids et trop lechés. C'est
ainsi que pour plaire on court souvent risque de se perdre.

M. Vien a fait une excellente acquisition en epousant
Melle Reboule, qui peint des animaux et des fleurs dans le
goût de Melle Basseporte, et qui est avec cela une femme ver-
tueuse et tout à fait estimable. M. Vien a des amis et se fait
considérer. Il faut lui souhaiter, ainsi qu'à son épouse, une
meilleure santé; mais tous deux n'en jouissent pas d'une
très parfaite et je crains fort pour la suite (1).

Il a exposé au salon en 1769 le tableau qu'il a fait pour la
ville de Paris, et qui, n'étant pas dans son genre, n'a pas
manqué d'essuyer des critiques, tandis que celui qui avoit
été exposé au précédent salon, et qui étoit dans son genre, a
mérité de grands éloges. Cela fait voir la nécessité de se connoître. En 1771 il a obtenu la place de directeur de l'école
des eleves protégés qu'avoit M. Louis Michel Vanloo.

VIERI (PIETRO). Il y a apparence que c'étoit un des elèves
d'Alexandre Allori, dit le Bronzin. Je le presume de ce qu'il
fut employé dans les décorations de la porte del Prate à Flo-

_____

(1) Vien et sa femme en ont fort rappelé, puisqu'il n'est mort
qu'en avril 1806, quelques mois seulement après elle, morte en
décembre 1805.

rence, dont le Bronzin avoit donné le dessein et qu'il s'étoit chargé de faire exécuter par les peintres de son école. Vieri en fit un des tableaux qui a été gravé dans la description de l'entrée de la grande duchesse Christine de Lorraine à Florence en 1588.

VIGARANI (GASPARO), l'un des meilleurs machinistes qu'il y eut alors en Italie, et qui avoit un talent particulier pour les decorations des scènes de theatre et autres spectacles, tels que pompes funèbres, carrousels, ballets, etc., fut appelé en France en 1659, après avoir donné à Modène, dans cette même année, des preuves de son génie dans les décorations de la pompe funèbre de Francois d'Est, premier du nom, duc de Modène. C'est dans la description qui en a été imprimée que j'ai trouvé ecrit ces paroles : Gasparo Vigarani, ingegniere, chiamato (nel 1659) alla corte di Francia, ove impiega la forza delle sue sceniche e prodigiose machine. Il avoit sans doute été appelé pour remplacer le Torelli, qui, quatorze ans auparavant, en 1645, avoit ordonné sur le theatre du Petit-Bourbon les decorations du premier opéra italien qui fut représenté en France devant le roi et sa cour ; c'étoit la *Finta pazza*. Vigarani resta au service du roy jusqu'au temps que Lully le prit, et, ayant fait une société avec lui, ils jettèrent les fondements de l'opéra, tel que nous l'avons à Paris.

— Malvasia, dans la table des noms des peintres dont il a fait mention dans le cours de son ouvrage, avance que Gaspard Vigarani, architecte au service du duc de Modène, étoit père de Charles Vigarani, qui, lorsqu'il ecrivoit ceci, en 1678, étoit au service du roi de France, avec des appointements considerables, et qu'il avoit un second fils nommé Ugolotto. Est-ce que Gaspard et Charles auroient tous deux été appelés en France, et se seroient succédés dans l'emploi de machi-

nistes de S. M.? — Jacques Torelli (1), de Fano, y avoit travaillé avant eux.

— Il est fait mention de Vigarani, gentilhomme modenois,
dans la description de la feste des plaisirs de l'île enchantée,
donnée à Versailles en 1664. Il y est dit que ce fut lui qui en
fut l'ordonnateur.

VIGNALI (JACOPO). Ce peintre, né à Ponte-Vecchio, dans
le Cosentino en Toscane, l'an 1592, n'est jamais sorti de Florence et y a fait un très grand nombre de tableaux, principalement dans les églises, car c'étoit un peintre religieux et
qui ne se permettoit aucun ouvrage qui pût tant soit peu
blesser la modestie. Il étoit disciple de Mathieu Rosselli, et
tellement attaché à ce maître que celui-ci avoit eu intention d'en faire son neveu et son héritier en lui faisant épou-
ser sa nièce. Le peu de goût que Vignali avoit pour le mariage lui fit refuser un parti si avantageux, et le Rosselli,
connoissant le motif de son refus, ne lui en sut pas mauvais
gré ; ils n'en demeurèrent pas moins bons amis. A en juger
par un dessein que j'ai de ce maître, et qui m'a été envoyé
de Florence, Vignali composoit bien ; je ne sçais pas s'il peignoit aussi parfaitement que le veut faire entendre l'auteur
de sa vie, mais je ne crois pas qu'il dessinât de fort grande
manière. C'est du moins l'idée que j'en puis prendre sur son
dessein que j'ai cité. Il est le maître de Carlo Dolce, et, si le
maître ressemble au disciple, ce doit être un peintre froid ;
je ne suis pas éloigné de le croire. Il mourut d'apoplexie à
Florence en 1664, fort considéré de tous ceux qui l'avoient
connu et emportant avec lui la réputation d'un grand homme

---

(1) Cf. cet *Abecedario*, tome V, pag. 341-2.

de bien. Voyez sa vie par Sébastien Benoît Bartolozzi, imprimée à Florence en 1753, in 4°.

VIGNON (CLAUDE), de Tours, peintre de l'Académie royale de peinture et de sculpture. La manière de Claude Vignon, pour ce qui concerne l'invention et le dessein, luy est tout à fait particulière; il ne paroist pas en avoir pris l'idée dans les ouvrages d'aucuns peintres qui l'ayent précédé. Sa façon d'opérer ne luy estoit pas moins propre, car il travailloit avec une merveilleuse promptitude, ce qui faisoit briller dans ses tableaux beaucoup de feu et une grande légereté de pinceau. Il avoit aussy une assez bonne intelligence de clair obscur, qui pouvoit être le fruict du voyage qu'il avoit fait en Italie. Il y avoit surtout appris à juger des ouvrages des peintres; cette étude l'avoit rendu sçavant dans la connoissance des manières, et, lorsque l'on doutoit de l'originalité d'un tableau, c'estoit à luy presque toujours à qui l'on avoit recours pour en decider. Comme Vignon se distinguoit, entre les autres peintres de son temps, qu'il produisoit sans beaucoup de peine, et qu'il étoit d'un bon commerce et fort traitable, la pluspart des graveurs, profitant de ces facilités, luy faisoient faire des desseins pour les graver, et luy même il en a gravé quelques uns à l'eau forte, qui, quoyque fort légers d'ouvrages, ne laissent pas de faire de l'effect. Ses deux fils suivirent sa même profession, l'aisné peignit l'histoire, et le plus jeune des portraits. Ils furent, comme leur père, de l'Académie royale de peinture et de sculpture.

— Claudio Vignon fut admis dans la communauté des peintres en 1616, et entra dans les charges en 1627. Il eut deux fils, Nicolas et Philippe, qui ont été peintres comme leur père, mais il y a apparence qu'ils sont restés dans la médiocrité, puisque leur nom n'a pas percé. Leur sœur, nommée Charlotte, réussissoit à peindre des fleurs. L'abbé de Villeloin, qui a fait mention de toute cette lignée dans son *Paris,* article des peintres, p. 30, dit, en parlant de Claude Vignon le pere, p. 9, qu'il fut beaucoup employé pour l'Espagne et que ses ouvrages y étoient en grande estime (1). Il loue aussi son amour pour le travail et la promptitude de son pinceau. Son caractère le rendoit aimable.

— J. C. attaché sur la croix, au pied de laquelle est la Sᵉ Vierge, Sᵗ Jean et Sᵉ Magdelaine. Gravé à l'eau forte d'après Vignon. — C. V. à un coin de la planche, et au bas le nom du graveur — Des Hayes. — L'abbé de Villeloin dans son *Paris* en vers, p. 33, l'appelle Nicolas (2).

— Sᵗ Pierre pleurant son péché, représenté en demy corps. Gravé au burin par René Lochon. — Première manière de Lochon, qui a assez de la première manière de Lombart.

— Sᵗ Pierre pleurant ses péchés, en demy corps, dans une attitude differente ; Sᵗ André attaché en croix, en demy corps. Inventés et gravés à l'eau forte par Cl. Vignon. — Le tableau (du premier) est à Paris, dans l'église Sᵗ Paul. — Le tableau (du second) est au dessus de l'œuvre des marguilliers dans l'église Sᵗ André à Paris.

— Sᵗ Philippe baptisant l'eunuque de la reine Candace. Inventé et gravé à l'eau forte par Cl. Vignon. — C'est le may de Notre Dame peint par Vignon, et un de ses meilleurs tableaux.

VILLAMÈNE (FRANCOIS). — F. V. F. — Fr. Villamena As-

---

(1)   Claude Vignon, connu, mérite que l'on l'aime;
      L'Espagne en fit état, elle en eut du sujet.
   (Edition de la *Bibliothèque elzévirienne,* p. 25, 26, 35, 47, 51, 65.)

(2)   Jean Perissin, Fatoure et Nicolas des Hayes.
            (Ed. de la *Bibliothèque elzévirienne,* p. 55.)

sisias. Fr. Villa aména. — Voyez sa vie dans le *Baglione*, Vite dei pittori, 4°.

— L'histoire de la Genèse, gravée par Villamène d'après Raphaël, n'a été mise au jour qu'après la mort de ce graveur, en 1629. Baglioni dit que le frontispice, que les heritiers de Villamène firent mettre à la teste de cette suite, fut gravé par Luc Ciamberlan. J'en ay veu une suite où, après le frontispice gravé, étoit une feuille imprimée en lettres; c'étoit une épitre dedicatoire adressée au cardinal Aldobrandini par Caterine Villamène, veuve du graveur. Elle y dit qu'en luy présentant cet ouvrage, elle exécute les dernières volontés de son mary, que son intention étoit de graver toute la suite de ces histoires saintes que Raphaël a peint dans le Vatican, c'est à dire dans les Loges, qu'il en avoit fait tous les desseins et gravé même une partie, lorsque la mort le surprit. Elle implore pour elle et pour ses enfans la protection du cardinal.

— Moyse elevant le serpent d'airain dans le désert, gravé en 1597 d'après Ferrau Finzoni. — Je crois que c'est la date du privilége et non celle de la gravure, ce qui doit s'entendre de toutes les pièces qui portent cette date 1597.

— Le massacre des innocents, des premières manières de Fr. Villamène. — Luca Morreletti excudit 1627; aparemment la planche luy est tombée entre les mains dans ce temps là, car elle est gravée bien plus anciennement.

— L'ange annonçant à la S⁰ Vierge le mistère de l'incarnation, d'après Raphaël d'Urbin. — Cette pièce est retouchée par Fr. Villamène sur la planche originale de Marc de Ravenne. — Je croyois cette pièce de Mathieu Greuter, parce qu'il y a dans l'ombre, au bas de l'ange, trois lettres qui me paroissoient M. G. F., mais en l'examinant de plus près j'y ai trouvé du goût de Villamène, et peut-être est-ce les trois lettres M. C. E. qui voudroient dire *Marc Clod. exc.* Ce mar-

chand a eu plusieurs planches des premières manières de
Villamène. Au bas il y a *Romœ* (quoy qu'il en soit, il sera
bon de s'en enquérir); au haut il y a l'enfant Jésus pointillé,
qui tient sa croix et est monté sur le S. Esprit.

— La S⁰ Vierge ayant près d'elle St Jean Baptiste, qui
montre l'enfant Jesus qu'elle tient entre ses bras et qu'elle
presente à S⁰ Elisabeth, gravé à Rome en 1602 d'après Raphaël d'Urbin. — La même pièce gravée pour la seconde
fois en 1611. Fr. Villamène s'y est corrigé de quelques né-
gligences qui lui étoient échappées dans la première; mais
cependant il s'en faut beaucoup qu'elle soit aussy bien dans
le goût de Raphaël, et elle est infiniment moins rare. — Au
bas de la première est écrit *Neapoli.* Cette première est rare;
Neapoli est le lieu où se conservoit ce tableau ou dessein, car
dans la dedicace de la deuxième, il ne la nomme que *à Raph.*
olim delineatam. — Ny l'un ni l'autre ne sont dans la manière de Raphaël, et, tout bien considéré, je ne sçais à laquelle je donnerois la préference, indépendamment de la
rareté. (Cf. IV, 279.)

— La S⁰ Vierge accompagnée de St Jérosme et de S⁰ Magdelaine qui adore l'enfant Jesus. Cette composition, qui est
de l'invention d'Antoine Correge, est gravée en 1586 par Villamène, d'après l'estampe originale gravée, dans cette même
année 1586, par le celebre Aug. Carrache. — Bened. de Claro
Florentinus formis Romœ. — Il faut que cette belle estampe
du Carrache aye eu une grande reputation et un grand cours
dès le moment même qu'elle parut, puisque dans la même
année Villamène, et, je crois, C. Cort, en firent des copies qui
ne furent entreprises que pour satisfaire à l'empressement
de ceux qui recherchoient ce beau morceau. On peut compter
qu'une chose est excellente lorsque tout d'un coup il en paroit nombre de copies.

— J. C. apparoissant à la Magdelaine sous la figure d'un

jardinier après sa resurrection. Gravé en 1609, d'après Fed. Baroccio (Cf. I, 71), par Lucas Ciamberlan sous la conduite de Fr. Villamène. — J'en doute; je n'y vois aucun travail de Villamène. Ciamberlan étoit un homme fait alors. Villamène avoit la planche; c'est la seule part qu'il y avoit, à ce que je crois.

— Divers sujets de la vie de St François d'Assise, au nombre de quarante huit pièces, y compris le frontispice, inventées et gravées par Fr. Villamène. — Il doit y en avoir molto piu: Vedi la nota ch'o fatto davanti il partito mio da Parigi.

— St Jean l'Evangeliste et St Pétrone, patrons de la ville de Bologne, dans un ovale. — Archiconfraternitatis Bononiensis écrit autour de l'ovale; ceste confrérie est établie à Rome, dans l'église de St Jean des Bolognois.

— Ste Marie Magdelaine en prières devant un crucifix dans le desert. Gravé à Rome. — Il y en a des epreuves avec le nom du peintre: *Giova batista lonbardelli — inventor*, ce qui a été effacé depuis pour y mettre: *Cum privilegio*, etc.

— Le jugement universel, inventé et peint par Michel Ange Bonaroti, dans la chapelle Sixte au Vatican; l'on prétend que cette petite pièce est gravée par Fr. Villamène dans ses premières manières, ou du moins qu'il l'a retouchée. — Elle est de Villamène, à ce que l'on prétend, mais c'est de ses moindres choses et faite très legèrement. *Remarque mss. de mon père.* — Elle me paroist fort apocriphe.

— Des femmes formans ensemble un concert de musique et chantant les louanges de Pierre, cardinal Aldobrandin, dans un jardin, au devant d'un portique d'architecture orné de fontaines. — C'est le théatre de la vigne Aldobrandine à Tivoli.

— Les armes de la maison de Cordoue, placées au milieu d'un arc de triomphe et accompagnées de figures allégoriques qui tiennent chacqu'une les differentes pièces qui entrent dans la composition du blazon de ces armes. Cette piece est dediée — par son fils dom Ferdinand — à dom Antoine de Cardonne et de Cordoue, duc de Suesse, — qui étoit pour lors ambassadeur d'Espagne à Rome; — elle est gravée par Fr. Villamène. — Je la crois du dessein du cavalier Gaspare Celio.

— Frère Hugues de Loubenx, grand maistre de l'ordre de Malthe, dans un ovale, au milieu de la Religion et de St Georges qui terrasse un dragon. — Le nom de ce grand maistre n'y est pas; il est seulement nommé *Hugo* dans les vers qui sont au bas, mais il est incontestable que c'est luy. Villamène n'y a pas mis non plus son nom.

— Un homme tenant un burin, en demy corps, dessiné par Fr. Villamène en 1621, et gravé en 1624 par Jean Baptiste Costantin. Il y a grande apparence que ce portrait est celuy même de François Villamène, d'autant plus qu'il est gravé par un de ses disciples, et qu'il tient un burin, qui est l'instrument dont se servent les graveurs. — Maroles, p. 27 de son catalogue, 8°, dit formellement que c'est le portrait de Villamène.

— Portrait d'un homme à demy corps, qui tient son chapeau à la main et un instrument que je crois un burin, ce qui me feroit croire que ce portrait pourroit bien être celuy de Villamène. Il est gravé en 1624 par Jouan. Bapt. Constantin, sur le dessein du Villamène, fait le 12 avril 1621. Rare (1).

— Le frontispice qui est à la tête du livre intitulé : *Architettura della basilica di San Pietro*, etc., Roma, 1620, est une grande pièce que je crois gravée par Valerien Regnart, ou quelqu'autre disciple de Villamène, sur le dessein et la con-

---

(1) Cette note se trouve dans un cahier à part, qui porte pour titre : « *OEuvre de François Villamène*. Pièces que je n'ay plus. »

duite de ce dernier, qui a, je pense, presidé à la conduite de
la gravure de tout ce qui est de figures dans le reste de l'ouvrage. Je crois aussi qu'il a gravé lui même le trait des figures
qui sont répandues dans ce frontispice. C'est du moins toute
sa manière, et il se pourroit aussi qu'il en eût fourni le dessein. C'est un frontispice décoré de colonnes et de pilastres
d'ordre ionique, et terminé par un fronton qui couronne un
attique, dans lequel sont placées les armes du pape Paul V,
auquel cet ouvrage fut dédié par Mgr Costaguti, lorsqu'il parut
pour la première fois, car, lorsque son neveu en donna la
seconde édition, il fit effacer ces armes et mettre en place
celles du pape Innocent XI, auquel il dedioit cette nouvelle
édition. Ce frontispice est enrichi de diverses figures allégoriques, dont les principales représentent la Justice, la Force,
la Sculpture, la Peinture, etc.

VILLAMENA (FLAVIA). J'ai veu chez M. Gravelle, dans
un des volumes où il a rassemblé toutes les estampes qui ont
des marques de graveurs, une estampe singulière, non pas
pour son éxécution, car elle est fort mauvaise, mais à cause
du nom qu'elle porte. C'est une Sᵉ Cecile qui touche de l'or-
gue et qui est accompagnée d'un enfant tenant un violon et
un archet; elle est en hauteur et de la grandeur d'un petit
in folio. C'est sans doute le coup d'essay de la personne qui
l'a gravée au burin; et sans doute aussi qu'elle en est demeurée là, car on ne voit plus rien d'elle. Dans cette pièce
on remarque quelqu'un qui ne sçait pas encor manier le
burin, mais qui paroit cependant avoir été conduit par un
habile homme, et cet habile homme je croirois que ce seroit
Mellan, qui, étant arrivé à Rome, s'y étoit mis sous la conduite de Villamène; et qui, s'étant affectionné à la famille de
ce celebre graveur, se sera fait un plaisir de conduire la main
d'une de ses filles qui paroissoit avoir quelques dispositions

à devenir graveur, mais qui en aura été détournée par d'autres occupations. J'ay toujours ouy dire à mon grand père que Mellan avoit travaillé chez Villamène, et que ce qu'il avoit apporté en France de plus belles estampes venoit de ce graveur, qui, comme l'on sçait, étoit grand curieux. On lit au bas de l'estampe de la S^e Cecile le nom de Giuseppe Mancinelli, à qui la pièce est dédiée, et celuy de *Flavia Villamena sculp. et DD. Romæ sup. perm.*

. VILLEQUIN (ETIENNE), de Ferriere en Brie, né en 1619, mort en 1688, etoit de l'Academie royale de peinture. C'est un peintre lourd et d'un genie assez froid. Il reussissoit à dessiner des charges et figures grotesques. J. le Pautre en a gravé une d'après luy, qui est fort bien; c'est *le petit bonhomme.*

— Etienne Villequin, de Brie, n'étoit ny sans reputation ny sans mérite; il se plaisoit à dessiner des charges et des figures grotesques. C'etoit à quoy il réussissoit le mieux. Il étoit de l'Académie royale de peinture.

VILLERME (JOSEPH), de Saint Claude en Franche Comté, après avoir travaillé de sculpture pendant un certain nombre d'années à Paris, aux Gobelins, et mérité l'approbation de M. le Brun, vint s'établir à Rome, où il est mort vers l'année 1720, — peut être en 1723, qui est l'année que son portrait a été gravé. — Par un esprit de piété et d'humilité il s'étoit consacré à ne faire que des crucifix, mais aussi l'on peut dire, à sa louange, que personne n'y a mieux réussi, et que, dans ce talent qui paroit borné, il a quelquefois été jusqu'au sublime. ·

Pour mieux connoître la situation d'un corps attaché sur la croix, il avoit fait des études multipliées, il avoit consulté le naturel, et, dans une de ces operations qu'il avoit fait sans

assez de précautions, il avoit pensé perdre la vie. Il avoit obtenu un corps mort d'un hôpital, et ce corps étoit celui d'un
homme mort d'une fièvre excessivement maligne, et dont
tous les viscères étoient déjà corrompus. Il prend cependant
ce cadavre avec confiance, il le met dans la situation d'un
crucifié, et, quand il a disposé tous les membres suivant qu'il
a imaginé le mieux, il s'empresse de le mouler. Mais bientost
la charge de plâtre qu'il est obligé de mettre sur le corps entraîne et dechire la peau qui couvre le ventre, et toutes les
entrailles gangrenées s'echappent et inondent le sculpteur
qui, ne pouvant en soutenir l'infection, tombe à demi mort
et laisse pendant quelque temps douter s'il en reviendra.
C'est à luy même à qui j'ay entendu faire ce recit qui fait
fremir.

J'ay vu aussi entre ses mains, dans le temps que j'étois à
Rome, plusieurs crucifix, d'yvoire ou de buis, qui, par la
correction, le beau travail et la nouveauté des attitudes, m'ont
paru dignes de toute admiration. Le marquis Pallavicini en
avoit quantité, dont il avoit orné une petite galerie, mais peu
de gens l'ont imité, peu de gens se sont empressés de faire
valoir le talent de Villierme, et je l'ay vu avec toute son habileté presque mourir de faim. Aussi me disoit-il qu'il sentoit bien qu'il avoit embrassé un genre peu favorable pour
sa fortune, mais il trouvoit sa consolation dans la religion,
et c'est en la pratiquant, et en menant même une vie très
austère, qu'il a fourni une carrière des plus édifiantes. Les
religieux minimes de la Trinité du Mont, avec lesquels il
étoit fort en liaison, luy donnèrent la sepulture dans leur
église, et M. Robert, qui étoit son amy, a gravé son portrait
en 1723. Il pouvoit bien avoir 60 ans quand il est mort. Il
est remarquable que nos deux meilleurs sculpteurs de crucifix en yvoire étoient de St Claude, car Jaillot (cf. III, 2) en
étoit aussi.

VINACHE (JEAN JOSEPH), mort à Paris, le dimanche 1 décembre 1754, agé d'environ 58 ans. C'étoit un pauvre sculpteur, et qui ne fut admis dans l'Académie royale de peinture et de sculpture que par charité. Il fit entendre que sans cela le roi de Pologne, électeur de Saxe, ne le prendroit point à son service et qu'il manquéroit sa fortune. Il est vrai qu'il y avoit eu des paroles de portées et qu'il étoit même attendu à cette cour; mais, quand il fut une fois reçu à l'Académie, il changea d'avis et demeura à Paris, où ce qu'il retiroit d'un breuvage purgatif, dont son père lui avoit laissé la recette, lui rapportoit, je pense, davantage que ce qu'il pouvoit faire de sculpture.

VINCI (LÉONARD DE). Voyez III, 138-76.

VINCIDOR (THOMAS). L'assemblée des dieux dans l'Olimpe, gravé par C. Cort aux Pays Bas, d'après un plafond en rond de Tomaso Vincidor de Bolonia. — Mon grand père avoit écrit derrière cette estampe : St Martin à Fontainebleau, et effectivement elle est fort dans sa manière; au reste, je ne connais pas ce peintre qui y est nommé. *Cock. exc.* — J'en ay veu une épreuve postérieure où estoit gravé le nom de Cort, en place de celui de Cock exc.

— Thomas Vincidor, peintre bolognois, étoit établi aux Pays Bas, et s'étoit apparemment retiré sur la fin de ses jours à Breda, car, lorsque Hubert Goltzius y passa en 1556, il y trouva ses héritiers qui avoient une collection de médailles qu'ils avoient sans doute trouvé dans la succession de leur parent.

— Voici comment s'exprime H. Goltzius : Hæredes Thomæ Vincidoris de Bononia, pictoris itali.

— On ne le trouve nommé dans aucun auteur, et l'on a une estampe d'une assemblée des dieux, en plafond, qu'a gravé Corn. Cort et qui porte le nom de ce peintre, quoyqu'il soit constant que ce soit une composition qui appartient au Primatice, et qui même étoit peinte dans un des compartimens du plafond de la galerie d'Ulisse. J'en ai le dessein original du Primatice. D'où cela vient-il? Je n'en sçais rien. C'est aussi d'après ce Thomas Vincidor qu'a été gravé par Stock un portrait d'Albert Durer. Il n'y a pourtant pas d'apparence qu'il ait veu ce peintre, qui vivoit en Allemagne et est mort, suivant toute apparence, avant que Th. Vincidor mît le pied en Allemagne.

— Je me trompe; ce peintre est plus ancien que je ne le supposais. D'abord il étoit à Anvers en 1520 lorsqu'il dessina le portrait d'Albert. L'inscription qu'on lit au bas de la planche le dit formellement, ainsi qu'une pareille inscription qui est au bas dudit portrait dessiné, qu'Abraham Ortelius a mis à la tête de cette belle œuvre d'Albert qu'il avoit rassemblé et que je possède, et j'ai tout lieu de croire que c'est même le dessein original sur quoi la gravure a été faite en 1629, car la collection a été rassemblée bien auparavant que parût l'estampe; elle est du XVIe siècle.

—Que faisoit-il à Anvers? Avoit-il la direction des tapisseries qui se travailloient à Anvers sur des cartons de maîtres italiens? Cela se peut, mais, quoy qu'il en soit, voilà bien des choses qui deviennent problème et qu'il sera difficile d'éclaircir (1).

VIOLA (GIO. BATTISTA). Suivant le Masini, le Viole étoit mort à Rome le 9 août 1609, agé de 50 ans, mais l'erreur est

---

(1) Aujourd'hui elles sont éclaircies par le curieux travail que M. Pinchart a publié dans la *Revue universelle des arts* (Bruxelles, août 1858), et qui apporte les preuves de la supposition de Mariette. Il est reproduit en partie dans le Raphaël de M. Passavant, Renouard, I, pages 556-64.

manifeste, car le cardinal Ludovise, dont il étoit la créature,
n'a reçu la pourpre qu'en 1621. Il fit la fortune du Viole en
le declarant son guarderobe, et lui faisant avoir une pension
que lui accorda Gregoire XV, son oncle. Mais cette bonne
fortune ne fut pas de longue durée, à ce qu'a écrit le Baglione. Elle ne dura qu'une année; le Viole mourut en
août 1622, et, s'il étoit né, ainsi que l'assure Malvasia, en 1576,
il n'étoit agé que de 46 ans, et non de 50, que lui donne le
Baglione. Ses paysages sont dans le goût des Carraches et
tiennent encore davantage de celui de l'Albane. Je n'ai encore rien trouvé de bien certain pour connoître sa façon de
dessiner et de toucher le paysage, mais j'ai pourtant un pressentiment que des desseins de paysages qui me sont passés
par les mains, et qui étoient attribués au Dominiquain, étoient
du Viole.

VITE (TIMOTEO DELLE), ou plutôt Viti, à ce qu'il me semble, étoit un excellent dessinateur. L'on voit beaucoup de ses
desseins à la plume, que l'on donneroit à Raphaël, si l'on ne
sçavoit pas qu'ils sont incontestablement de Timothée. Sa
plume est moelleuse, coulante et en même temps fort legère.
M. Crozat a apporté d'Urbin un bon nombre de desseins originaux de ce peintre qui étoient encore entre les mains de
ses descendans. Raphaël avoit une si grande considération
pour Timothée, et celui-ci une si grande admiration pour
son maître, qu'il conserva avec grand soin pendant sa vie
une suite de très beaux desseins de Raphaël, que ce peintre
lui avoit sans doute donnés. Ils étoient encore chez ses descendans à Urbin, lorsque M. Crozat y passa et qu'il fit l'acquisition de ce riche dépôt, qui fait un des principaux objets
de sa collection. (Cf. le catalogue Crozat, p. 18.)

— Nel palazzo d'Urbino vi è uno studio, dove sono alcuni
spazi, ne' quali per mano di Timoteo Viti, famoso pittore di

quei tempi, sono dipinti una Pallade con l'egida, un Apollo con la lira, e le nove Muse; ciascuna col suo proprio instrumento. Baldi, Memorie concernenti la cita d'Urbino, in Roma, 1724, fol° p. 57.

VITRUVE. Faire mention du Vitruve, qui a baty le temple de Jupiter à Terracina (1).

VIVARINO (ANTONIO), da Murano. Le Rossetti, dans son livre *Pitture di Padova,* prétend que c'est bien à tort que le Ridolfi place la mort de cet artiste en 1440, et cela sur la foi d'un tableau qui est dans l'eglise de S. François à Padoue, et qui, peint conjointement avec le frère d'Antoine, nommé Barthelemy, porte cette inscription : Anno MCCCCLI Antonius et Bartholomeus fratres di Murano pinxerunt hoc opus. C'est donc aussi par erreur que le Ridolfi, suivi en cela par le P. Orlandi, donne au frère d'Antoine le prénom de Jean.

VIVARINO (BARTHELEMY). Le Ridolfi, qui le compte pour le dernier de la famille, lui donne la préférence sur tous les autres, et j'y souscris volontiers. Il falloit donc que le P. Orlandi en fît la remarque et qu'il fît pareillement observer qu'on trouve de ses ouvrages où on lit son nom et la date 1473 et 1475.

VIVARINO (GIOVANNI). Le Ridolfi fait en effet mention de Jean Vivarino, et le joint à Antoine dont il dit qu'il étoit le frère. J'ai demontré, à l'article d'Antonio Vivarino, que cet

---

(1) Ce n'est pas le Vitruvius Pollio, si connu par son traité d'architecture, car il paraît n'avoir été qu'ingénieur, et surtout ingénieur militaire. Cf. Junius, *De pictura veterum,* p. 221, et Sillig, *Catalogus artificum,* p. 445. Peut-être le Vitruvius Cerdo d'une inscription de Gruter, éd. de 1707, page 186, n° 4; Sillig, p. 485.

Antoine avoit pour frère Barthelemy, et qu'ils avoient même travaillé ensemble dans le même tableau en 1451, ce qui a été ignoré du Ridolfi. Est-ce que les Vivarini étoient tous frères? Cela est possible.

VIVIANI (ANTONIO), il sordo d'Urbino. J'ai trouvé ecrit par M. Crozat que ce peintre étoit agé de 73 ans lorsqu'il mourut (*en* 1616). Je ne sçais où il a pris cette date.

VIVIEN (JOSEPH) s'est rendu recommandable par ses beaux portraits en pastel. Il n'a pas traité ses pastels avec la même legereté que Melle Rosalba, mais il leur a sçu donner beaucoup de force, et généralement ses portraits sont mieux dessinés que ceux de cette habile fille. Lorsqu'elle vint à Paris, elle sçut luy rendre là justice qu'il méritoit. Ce qu'il y a d'assez singulier, c'est que les pastels de Vivien sont plus forts de couleur que ses tableaux à huile, car il a aussi beaucoup peint à huile, et, entr'autres, un grand tableau dans lequel il avoit représenté, par ordre de l'Electeur de Bavière, toute la famille de ce prince, réunie après la paix de Rastadt en 1715. Ce tableau, auquel il avoit donné beaucoup de temps, — car il l'avoit commencé en 1715, mais, la mort de l'Electeur étant survenue, il s'étoit contenté d'y travailler tantôt dans un temps, tantôt dans un autre, — étoit à peine achevé que M. Vivien se resolut de le porter luy même à la cour de Bavière, quoyque dans un âge fort avancé. Ce que ses amis avoient prévu arriva; il ne put resister aux fatigues d'un si long voyage; il mourut à Bonn, à la cour de l'Electeur de Cologne, dans le mois de decembre 1734, — le 5e decembre, — agé de 77 ans, d'une fluxion de poitrine. — Ce peintre étoit d'un caractère fort aimable. Il recevoit avec plaisir ses amis et passoit tranquillement une partie de l'année dans une maison de campagne qu'il avoit au village d'Ivry. Ce fut là qu'il peignit le grand tableau de la famille Electorale de Bavière. Il étoit depuis longtemps, lorsqu'il mourut, conseiller dans l'Académie royale de peinture. L'Electeur de Bavière, dernier mort, au service duquel il avoit été pendant plusieurs années, le considéroit fort.

— Personne n'a, ce me semble, fait des pastels en plus grand volume que M. Vivien. Il a peint de cette manière le portrait de l'Electeur de Bavière Maximilien, figure entière, grande comme nature. Il étoit venu jeune à Paris ; la peinture l'y avoit attiré..... (1)

VLEUGHELS (PHILIPPE), né à Anvers, fut attiré à Paris par Philippe de Champagne, et fut reçu dans l'Académie de peinture en 16(63). Il mourut à Paris le 22 mars 1694, agé de 74 ans. Il est père de Nicolas Vleughels, et il me semble que le portrait étoit son principal talent (2).

VLEUGHELS (NICOLAS), mort à Rome le 10 décembre 1737, où il étoit directeur de l'Académie royale de peinture que le roi y entretient. M. le duc d'Antin l'avoit nommé à cette place en 1724, du vivant même de M. Poerson. Vleughels partit de Paris le 14 mai de cette même année, et remplit ce poste important avec beaucoup de dignité, faisant parfaitement les honneurs de la nation. Le roi l'avoit decoré de l'ordre de Saint-Michel. Il étoit agé d'environ 70 ans, de 68 ans, selon son epitaphe, que sa femme, sœur de celle de Jean-Baptiste Pannini, lui a fait ériger dans l'eglise de Saint-Louis-des-François, à Rome (3). Il étoit fils de Philippe Vleu-

---

(1) Cette note pas été achevée.
(2) Les Mémoires des académiciens, I, 354-62, ont publié la curieuse vie de Philippe Vleughels, écrite par son fils.
(3) Cf. les Documents, V, 31-32.

ghels, peintre flamand, que Philippe de Champaigne, son compatriote et son ami, avoit attiré à Paris, et qui n'y brilla pas beaucoup. Le fils, à la mort de son père, arrivée en 1694, s'attacha à Pierre Mignard, qui pendant quelque temps le dirigea dans ses études. Il passa ensuite en Italie, et il y fit un assez long séjour, tant à Rome qu'à Venise. Mais apparemment que ses dispositions pour l'art qu'il avoit embrassé n'étoient pas aussi décidées que celles de l'esprit, qui devoient lui acquérir de la considération dans le monde. Il ne parut pas, à son retour, que sa manière se fût enrichie ni perfectionnée. A peine savoit-il dessiner; il ne peignoit guère mieux : il avoit pourtant le secret de faire des petits tableaux qui plaisoient; c'est qu'il ne traitoit que des sujets agréables, et que ses figures, ainsi que ses compositions, avoient quelque chose de flatteur. Tout le monde n'étoit pas obligé de savoir qu'il les avoit pillés dans les œuvres des grands maitres qui l'avoient précédé. Il ne faisoit aucune difficulté d'en copier des morceaux entiers et de les reporter dans ses tableaux. On le trouvoit continuellement entouré d'estampes où il fourrageoit, et personne ne lui en demandoit aucun compte. Ses confrères le craignoient, les gens de lettres le considéroient; un certain ton qu'il avoit pris faisoit imaginer qu'il avoit de l'érudition, qui pourtant étoit des plus minces ; mais que ne fait-on pas, armé d'un peu de charlatanerie? Il étoit ami de Watteau, et pendant quelque temps ils hébergeoient ensemble dans la même maison.

VOLCAERTS (ᴅɪʀɪᴄʜ), d'Harlem. Vasari, t. 3, p. 270, le met au nombre des graveurs qui travailloient dans les Pays Bas, dans le même temps que Lambert Suavius de Liége. Ce Dirich Volcaerts est le même que Dieterich ou Theodore Volcart Cornhert. Voyez son article au mot Théodore Cornhert.

VOLPATI (ᴊᴇᴀɴ ʙᴀᴘᴛɪsᴛᴇ), peintre, né et établi à Bassan,

y vivoit au commencement de ce siècle, et joignoit à la pratique de son art une connoissance de la théorie à laquelle il s'étoit singulierement appliqué, et dont il avoit fait un traité qui restera sans doute manuscrit, par les raisons que j'en ai apportées à l'endroit où il en est fait mention dans le catalogue des livres qui traitent de la peinture qu'on trouvera cy après (1). Voyez ce qu'il est dit sur ce peintre dans le livre *Vita del Ferracino*, p. 83. On y parle avantageusement de ce qu'il a peint dans l'église archipresbitérale de Bassano. Mais il faudroit l'avoir vu pour en être convaincu.

VORSTERMANS (luc), d'Anvers. De Gueldres, graveur à Anvers; au bas de son portrait gravé par Van Dyck il y a cette inscription : Lucas Vorstermans calcographus Antuerpiæ in Gueldria natus.

— LV (*en monog.*). Marque de Luc Vorsterman sur plusieurs petites planches qu'il a gravé pour Lasnier d'après les desseins de Polidore, Parmesan, Carrache et autres. Il y en a quelques unes, dans la même suite, qu'a gravé Lanier; elles sont seulement marquées d'un L.

— La Se Vierge adorant l'enfant Jésus, gravé par Luc Vorsterman, et non pas par Bolswert, comme il est écrit au bas de la planche, d'après François Mazzuoli, dit le Parmesan.

— A. Bonenfant excud. Bolswert fecit, mais c'est certainement une faute. Ce n'est point là la manière de Bolswert;

---

(1) La note manque à la page 462-3, où elle devrait se trouver. Je remarquerai seulement que Mariette a corrigé dans le texte d'Orlandi le mot *Venezia in Vicenza*, et, dans la phrase : *Ai curiosi di pittura*, a ajouté *che si dilettano di pittura*. Cependant, comme la note italienne donne des raisons de cette non-publication, ne pourrait-on pas conclure que, si même Mariette n'a pas fait toute cette bibliographie des livres d'art, il a peut-être envoyé des notes à l'abbé Orlandi, qui, comme on sait, a dédié son livre à Crozat.

c'est toute celle de L. Vorsterman. Elle y est même si reconnoissable que l'on ne peut pas douter de la méprise.

— Autre, assise dans un paysage, offrant à Dieu son fils
unique, et ayant auprès d'elle S. Joseph occupé à la lecture.
Cette pièce est de l'invention du Parmesan ; elle est, comme
la précédente, gravée par Luc Vorsterman ; c'est par méprise
que l'on y voit au bas le nom de Bolswert.

— La Sainte Famille, ou la Sᵉ Vierge est représentée assise près de Sᵉ Elisabeth, et ayant sur ses genoux l'enfant
Jésus, auquel S. Jean Baptiste apporte des fruicts ; d'après
Raphaël d'Urbin. —. Bernardo Campmans canoni. B. Mariæ
de Dunis præsuli D. D. L. Vorstermans. Elle n'est point du
tout dans le goût de Raphaël, et n'est pas même fort bien
gravée. Aussy n'est-elle peut-être que gravée sous la conduite
de Vorstermans, et ensuite retouchée par luy mesme.

— L'Ecce Homo, ou l'homme de douleurs, couronné d'epi-
nes et revêtu par mépris d'un manteau de pourpre, en demy
corps d'après un maître dont on ignore le nom. — L. Vorsterman excud. Bien exécuté ; peut-estre d'après le Segers.

— L'agneau de Dieu adoré dans le ciel par les vingt-quatre
vieillards. Inventé et gravé par Luc Vorsterman en 1646. —
Cette pièce se sent de la vieillesse de Luc Vorsterman. Je
crois que c'est une de ses dernières.

— La sainte Vierge ordonnant à S. Dominique de distribuer le rosaire à des chrestiens qui le demandent avec empressement. Le prélat qui est représenté dans ce tableau est
Antoine Triest, evesque de Gand, qui le fit faire à Rome par
Michel Ange de Caravage, pour l'eglise des Dominiquains
d'Anvers, où il se voit encore à présent avec admiration.
— L. Vorsterman l'a dédié à Ant. Triest ; c'est une de ses
meilleures pièces, et des plus chères.

— S. François d'Assise tombé en extase ; en demy corps.

— Joanni Vander Goes D. D. L. Vorsterman. De ses bonnes choses; elle est peut-être d'après le Segers.

— S. Ignace de Loyola priant devant un crucifix. En demy corps. Gravé en 1621. — Il y a grande apparence que c'est d'après un dessein de Rubens. Il est dedié par Vorsterman à Jean del Rio, doyen d'Anvers.

— St Michel combattant contre les anges rebelles, gravé au burin par Luc Vorsterman. C'est un des plus parfaits ouvrages de cet habile graveur et l'une des plus heureuses compositions de Rubens. La lumière et les ombres y sont distribués avec un grand artifice, et tel qu'on le peut desirer pour faire un bel effet en graveure. Rubens prit un soin extrême à conduire le travail de son graveur, et celuy cy le fit avec tant d'application que son esprit s'en affoiblit très considérablement. — Philippo IV Hispan. regi Lucas Vorsterman sculptor D. D. cum privilegiis Regis Christianissimi, Principum Belgarum et Ord. Bataviæ, A° 1621. Je préjuge que cette date, qui se trouve à quantité d'estampes de Vorsterman, et mesme aux plus belles, est celle des privilèges et non pas le temps de la graveure. — J'en ay une première epreuve sans lettre de toute beauté. Il y en a une très belle copie par Rugæ (?); elle est tournée en sens contraire.

— Deux pelerins invoquans à genoux la sainte Vierge qui porte entre ses bras l'enfant Jésus, d'après un des plus beaux tableaux de Michel Ange de Caravage, qui est à Rome dans l'église de Saint Augustin. — L. Vorsterman excüd. C'est de ses bonnes choses, et des mieux éxécutées.

— Le berger Acante exprimant sa flamme à son insensible maitresse. Frontispice de livre gravé en 1633. — Plaintes d'Acante et autres œuvres du Sr de Tristan. A Anvers, 1633. A un coin de la planche la marque LV (*en monog.*).

— Des paysans se battant après avoir fait la débauche; d'après Pierre Breugel. Cette pièce est très bien éxécutée dans

le goût du peintre. — On dit que Rubens en a eu la conduite, et je ne suis pas éloigné de le croire. (Cf. V, 137.)

VORSTERMAN (LUC ÆMILIUS). Jésus Christ faisant sa
prière dans le jardin des Oliviers, d'après un tableau du cabinet de Charles premier, roy d'Angleterre. Jussu Caroli
magnæ Britanniæ — regis in ære expressit L Æ Vorsterman,
id est : Lucas Æmilius Vorsterman. — Luc Æmilius Vorsterman seroit-il le fils de Luc, et celui qui, sur quelques planches, prend la qualité de *Vorsterman iunior*, et qui a travaillé
en Angleterre? Je le pense ainsy.

VOS (CORNEILLE DE), de Hulst, peintre de portraits à Anvers. Son portrait dans la suite des cent portraits de Van
Dyck. Corneille de Bie a écrit son éloge en flamand, p. 104.
Il a peint des portraits dignes d'être mis auprès de ceux que
Rubens et Van Dyck ont éxécutés avec le plus de succès, et
l'on dit que souvent Rubens l'adressoit à ceux qui venoient
pour se faire peindre, les assurant qu'ils ne perdroient rien
à passer par les mains d'un si habile homme.

VOS (GUILLAUME DE), d'Anvers, etoit fils de Pierre, et ainsy
neveu de Martin de Vos. Il avoit appris la peinture chez son
père. Baldinucci, parte II, sec. 4, p. 84. Son portrait se trouve
dans la suite des cent portraits de Van Dyck. Corneille de Bie
fait mention de luy, p. 413.

VOS (MARTIN DE) mourut en 1603, au mois de décembre, agé
de 72 ans. Van Mander, dans l'appendix. L'on a son portrait
gravé à Rome par Gilles Sadeler, d'après Gilles Heintz, Martin de Vos étant pour lors agé de 60 ans. Il avoit pour devise
un renard qui tient une bèche, simbole du travail, et qui

porte sur le dos une colombe, avec ces paroles : Puro astu
et labore.

VOS (PAUL DE), de Hulst en Flandres, peintre de chasses à
Anvers. Son portrait dans la suite des cent portraits de Van
Dyck. Voyez aussi ce qu'en dit Corn. de Bie, p. 236, et qu'il
faudra traduire.

VOS (PIERRE DE) le père, fut le premier maitre de Martin
de Vos, son fils. Il fut reçeu dans la compagnie des peintres
d'Anvers en 1519, et non en 1559, comme le dit Baldinucci;
c'est une méprise. Van Mander, dans son appendix, dit
qu'il estoit hollandois et qu'il le croit natif de Goude. Idem,
p. 181 b; Baldinucci, parte 2, secolo 4, pag. 83.

VOS (PIERRE DE), d'Anvers, frère de Martin de Vos et son
disciple. Baldinucci, parte II, secolo IV, p. 83.

VOS (SIMON DE), peintre à Anvers. Son portrait de la suite
des cent portraits de Van Dyck, au bas duquel est cette inscription : Simon de Vos, pictor in humanis figuris majoribus
et minoribus Antuerp. Voyez ce qu'en a écrit en flamand
Corn. de Bie, p. 237. Il a merveilleusement bien peint le portrait. — Il en a fait qui le disputoient aux plus beaux qu'ont
fait Rubens et Van Dyck. L'on assure même que Rubens, ne
pouvant suffire aux differens ouvrages dont il s'étoit sur-
chargé, renvoya plus d'une fois à Simon de Vos des personnes de considération qui avoient voulu être peintes par lui,
en leur disant que ce peintre le valoit et qu'il feroit tout aussi
bien qu'il le pourroit faire. — Et cela étoit vrai, mais ce que
je remarque ici ne doit-il pas plutôt être mis sur le compte
de Corneille de Vos? C'est ce qu'il faudra verifier.

— Jean de Wael et sa femme ont eu leur sépulture dans

l'église de St André à Anvers, et sur leur épitaphe sont leurs portraits peints par Simon de Vos, dignes du pinceau de Van Dyck. Voyez Descamps, dans le Voyage pittoresque, et le Peintre-amateur. Je n'ai pas de peine à le croire; car Simon de Vos étoit un homme admirable pour la fraîcheur de son coloris et la beauté de son pinceau. Il avoit mérité l'estime de Rubens qui, lorsqu'on venoit à lui pour avoir son portrait, renvoyoit souvent les gens à de Vos, en les assurant qu'ils seroient aussi satisfaits de ce qu'il feroit pour eux qu'ils pouvoient se le promettre de lui-mesme.

VOUET (SIMON). Il y a en Italie deux grands tableaux d'autel qui donnent une grande idée du mérite de cet habile peintre : l'un, qui est dans la chapelle des chanoines dans l'église de S. Pierre du Vatican, et où sont représentés S. Jean Chrisostome, S. François d'Assise et St Antoine de Padoue, avec un chœur d'anges, a été peint en 1626 ; l'autre, qui est dans l'église de Lorette, représente N. S. celebrant la cène avec ses disciples.

— En voulant enlever le tableau de Vouet de dessus la muraille où il étoit peint, dans la chapelle des chanoines de S. Pierre, il est tombé en morceaux sans qu'on en ait pu rien conserver. On avoit dessein de le mettre en mosaïque. Peut-être que, si c'eût été l'ouvrage estimé de quelque peintre italien, on auroit apporté plus de précautions et qu'on auroit évité ce malheur. Il a fallu en recommencer un autre, qui a été peint par Pietro Bianchi.

— *Comme Walpole dit que Vouet dans sa jeunesse alla à Londres faire le portrait d'une dame, et que Charles Ier voulût l'y attirer de nouveau, Mariette ajouté :* Vouet fit seulement pour le roi d'Angleterre un grand tableau qui a été gravé, et qui, suivant qu'il est marqué sur l'estampe, a servi de plafond dans le palais de Oatland. Le sujet est une allégorie sur le mariage de Charles avec une fille de France. (*Notes sur Walpole.*)

— Vouet étoit à Gênes en 1620 et à Venise en 1627. — Il est mort à Paris le 30 juin 1649; il comptoit 59 ans 5 mois 22 jours; en conséquence il étoit né en 1590 (1).

— Le tableau qui est dans l'église du village de Croissi, près Chatou, et qui représente un crucifix, a été fait pour M. Patrocle, seigneur de ce lieu, en 1644. Il est bien dessiné et agréablement peint (2).

VOUET (AUBIN) étoit le frère cadet de Simon Vouet. Il peignoit dans la même manière et n'étoit pas un peintre meprisable. Il avoit été son disciple et l'avoit accompagné en Italie. Il étoit né à Paris en 1599, et mourut à Paris en may 1641 (3).

VOUILLEMONT (SEBASTIEN). Jésus Christ chassant les marchands hors du temple. Gravé à l'eau forte par Sebastien Vouillemont. L'épreuve qui étoit icy étoit sans lettres, mais le graveur y avoit écrit luy même son nom et celuy du Tintoret, de sorte que je ne doute pas que l'on n'en trouve des épreuves où ces deux noms soient gravés. Ce qui est de vray, c'est que la manière du Tintoret y est bien déguisée.

VRANX (SEBASTIEN). Voy. FRANCK, tome II, 268.

VRIES (ADRIEN DE). Adriano Frisio, scultore — et statuario

---

(1) Les Documents ont publié son acte de décès (VI, 220) après avoir publié l'acte de son transport à Saint-Gervais, V, 215-6.

(2) Virginie de Vezzo, la première femme de Vouet, a eu un article séparé dans ce volume même, p. 56-57.

(3) Cf. Documents, V, 216, et VI, 220.

del Duca di Savoia. Lomazzo, Idea del tempio della Pittura, p. 102. Le placer au V; voir ci contre.

— Baldinucci le nomme, parmi les disciples de Jean de Bologne, à la fin de la vie de ce grand sculpteur et l'appelle simplement *Adriano* Fiammingo. Il tenoit beaucoup de la manière de son maitre. Un groupe de bronze, de sa façon, qui est dans les jardins hauts de Marly et qui représente Mercure portant Psyché, qui tient la boëte de beauté, est d'une si belle ordonnance, d'une manière si noble et si svelte, et d'une éxécution si parfaite, qu'on ne fait point de difficulté de le faire passer sous le nom de Jean de Bologne. Cependant l'on en a des estampes qui le représentent dans trois aspects différents, et qui en asseurent l'invention à cet habile homme, qui travailloit en Allemagne pour l'empereur Rodolphe second. Ces estampes, et plusieurs autres gravées d'après ses modèles ou d'autres ouvrages en bronze de sa façon, sont gravées par Muller, qui étoit son beau frère, dans le tems même que vivoit Jean de Bologne; ainsi nulle apparence de supposition. — Il étoit de La Haye, et son vrai nom étoit de Vries, et il mérite bien qu'on fasse quelques recherches pour le faire connoître plus particulierement.

— Mercure enlevant Psyché, ce qui forme un groupe de bronze, que l'empereur Rodolphe second fit faire à Prague par Adrien de Vries. Les trois estampes qui sont icy le représentent veu de trois aspects differens; elles ont été gravées par Jean Muller en 1593. — Harm. Muller exc. In gratiam Ad. Vries cognati sui clariss. sculp. Joan. Mullerus. — Cet Adrien de Vries étoit disciple de Jean de Bologne, et habile; les estampes de Muller lui font tort; elles en font un sculpteur maniériste; ses ouvrages ne sont point tels. Quoyque secs, manière qu'il avoit prise chez Jean de Bologne, ils sont legers et delicats. J'en juge ainsi sur ce groupe qui est en bronze à Marly, et qui est très beau. Il est dans les jardins hauts; il passe même pour être de Jean de Bologne, et moy même je le croyois ainsi, mais un plus grand examen m'a étrompé (1).

— On vante, et avec raison, les trois belles fontaines qu'on voit à Augsbourg, et qui sont enrichies de figures en bronze de sa façon. On en a des estampes qui en donnent une grande idée. Le portrait de cet artiste vient d'être gravé par Kilian au simple trait.

VROOM. N'y a-t-il pas un portrait de Vroom dans la suite des cent portraits de Van Dyck? — Non. Mais le portrait de Vroom, d'après lequel M. Walpole a fait graver celui qu'il a inséré dans son ouvrage, fait partie de la suite des portraits des peintres des Pays Bas, gravée par H. Hondius. — Verifier dans Van Mander s'il est effectivement vrai que ce fût un peintre florentin, qui devint le beau père de Vroom, que celui-ci eut pour maitre; si cela est, ma note deviendroit inutile. (*Notes sur Walpole.*)

— Le beau père de Vroom étoit Hollandais et peignoit sur

---

(1) Dans un article de l'*Athenæum français*, du 11 décembre 1852, l'un de nous avait, d'après cet article alors inédit de Mariette, signalé et développé cette excellente rectification qui a été acceptée par le livret du musée du Louvre. Un passage de Piganiol (Description de Versailles et de Marly, 1701, p. 395) donne toute l'histoire de cette statue en France : « Le jardin haut de Marly est encore orné de quatre groupes de bronze. Le premier représente l'enlèvement de Pandore par Mercure. Ce groupe a été modelé et jetté en bronze par Jean de Boulogne. La reine Christine en fit présent à M. Servien, et M. de Sablé, son fils, en vendant Meudon à M. de Louvois, s'accommoda de ce groupe avec M. Colbert, qui le fit transporter à Sceaux, où il étoit, quand M. de Seignelay, toujours magnifique et toujours attentif à tout ce qui pouvoit faire plaisir au grand roy qu'il avoit l'honneur de servir, pria S. M. de vouloir bien l'accepter. » De nos jours il a été à Saint-Cloud, et se trouvait au côté droit du bassin du Fer à Cheval; c'est là qu'il a été pris pour être porté au Louvre.

la fayence; Mr Walpole, en faisant de ce peintre un Florentin, est tombé dans une erreur qu'il faut lui passer. Il n'auroit certainement pas usé de la même indulgence si elle fût
échappée à un François; il oublie aussi de remarquer que le
père de notre artiste se nommoit Corneille, fils de Henry, et
que celui-ci avoit un frère qui est mort sculpteur et architecte de la ville de Dantsick. Il auroit pu charger encore cette
vie de plusieurs particularités qu'on trouve dans Van Mander.
Elle n'en seroit devenue que plus intéressante. (*Notes sur
Walpole.*)

VUIBERT(REMY), peintre, disciple de Vouet, etoit de Troyes.

WADDER (LOUIS DE), de Bruxelles, peintre de paysages;
il en a gravé quelques uns; ils sont dans la manière de Luc
Van Uden. Corn. de Bie a écrit des vers à sa louange, p. 98.

WAEL. Il y a plusieurs de Wael, Jean de Wael le père,
mort en 1633 (cf. 95), Luc de Wael, son fils ainé, peintre de
paysages, Corneille, son autre fils, qui peignoit des batailles
et autres sujets. Il y a aussi un Jean Baptiste de Wael qui
gravoit d'après Corn. de Wael en 1658, et qui a aussy gravé
à Rome une suite de pastorales de fort bon goût; personne
n'a fait mention de luy; il étoit apparemment le fils de Corneille de Wael.

WAEL (CORNEILLE et LUC DE). Ils étoient fils d'un peintre
d'Anvers, nommé Jean (Sandrart, p. 299), qui leur enseigna
la profession qu'il exerçoit et qu'il avoit appris de François
Franck, de Herentals. On a son portrait dans la suite des cent
portraits de Van Dyck, et ce portrait est celui d'un vieillard,
ce qui se rapporte avec ce qu'a écrit sur ce peintre Corn. de
Bie, p. 108; car il nous apprend que Jean de Wael mourut

en 1633, agé de 75 ans. Comment Descamps a-t-il pu dire,
t. 1, p. 227, que cet artiste étoit mort jeune. Quant à ses deux
fils, ils ont passé la plus grande partie de leur vie en Italie,
et surtout à Gênes. Van Dyck les y trouva et demeura chez
eux. Il devint leur ami, et les peignit l'un et l'autre dans un
même tableau qui a été gravé par Hollar. L'inscription de
l'estampe nous apprend qu'ils avoient été disciples de leur
père, que le talent de Luc étoit de peindre des batailles, et
celui de Corneille de représenter des sujets champêtres. Corn.
de Bie, qui leur a donné place dans son livre, p. 229, dit que
Luc, qui s'étoit retiré à Anvers dans le tems qu'il écrivoit,
vers 1661, avoit pour lors 69 ans, et que dans sa jeunesse il
avoit pris des leçons de Jean Breughel. Son frère cadet, Corneille, vivoit pour lors à Rome, et avoit 68 ans lorsqu'il s'y
retira. Descamps place la naissance de Luc en 1591, et celle
de Corneille en 1594; t. 1, p. 200 et 207. Voyez ci après à
l'article de J. Bapt. de Wael.

— Une suite de dix pièces représentans pour la pluspart
des forçats sur des ports de mer, gravées en partie à l'eau
forte et en partie au burin par un anonyme en 1647, d'après
Corn. de Wael. — Dedié par Corn. de Wael à Jaques Cacho-
pin de Laredo. — Il y en doit avoir douze, à ce que je crois.
Cette même suite de pièces a été copiée en 1648 par M. Schaep,
et dediée par lui à D. Jean d'Erasso, envoyé de Sa Majesté
catholique, — on ne dit pas où, — et elle est de 12 pièces.
— Pour que la suite soit complete, il faut qu'elle soit de
12 morceaux, y compris le titre.

WAEL (JEAN BAPTISTE DE). J'ai un pressentiment que cet
artiste est le même qui peignoit de petites figures dans les
tableaux de paysages de Barthelemy del Rosa, disciple de
Salvator Rosa, auquel le Baldinucci donne le nom de Antoine,
ce qui est, je crois, une méprise de sa part. Ce Jean Baptiste

de Wael, à en juger par une fort jolie suite de pastorales qu'il a inventé et gravé étant à Rome, étoit imitateur de la manière de Jean Miel, et les planches que je cite ont du mérite. Si j'ai rencontré juste, et que le Baldinucci ait écrit sur des mémoires sûrs, sa mort aura été occasionnée par un coup de tonnerre qui le vint frapper dans son lit, étant à Rome. On doit supposer qu'il étoit jeune, car on voit peu de choses de lui. Voyez Baldinucci, Decade V, parte I del secolo IV, p. 591.

—Jean Baptiste de Wael étant à Gênes en 1658, y grava la vie de l'enfant prodigue, en une suite de (..) planches, d'après les desseins de Corneille de Wael, auquel il appartenoit, j'ignore à quel degré de parenté.

— La parabole de l'enfant prodigue, représentée en une suite de cinq pièces gravées à l'eau forte en 1658 par Jean Baptiste de Wael, d'après Corneille de Wael. — Aux deux dernières, c'est à dire à l'enfant prodigue qui garde des pourceaux et qui vient retrouver son père, le nom de *Corn. de Wael inv.* et celuy de *Jan Baptista de Wael fecit* 1658 ; ce sont de fort jolies pièces.

WAGNER (JEAN GEORGES), neveu du peintre Dieterich et son eleve, a peint des gouaces qui ne seroient pas desavouées par son oncle. Ce sont de petits paysages d'un goût de couleur excellent, et dans la pluspart desquels on trouve des accidens de lumière et une touche large et précieuse qui n'est qu'à lui. Son oncle, à force de le tourmenter, lui rendoit la vie si dure que, pensant s'affranchir de cette espèce de tyrannie, il avoit pris la résolution de quitter le pays et de venir à Paris, où il savoit que plusieurs de ses ouvrages, qui y avoient été apportés, y avoient été très bien reçus. Tout étoit prêt pour le depart, et il goutoit déjà le plaisir d'être libre et de jouir de sa reputation lorsque la mort le surprit

inopinément et renversa ses projets. La veille du jour auquel
il avoit fixé son voyage, il alla, suivant sa coutume, recueil-
lir à la campagne quelques uns de ces effets piquants dont
il sçavoit si bien embellir ses tableaux, et qu'il avoit l'art de
varier à l'infini et d'imiter avec tant de vérité; il en revenoit,
rempli de l'idée flatteuse dont il étoit entièrement occupé,
lorsque, rentrant à la maison, il se sentit subitement frappé
d'un coup mortel, et le lendemain il n'étoit plus. C'étoit en
176(.). Il avoit au plus 21 ans. Je le tiens de M. Hall, le peintre en miniature, qui étoit lié d'amitié avec lui. M. Boucher
fut un des premiers à rendre justice à ses talens. Il n'eut pas
plustost veu de ses gouaces qu'il en fit emplette de plusieurs,
et je lui en ai entendu parler avec le plus grand éloge. La
mère de Wagner se mesle aussi de peindre à gouace et d'imiter la manière de son fils, mais il s'en faut beaucoup qu'elle
en approche, et cependant j'ai vu de ses ouvrages qu'on faisoit passer pour être de son fils. Ses desseins sont devenus
rares.

WALKER (ROBERT). Ne seroit-ce pas d'après un des portraits de Cromwell peints par Walker que Lombart auroit
gravé celui que nous connoissons de lui? (*Notes sur Walpole.*)

WALPOLE (HORACE). Il y a, dans ce mémoire dressé par
un artiste (Jean de Critz) auquel il étoit permis de s'énoncer
en mauvais termes, plusieurs mots qu'un Anglois a peine à
entendre. M. Walpole m'en a assuré, et j'ai souligné dans
ma traduction quelques expressions que j'ai deviné avec lui.
(*Notes sur Walpole.*)

— Suivant un ancien usage, qui n'a été aboli que par le
prince qui occupe aujourd'hui le trône, le roi d'Angleterre
tenoit jeu la nuit de la fête de l'Epiphanie, et c'étoit toujours aux dés que l'on jouoit. Je tiens cette particularité de

M. Walpole. (*Notes sur Walpole*, article du chevalier Jacques Palmer.)

— Que penser du goût de Mr Walpole lorsqu'à l'occasion des deux peintres de son pays, qu'il s'efforce en vain de tirer de l'oubli, il se perd ainsi en vaines conjectures et nous accable de cette longue et fastidieuse énumération des peintres anglois, presque tous inconnus, que lui fournit un ecrivain assez téméraire pour oser les comparer avec les plus fameux artistes de la Grèce, et assez ignorant pour ne pas savoir que Lusippe et Praxitèles ont été de grands sculpteurs, et non pas des graveurs! Quel nom donner à de telles anecdotes! (*Notes sur Walpole*.)

WALS (GOFFREDE). *G. W.* Marque de Goffrede Wals, peintre de paysages dans la manière d'Adam Elsheimer. Elle se trouve sur une planche de sa façon, qui est dans une forme ronde.

WASER (ANNE), née à Zürich en 1679, y est morte en 1713, agée de 34 ans, dans la réputation de bien peindre le portrait en miniature. Füsli a donné sa vie dans le tome 2 de ses *Vies des peintres suisses.* Quelqu'un pourra quelque jour m'en donner la traduction, car l'ouvrage est écrit en allemand.

WATEAU (ANTOINE), né à Valenciennes en 1684(1), est mort

---

(1) En octobre. M. Arthur Dinaux a trouvé l'acte de naissance dans les registres de la paroisse de Saint-Jacques de Valenciennes, et en a publié le texte dans sa notice sur Watteau, Valenciennes, 1834 : « Le 10 octobre 1684 fut baptizé Jean Antoine, fils légitime de Jean Philippe Wateau et de Michelle Lardenois, sa femme. Signé : le parin, Jean Antoine Baiche, la marène, Anne Maillion. » — Je renvoie à la notice de M. Dinaux et aux catalogues des musées de

en 1721. Après être sorti de chez Gillot, il entra chez Claude Audran, célèbre peintre d'ornemens, qui, en qualité de concierge, demeuroit au Luxembourg(1), et qui se servit utilement de Wateau pour enrichir de ses figures les agréables compositions d'ornemens dont il fournissoit les desseins, et, pendant ce tems là, Wateau eut occasion de voir et d'étudier les peintures de Rubens qui sont au Luxembourg, d'en connoitre la magie et de la faire passer dans ses tableaux. Alors il put se produire et montrer tout ce qu'il valoit. Son genre de peindre fut goûté; il fut reçu avec applaudissement à l'Académie; chacun s'empressa pour avoir de ses ouvrages. M. Crozat lui proposa de peindre un appartement chez lui, et Wateau l'accepta d'autant plus volontiers qu'il crut ne devoir pas perdre une si belle occasion qui le mettoit à portée de puiser de nouvelles connoissances dans les desseins et les tableaux des grands maîtres dont cette maison étoit remplie. Il n'y demeura pourtant pas longtemps. Son inconstance lui faisoit changer de domicile à chaque instant. Il demeuroit avec Wleughels dans la maison du neveu de M. Le Brun, sur les fossez de la Doctrine chrétienne, lorsque des idées de fortune le firent passer à Londres, où il travailla peu, et dont il revint trainant avec lui l'ennui et le degoût qui l'accompagnoient partout. Une santé absolument délabrée, le spectacle affreux d'une mort prochaine aggravèrent ses maux. Il se retira chez un ami, au village de Nogent, près Vincennes, et il y mourut. Une des personnes avec laquelle il fut le plus intimement lié fut M. de Julienne (2), qui, pendant un temps,

---

Lille et de Valenciennes pour les Wateau qui ont peint dans toute la durée du dix-huitième siècle. Il y en avait encore un à l'époque de la révolution.

(1) Cf. cet *Abecedario*, I, 38-39.

(2) M. Duclos, à Paris, celui qui possède de Boucher le portrait en pied de madame de Pompadour, conserve de Watteau un por-

posséda à lui seul presque tous les tableaux qu'avoit peints
Wateau. Ce peintre mettoit de la finesse dans son dessein,
sans avoir jamais pu dessiner de grande manière. La touche
de son pinceau, de même que celle de son crayon, est des
plus spirituelles, les tours de ses figures des plus agréables,
ses expressions assez communes mais gracieuses, son travail
leger. Il eut un malheur, ce fut celui de se degoûter trop aisement de ce qu'il avoit fait. On lui a vu effacer des parties
de tableaux heureusement pensées et aussi heureusement
exécutées, pour leur substituer quelques fois d'autres choses
fort inferieures. Il n'étoit point curieux de peindre avec propreté, et cela, joint au trop grand usage qu'il fit d'huile grasse,
a beaucoup nui à ses tableaux (1). Presque tous ont perdu; ils
ne sont plus du ton qu'ils avoient lorsqu'ils sont sortis de ses
mains.

— David attentif aux inspirations divines. Gravé par Jean
Baptiste Scotin le jeune. — Pour le volume des *Pseaumes* de
la bible de Calmet.

— Vertumne et Pomone. Gravé par Boucher, d'après le
tableau de Wateau qui a servi pendant quelque temps de
montre à la boutique d'un peintre du pont Notre Dame à
Paris, et qui est présentement dans le cabinet de M. de Jullienne.

---

trait de M. de Julienne, de grandeur naturelle, debout et jusqu'aux
genoux, esquisse très-vigoureuse, et d'une force de vie et de couleur incomparables.

(1) Tous ceux de ses contemporains qui ont parlé de lui ont in-
sisté sur ce point, et M. de Julienne et Gersaint, dont on verra le
texte plus loin, et encore plus M. de Caylus, dans l'éloge dont celui
de Lemoyne avait appris l'existence (Mémoires des académiciens,
I, xxxiii), et dont MM. de Goncourt ont heureusement trouvé un
manuscrit qu'ils ont publié dans le premier volume de leurs *Portraits intimes* du dix-huitième siècle. Paris, Dentu, 1857, in-16,
p. 206-61.

— L'île de Cythère. Gravé, sous la conduite de N. de Larmessin, d'après le tableau qui est dans le cabinet de M. de Jullienne (1). — La planche avoit été commencée, et mal, par le
fils de J. B. Poilly, et Larmessin l'a rachevée.

— Le concert champestre. Gravé par Benoist Audran le
jeune, d'après le tableau tiré du cabinet de M. Bougi, qui y
est représenté — jouant de la basse de viole.

— La game d'Amour. Gravé par Jean Pierre le Bas, d'après
le tableau qui est dans le cabinet du sieur Denys Mariette,
libraire.

— Les quatre saisons de l'année, representées dans quatre
compositions d'ornemens pour un paravent. Les planches en
sont gravées par F. Boucher. — Elles sont terminées au burin
par L. Cars.

— Le plaisir pastoral. Gravé par Nicolas Tardieu, d'après
un excellent tableau de Wateau qui est dans le cabinet du
Sr Mariette le fils.

— Feste bacchique, gravé par J. Moyreau, la Balanceuse
par J. P. le Bas, la Partie de chasse par G. Scotin, et le May
par P. Aveline. Ces quatre grandes et riches compositions
d'ornemens ont été peintes par Watteau sur les lambris du
cabinet de M. Chauvelin, garde des sceaux de France et ministre d'État.

— La Musette. Gravé par J. Moyreau, d'après le tableau
qui est dans le cabinet de M. Stiemar, peintre de l'Académie
royale.

— La diseuse d'aventure. Gravé par Laurent Cars, d'après
le tableau original tiré du cabinet de M. Oppenort, architecte
de Mr le duc d'Orleans.

---

(1) Ce n'est pas l'embarquement du Louvre, qui est son morceau
de réception.

— Les plaisirs du bal. Gravé par Gérard Scotin le jeune, d'après le tableau qui passe avec justice pour un des plus beaux de Wateau, lequel est dans le cabinet de M. Glucq, conseiller au parlement.

— La Finette, où une femme en habit de bal, jouant de la guitare, gravé par Benoist Audran le jeune. L'Indifférent, ou un homme qui danse, gravé par Gérard Scotin le fils. — Du cabinet de M. Massé (1).

— Le Lorgneur, gravé par Gerard Scotin, d'après le tableau qui est presentement dans le cabinet de M. Coypel, premier peintre de M. le duc d'Orleans.

— La Surprise, gravé par Benoist Audran le jeune, d'après le tableau tiré du cabinet de Mr de Jullienne. — Il avoit été peint originairement pour Mr Henin (2), et c'est un de ses plus beaux tableaux.

— L'accord parfait. Gravé par B. Baron, d'après le tableau tiré du cabinet de M. de Julienne. — Celui-ci est le pendant du précédent, et avoit été peint pareillement pour M. Henin.

— Les jaloux. Gravé par Gérard Scotin le jeune, d'après le tableau qui est dans le cabinet de M. de Jullienne, et sur lequel Wateau fut agréé à l'Académie de peinture.

— L'occupation selon l'age. Gravé par Dupuis, d'après le tableau qui est dans le cabinet de M. Hallé, chevalier de St Michel, cy devant premier commis du trésor royal. — Scavoir lequel des Dupuis?

— Une bande d'enfans, dont il y en a un qui se joue avec l'épée d'Arléquin. Gravé par Nicolas Tardieu. — Le tableau est chez madame de Verue.

---

(1) Tous les deux chez M. Lacaze, à Paris, qui possède aussi le grand Gilles, merveilleux tableau de grandeur naturelle, qu'il a acheté à la vente Denon.

(2) Cf. cet *Abecedario*, II, 351-2.

— Retour de chasse. Gravé par Benoist Audran le jeune. Ce portrait de femme en habit de chasse est celui d'une des filles du sieur Sirois, chez qui Wateau vint demeurer lorsqu'il arriva pour la seconde fois à Paris, après son voyage de Flandres.

— Camp volant. Gravé par Charles Nicolas Cochin, d'après le tableau que Wateau avoit peint pour le sieur Sirois, peu après sa seconde arrivée de Flandres. — Retour de campagne. Ce tableau, qui a été peint dans le même temps que le précédent et pour lui servir de pendant, a pareillement été gravé par Charles Nicolas Cochin. — Il a été peint le premier.

— Escorte d'équipages. Gravé par Laurent Cars, d'après un merveilleux tableau de Wateau, qui est dans le cabinet de M. de Jullienne.

— Louis XIV donnant le cordon bleu à monsieur le duc de Bourgogne, père de Louis XV, roy de France régnant. Gravé par Nicolas de Larmessin, d'après le tableau qui est dans le cabinet de M. de Jullienne. — Wateau peignit ce tableau pour Mr Dieu, qui avoit entrepris de peindre toutes les actions de la vie du Roy pour estre éxécutées en tapisserie, ce qui n'a point eu son effet.

— *Au bas d'une estampe gravée par AP (Arthur Pond), en 1739, qui est un fac similé d'un dessin de Wateau, représentant un medecin ridicule au milieu d'un cimetière, l'épreuve de Mariette porte de sa main le nom du Dr Misaubin, et cette note au-dessous :* C'étoit un chirurgien françois, refugié en Angleterre, grand charlatan, qui se vantoit d'avoir des pilules, remède immanquable contre la verole ; lui seul en étoit persuadé, car avec ses pilules qui devoient faire, à ce qu'il disoit, la fortune de sa famille après sa mort, notre docteur étoit misérable et perissoit de faim. Wateau, qui peut-être avoit éprouvé l'insuffisance du remède, dessina cette charge dans un caffé pendant son séjour à Londres.

— L'Abreuvoir. Le Marais. Ces deux veues, qui ont été peintes par Wateau d'après nature, dans le temps qu'il demeuroit aux Porcherons, ont été gravées par L. Jacob.

— La Perspective. Gravé par Crespy le fils, d'après le tableau qui est dans le cabinet de M. Guenon, menuisier du Roy. Le fond de ce tableau représente une veue du jardin de M. Crozat à Montmorency (Cf. 1, 50).

— Wateau malade se derobant à la medecine, en fuyant les medecins et leurs remèdes. Gravé à l'eau forte par M. le comte de Caylus, et terminé ensuite au burin par François Joullain. Il y en a ici deux épreuves, l'une sortant de l'eau forte, et l'autre terminée au burin.

— Deux suites de diverses figures chinoises et tartares, au nombre de trente planches, dont il y en a douze gravées par Jeaurat, douze autres par Boucher, et les six autres par Aubert. Toutes ces figures sont peintes par Wateau dans les lambris du cabinet du Roy, au château de La Muette (1).

— Les beaux-arts ont fait une grande perte vers la fin du mois dernier, en la personne du sieur Watteau, professeur de l'Académie royale de peinture, qui est mort d'une maladie du poumon, seulement agé de 37 ans, âge fatal à la peinture. Le fameux Raphaël d'Urbin et Eustache Le Sueur sont morts à cet âge là.

---

(1) Les *Archives*, Documents, tome II, p. 208-13, ont publié des lettres de Watteau à Gersaint et à M. de Julienne. Pour les compléter, nous ajouterons aux notes de Mariette ce que le Mercure, M. de Julienne et Gersaint ont donné sur Watteau ; ce sont proprement des témoignages, et ils en sont par là d'autant plus utiles à réunir et à avoir d'un coup sous la main. Un seul reste en dehors, c'est le curieux éloge qu'en a laissé Caylus, et que MM. de Goncourt, qui l'ont retrouvé, ont publié d'abord dans leurs *Portraits intimes* du dix-huitième siècle ; ils viennent de le réimprimer à Lyon, chez M. Perrin, dans un charmant in-4° orné de spirituels *fac-simile*, et leur publication est trop récente pour ne pas en respecter la primeur.

Le gracieux et élégant peintre, dont nous annonçons la mort, étoit fort distingué dans sa profession, et sa memoire sera toujours chère aux vrais amateurs de la peinture. Rien ne le prouve mieux que le prix excessif auquel sont aujourd'hui ses tableaux de chevalet en petites figures. Il n'en a fait que de cette espèce, dans le goût flamand, mais dont le coloris approche fort de celui de Rubens. Il avoit beaucoup étudié cette école. Il a laissé ses desseins et ses études à M. l'abbé Harancher, son ami, chanoine de S. Germain l'Auxerrois, qui aime les bons tableaux et qui en a des meilleurs maîtres dans son cabinet.

M. Watteau étoit natif de Valenciennes, et d'une très honnête famille. D'un naturel doux et affable, ses mœurs furent toujours simples et sa probité égala son mérite. Exact observateur de la nature, il s'ouvrit par elle un nouveau sentier pour arriver aux perfections les plus délicates et les plus piquantes de son art.

On fait tout à la fois son éloge et celui de l'Académie royale de peinture, en racontant de quelle manière il y fut agrégé. Watteau, sans être connu ni protégé de personne, fit un tableau pour être présenté aux académiciens dans l'intention seulement d'obtenir d'eux leurs suffrages pour aller sous leurs auspices étudier à Rome dans l'Académie que le roy y entretient pour former de jeûnes élèves sur les grandes compositions des plus célèbres peintres. Sur ce même tableau, Watteau, qui ignoroit seul son talent et sa capacité, obtint bien plus qu'il ne le demandoit; il fut reçu professeur (1) de

---

(1) Ceci est une erreur; Watteau, reçu comme peintre de fêtes galantes, n'a jamais été qu'académicien. — M. Charles Blanc, dans sa notice de Watteau publiée dans l'*Histoire des peintres*, a donné cet extrait du procès-verbal de la *réception* de Watteau, tiré des registres de l'Académie à la date du 28 août 1717 : « L'Académie,

l'Académie royale de peinture à Paris. Quel mérite ce trait de sa vie ne prouve-t-il pas en lui? et quelle lumière et quelle équité ne nous montre-t-il pas dans les membres qui composent cette célèbre compagnie?

Le génie de cet habile artiste le portoit à composer de petits sujets galants, noces champêtres, bals, mascarades, fêtes marines, etc. La variété des draperies, des ornemens de têtes et des habillemens font surtout grand plaisir dans ses compositions. On y voit un agréable mélange du sérieux, du grotesque, et des caprices de la mode françoise, ancienne et moderne, surtout le précieux talent de la grâce dans les airs de têtes, principalement dans les femmes et les enfans, qui se fait sentir partout. Sa touche et la *vaguezze* de ses paysages sont charmantes. Sa couleur est pure et vraye; ses figures ont toute la delicatesse et toute la précision qu'on pourroit souhaiter. Les ciels de ses tableaux sont tendres, legers et variez; les arbres sont feuillés, disposés et placés avec art; les sites de ses paysages sont admirables et ses terrasses (1) d'une vérité naïve, aussi bien que les animaux et les fleurs. La carnation de ses figures est animée et douillette; les étoffes de ses draperies sont plus simples que riches, mais elles sont moëlleuses, avec de beaux plis et des couleurs vives et vrayes.

Il avoit été élève de M. Gillot (2), de l'Académie de pein-

---

après avoir pris les suffrages en la manière accoutumée, elle a reçu ledit sieur Watteau académicien, pour jouir des priviléges attachés à cette qualité, et qu'il a promis en prêtant serment entre les mains de M. Coypel, écuyer, premier peintre du roi, et de S. A. R. monseigneur le duc d'Orléans, président, étant à l'assemblée. Quant au présent pécuniaire, il a été modéré à la somme de 100 livres. »

(1) C'est-à-dire les terrains; on a souvent vu ce mot employé dans le même sens par Mariette.

(2) Sur Gillot, voir cet *Abecedario*, II, 306-7, et le Catalogue de

ture, ce g nie, fecond et singulier qui manie avec tant d'art le pinceau et le burin. (*Le Mercure d'aoust* 1721, p. 81-83.)

— *Voici maintenant la notice, mise par M. de Julienne en tête de sa belle et rare publication :* « Figures de différents caractères de paysages et d'estudes dessinées d'après nature par Antoine Watteau... Gravées à l'eau forte par des plus habiles peintrés et graveurs du temps, tirées des plus beaux cabinets de Paris. A Paris, chez Audran, graveur du roy, en son hotel royal des Goblins, et chez F. Chereau, graveur du roy, rue St Jacques, aux deux pilliers d'or. » *Ces deux beaux volumes ont été tirés, dit-on, à cent exemplaires, et la notice n'est pas imprimée, mais gravée comme le titre.*

Antoine Watteau naquit à Valenciennes. Ses parents, quoique d'une fortune et d'une condition médiocres, ne négligèrent rien pour son éducation. Ils ne consultèrent même que son penchant dans le choix de la profession qu'il vouloit embrasser; ainsi, comme il avoit déjà donné des marques de l'inclination naturelle qu'il avoit pour la peinture, son père, qui n'avoit aucune connoissance de cet art, mais qui vouloit seconder l'envie que son fils avoit de s'y appliquer, le mit, pour en apprendre les premiers principes, chez un assez mauvais peintre de la même ville.

Watteau, qui n'avoit pour lors que dix à onze ans, étudia avec tant d'ardeur qu'au bout de quelques années, son maître lùy paroissant peu capable de remplir ses idées et de le

---

Lorangère, p. 26-9. — En rapprochant ces deux faits que Watteau a peint le portrait d'Antoine La Roque, le directeur du *Mercure*, et que celui-ci, né en 1672 et mort en 1744, a eu le privilége du *Mercure*, dont il publia 321 volumes, précisément en 1721, il est peu douteux que cette note sur la mort de Watteau ne soit due à son amitié pour le peintre, et cette origine ajoute à ce qu'elle a de juste une qualité personnelle et touchante qu'on est heureux d'avoir à lui reconnaître.

porter jusques au point où il pouvoit atteindre, il fit connoissance avec un autre peintre, qui se donnoit pour habile dans les décorations de théatre, et qui, sur cette réputation, fut mandé en 1702 pour l'Opéra de Paris. Le jeune Watteau, qui ne desiroit rien tant que de se perfectionner, jugeant que le séjour de cette grande ville étoit le seul capable de luy procurer les moyens de s'avancer, obtint de son nouveau maître de l'y accompagner. Il travailla d'abord sous luy à ce genre d'ouvrage (1); mais ce peintre, qui ne reussissoit pas dans ses affaires comme il se l'étoit imaginé, fut contraint de s'en retourner dans son païs, où son élève ne jugea pas à propos de le suivre.

Quoique Watteau montrât alors des dispositions admirables pour son art, cependant, comme il étoit encore trop jeune pour les faire bien connoître, il fut obligé, pour pouvoir subsister, de s'accommoder avec un maître peintre qui travailloit pour les marchands de ces tableaux communs qu'on vend à la douzaine, qui luy donna de l'ouvrage, mais si peu d'argent qu'il n'osoit le dire qu'en confidence, et, pour comble de malheur, il se voyoit contraint de copier les misérables productions de ce maître. Enfin, lassé d'un travail aussi degoûtant qu'infructueux, il le quitta et fit connoissance avec Gillot, peintre nouvellement agréé à l'Académie (2).

Celuy cy, ayant vu quelques desseins et quelques tableaux

_____

(1) M. Lacaze possède un grand fragment de décoration, peinture en détrempe fixée à l'essence, si mon souvenir ne me trompe pas, qui est bien de ce temps et pourrait bien être de Watteau, auquel elle est depuis longtemps attribuée et au nom duquel elle doit certainement d'avoir été conservée.

(2) Gillot fut reçu le 27 avril 1717, mais la liste des académiciens ne donne malheureusement pas la date des agréments, qui serait cependant si importante. Dans tous les cas, Watteau a connu Gillot bien avant 1717, époque à laquelle il avait déjà trente-trois ans, et ce doit même être avant 1709, date de son prix.

de sa main qui luy plurent, l'invita à venir demeurer avec luy. Cette proposition faisant plaisir à Watteau, il l'accepta. et dès lors il commença à travailler avec un peu plus de commodité et d'agrement. Il profita de telle sorte des lumières de cet habile homme qu'en peu de tems il prit beaucoup de sa manière, et l'on peut dire que, dès les commencements mêmes, il a inventé et dessiné dans le goust de Gillot, dont il traitoit à peu près les mêmes sujets ; mais il faut convenir que, s'il a eu du goust pour les festes champestres, les sujets de théâtre et les habits modernes, à l'imitation de son maître, il n'est pas moins vrai de dire que dans la suite il les a traités d'une manière qui luy étoit propre, et telle que la nature, dont il a toujours été adorateur, les luy faisoit apercevoir.

Quelque temps après, soit que Gillot ne fût poussé que d'une genereuse envie de rendre service à son disciple, soit qu'ayant été jusqu'alors l'unique dans ce genre de peindre, il regardât cet imitateur d'un œil jaloux et comme un rival que ses rapides progrès devoient luy faire craindre, il le separa de luy pour le faire entrer au Luxembourg, chez M. Audran, excellent peintre d'ornemens, qui l'occupa à faire des figures dans ses ouvrages, et dont le bon goust ne contribua pas peu à luy donner de nouvelles lumières.

Watteau, porté de plus en plus à l'étude et échauffé des beautés de la galerie de ce palais, peinte par Rubens (1), alloit souvent étudier le coloris et la composition de ce grand

---

(1) « Ce fut encore là qu'il dessinoit sans cesse les arbres de ce beau jardin, qui, brut et moins peigné que ceux des autres maisons royales, lui fournissoit des points de vue infinis, et que les seuls paysagistes trouvent avec tant de variété dans le même lieu, tantôt par la différence des aspects et des endroits où ils se placent, tantôt par la réunion de plusieurs parties éloignées, tantôt par les différences que le soleil du soir ou du matin apporte dans les mêmes places et sur les mêmes terrains. » Caylus, p. 217.

maître; ce qui, en peu de tems, luy fit prendre un goust bien plus naturel, et bien différent de celuy qu'il avoit contracté chez Gillot.

Ce fut environ dans ce tems là qu'il composa pour le prix que l'Académie royale propose tous les ans, dont il remporta le second (1); on vit briller, dans le tableau qu'il fit à ce sujet, les étincelles de ce beau feu qu'il fit paroître dans la suite.

Après un tel honneur, on auroit cru que Watteau se seroit déterminé à rester à Paris pour s'y faire connoître de plus en plus et y perfectionner les talents qu'il avoit pour la peinture. Cependant, comme sa fortune n'avoit encore été qu'au dessous du médiocre, et qu'il voyoit que ses ouvrages ne prenoient point faveur par le peu de connoissance qu'on avoit de son nouveau genre de peindre, il se degoûta de Paris et prit la resolution de s'en retourner dans son païs. Mais, soit qu'il n'y trouvât pas ce qu'il cherchoit, soit par un effet de l'inconstance qui luy étoit naturelle, il n'y demeura pas longtemps, et après y avoir fait quelques tableaux, entr'autres plusieurs études de camps et de soldats d'après nature, il revint à Paris, où il s'occupa à travailler pour quelques amis qui connoissoient son sçavoir.

Quelque temps après son retour, l'Académie royale de peinture se proposa de choisir les plus capables d'entre les jeunes gens qui avoient remporté des prix, pour les envoyer à Rome en qualité de pensionnaires du roy (2). Watteau, qui tendoit toujours à la plus haute perfection, et qui regar-

(1) En 1709. Sur le sujet de David accordant son pardon à Abigail, qui lui apporte des vivres. Il n'y eut pas de premier prix. Documents, V, 285.

(2) Ce n'est qu'à partir de notre siècle que le voyage à Rome est un droit pour les grands prix; au dix-huitième, ce n'était jamais qu'une faveur personnelle accordée par le ministère, qui ne la donnait pas toujours, et quand il l'accordait, la faisait souvent attendre.

doit le voyage d'Italie comme très utile à son avancement, présenta, comme les autres, des desseins et des tableaux à Messieurs de l'Académie, qui en furent si surpris qu'on luy fit entendre que, son mérite le distinguant de ses compétiteurs, bien loin de l'envoier à Rome pour y étudier, on le recevroit dans cette illustre compagnie, s'il vouloit faire les pas nécessaires pour y être agréé. Il les fit et fut reçu avec tous les agrémens imaginables. Ce fut pour lors qu'il se fortifia dans la belle manière dont on peut dire qu'il est l'inventeur, et devint si habile qu'il n'y avoit point de curieux, ny même personne de l'art qui ne souhaitât avoir quelques tableaux de luy. Gillot ne put alors s'empescher de reconnoître sa supériorité. Il luy ceda non seulement la première place, mais, luy laissant le champ tout à fait libre, il quitta le pinceau pour se renfermer dans la gravure et le dessin.

Un temoignage aussi glorieux et aussi autentique que celuy que l'Académie venoit de rendre au mérite de Watteau, augmenta considérablement le nombre de ses admirateurs, ce qui luy attira de si fréquentes visites qu'à peine luy restoit il du tems pour travailler ; mais luy, qui étoit naturellement froid et indifférent pour les personnes qu'il ne connoissoit pas, se degousta bien tost d'une telle importunité (1). Ainsi, M. Croizat luy ayant proposé de prendre un logement chez luy, il profita d'autant plus volontiers de cette offre qu'il esperoit pouvoir travailler plus tranquillement et puiser dans les trésors de son beau cabinet tout ce que la peinture et la sculpture ont de plus excellent, et surtout voir les rares desseins dont, entre autres beautés, M. Croizat est possesseur(2).

(1) Voir dans Caylus la jolie histoire du miniaturiste se faisant donner un tableau et le rapportant pour le corriger à Watteau, qui le lui efface sous le nez ; elle est des plus amusantes et des plus spirituelles.

(2) « M. Crozat, qui aimoit les artistes, lui offrit sa table et un

Et en effet il faut convenir que, depuis ce tems là, les tableaux de Watteau se ressentirent des lumières qu'il avoit été à portée de prendre dans ce cabinet précieux. Au sortir de cette maison, il fut loger avec Mr Vleughels, son ami, qui est à présent directeur de l'Académie de peinture et sculpture que le roi entretient à Rome (1), et qui vient d'être honoré de l'ordre de Saint Michel (2). Là il travailla avec beaucoup de succès jusqu'en 1718.

La réputation de Watteau étoit alors des plus grandes; elle luy avoit acquis pour amis plusieurs personnes de consideration, et il pouvoit se flater de se faire en peu de tems un établissement avantageux, s'il avoit voulu demeurer à Paris. Mais il donna encore un trait de son instabilité en quittant une seconde fois toutes ses esperances pour passer en Angleterre. Ce voyage ne luy fut pas heureux, car, comme il étoit d'un tempérament très délicat, le changement de climat, joint à l'intempérie de l'air qui est fort épais dans ce païs là, altéra si fort sa santé qu'il y fut presque toujours malade. Il ne laissa pourtant d'y faire quelques tableaux qui luy attirèrent l'admiration des connoisseurs.

Après une absence d'environ un an, il revint à Paris, où il ne fit plus que traîner une vie languissante et ennuyeuse; il n'avoit presque pas un jour de santé, mais, quoique ses in-

---

logement chez lui; il les accepta... Ce fut là que nous lui préparions, M. Henin, cet ami dont j'ai parlé, et moi, un nombre infini de desseins d'après les études des meilleurs maîtres flamands et de ces grands païsagistes, et que nous avancions assez pour qu'en y donnant quatre coups il en avoit l'effet. C'étoit le servir selon son inclination, car il aimoit en tout à l'avoir promptement. C'étoit aussi la partie de la peinture à laquelle il étoit le plus sensible. » Caylus, p. 235.

(1) Il le fut de 1724 à 1737. Cf. ce volume même, p. 89.

(2) La planche 128 porte dans le précieux exemplaire que j'ai sous les yeux cette note écrite à la main : « Portrait de Vleughels, peintre de l'Académie, » suivie du nom de Cars, comme graveur.

firmités continuelles ne luy laissassent pas un moment d'intervalle, il travailla néanmoins de tems en tems, ce qu'il continua de faire jusques à ce qu'enfin il mourût à Nogent, près de Paris, le 18 juillet 1721, agé d'environ 37 ans.

Watteau étoit de taille moyenne et de constitution foible; il avoit l'esprit vif et pénétrant, et les sentiments elevés; il parloit peu, mais bien, et écrivoit de même; il meditoit presque toujours, grand admirateur de la nature et de tous les maîtres qui l'ont copiée. Le travail assidu l'avoit rendu un peu mélancolique, d'un abord froid et embarrassé, ce qui le rendoit quelquefois incommode à ses amis, et souvent à luy même. Il n'avoit point d'autre defaut que celuy de l'indifférence et d'aimer le changement. On peut dire que jamais peintre n'a eu plus de reputation que luy, aussy bien pendant sa vie qu'après sa mort; ses tableaux, qui sont montez à un très haut prix, sont encore recherchés aujourd'huy avec beaucoup d'empressement; on en voit en Espagne, en Angleterre, en Allemagne, en Prusse, en Italie, et dans beaucoup d'endroits de la France, surtout à Paris. Aussi faut-il convenir qu'il n'y a point de tableaux de cabinet plus agréables que les siens; ils renferment la correction du dessein, la vérité de la couleur et une finesse de pinceau inimitable; il a très bien entendu le paysage; non seulement il a excellé dans les compositions galantes et champestres, mais encore dans les sujets d'armée, de marches et de altes de soldats, dont le caractère simple et naturel rend ces sortes de tableaux très précieux; il a même laissé quelques morceaux historiés, dont le goust excellent fait assés connoistre qu'il eût également réussi dans cette partie, s'il en eût fait son principal objet (1).

Quoique la vie de Watteau ait été fort courte, le grand

---

(1) « Une Vierge, qu'il a peinte, et quelques autres sujets d'histoire, font présumer qu'il auroit pu réussir dans ce genre. Le goût

nombre de ses ouvrages pourroit faire croire qu'elle auroit été très longue, au lieu qu'il montre seulement qu'il étoit très laborieux. En effet, ses heures même de récréation et de promenade ne se passoient point sans qu'il étudiât la nature, et qu'il la dessinât dans les situations où elle luy paroissoit plus admirable.

La quantité de desseins qu'a produit son étude, et dont on a fait choix pour les graver et en former une œuvre, est une preuve de cette vérité.

La page suivante est occupée par une pièce sans signature : Wateavi pictoris epitaphium, *en 38 vers elegiaques, qui sont de l'abbé Fraguier* (1) *sur un canevas de Caylus, au récit duquel je renvoie, p. 255-8; il n'est pas utile de donner ici la pièce latine, mais seulement la traduction française, aussi anonyme, qui se trouve sur la page suivante, avec ce titre :*

Epitaphe de Watteau, peintre flamand.

Si l'aimable vertu pour ton cœur eut des charmes,
Si de l'art du pinceau tu connus les attraits,
Du célèbre Watteau considère les traits
Et les honore de tes larmes.

---

qu'il a suivi est proprement celui des bambochades et ne convient pas au sérieux; tous les habillemens en sont comiques, propres au bal, et les scènes sont ou théâtrales ou champêtres; sa servante, qui étoit belle, lui servoit de modèle; il l'a peint en danseuse avec un fond de paysage très-frais. » *D'Argenville,* IV, 408. — « Ses draperies étoient bien jettées; l'ordre des plis étoit vrai, parce qu'il les dessinoit toujours sur le naturel et qu'il ne s'est jamais servi de mannequin. » Caylus, p. 234.

(1) On les peut voir dans le recueil de l'abbé d'Olivet : Poetarum ex Academiâ Gallicâ qui latine aut græce scripserunt Carmina, Paris, Boudet, 1738, in-12, p. 242-3; il y en a une édition différente : Recentiores poetæ latini et græci selecti quinque, curis Josephi Oliveti collecti ac editi. Editio auctior et correctior, Leyde, Francfort et la Haye, 1743, in-8°. L'épitaphe de Watteau s'y trouve p. 226-7; mais aucune des deux éditons ne donne la version française.

Noble dans ses contours, correct en ses desseins,
Il sçut rendre à nos yeux la nature vivante ;
Tel, autrefois, Apelle à la Grèce sçavante
   Montra ses chefs d'œuvres divins.

Heureux, en s'ecartant du sentier ordinaire,
Sous des groupes nouveaux il fit voir les amours,
Et nous representa les nymphes de nos jours
   Aussi charmantes qu'à Cythère.

Sous les habits galants du siècle où nous vivons,
Si tost qu'il nous traçoit quelques danses nouvelles,
Les Grâces, à l'envy, de leurs mains immortelles
   Venoient conduire ses crayons.

Avec quelle elegance, au fond d'un paysage,
Plaçoit-il les forests, les grottes, les hameaux ;
On croyoit voir encor ces fertiles coteaux
   Si chers aux Dieux du premier âge.

Quelque nom qu'il s'acquît par ces rares talents,
Ce nom, par ses vertus, fut encor plus illustre ;
A peine à la moitié de son huitiesme lustre
   La mort vint terminer ses ans.

Son esprit plein de feu, dès sa tendre jeunesse,
A de longues douleurs assujettit son corps ;
Une noire phtisie en usa les ressorts
   Et meela ses jours de tristesse.

Mais que sert de former d'inutiles regrets ?
Il vit dans ses amis, il vit dans ses ouvrages :
De ma vive amitié ces vers seront les gages ;
   Je les luy consacre à jamais.

Enfin, les quelques lignes qui suivent servent de préface aux
dessins :

On ne s'est guères avisé de faire graver les études des
peintres. La plus part de leurs desseins sont faits avec trop
de vitesse pour être terminés ; ils ne consistent qu'en des

figures presque toujours détachées et imparfaites; leur raport avec l'histoire dont ils font partie fait souvent leur plus grand mérite, et par conséquent ils ne peuvent plaire qu'aux personnes de l'art. Cependant on espère que le public verra d'un œil favorable les desseins du celebre Watteau qu'on luy présente ici. Ils sont d'un goust nouveau; ils ont des grâces tellement attachées à l'esprit de l'auteur qu'on peut avancer qu'ils sont inimitables. Chaque figure sortie de la main de cet excellent homme a un caractère si vrai et si naturel que toute seule elle peut remplir l'attention et n'avoir pas besoin d'être soutenue par la composition d'un plus grand sujet. D'ailleurs la réputation qu'il s'est acquise, tant en France que dans les païs étrangers, fait croire avec raison que les moindres morceaux qu'il a produits sont précieux et ne peuvent être recherchez avec trop de soin (1).

La personne qui met ce recueil en lumière n'a rien négligé pour joindre aux desseins qu'il avoit reçus du Sr Wateau, qui étoit son ami, tous ceux qu'il a pu trouver dans les cabinets des curieux, et pour que les habiles graveurs qui les ont éxécutez ne leur fissent rien perdre du feu et de l'esprit de l'auteur, et les rendissent avec toute la justesse et la pré-

---

(1) « Jamais il n'a fait ni esquisse, ni pensée pour aucun de ses tableaux, quelque legères et quelque peu arrêtées que ç'a pu être. Sa coutume étoit de dessiner ses études dans un livre relié, de façon qu'il en avoit toujours un grand nombre sous sa main. Il avoit des habits galants et quelques uns de comiques dont il revêtoit les personnes de l'un et de l'autre sexe, selon qu'il en trouvoit qui vouloient bien se tenir, et qu'il prenoit dans les attitudes que la nature lui présentoit, en préferant volontiers les plus simples aux autres. Quand il lui prenoit en gré de faire un tableau, il avoit recours à son recueil. Il y choisissoit les figures qui lui convenoient le mieux pour le moment. Il en formoit ses groupes le plus souvent en consequence d'un fonds de paysage qu'il avoit conçu ou préparé. Il étoit rare même qu'il en usât autrement. » Caylus, p. 239.

cision possible. On croit que cette recherche, qui formera une œuvre des plus considérables, pourra satisfaire les connoisseurs.

— *Une autre notice aussi très précieuse, est celle de Gersaint, parce qu'elle émane, comme celle de M. de Julienne, d'un contemporain et d'un ami ; aussi les mettons à la suite l'une de l'autre ; elles se complètent et se font valoir réciproquement. Celle-ci a paru en 1744 dans le catalogue Quentin de Lorangère.*

Gillot a été le seul maître que l'on puisse véritablement donner à Watteau, si le peu de temps qu'il a demeuré chez lui peut lui avoir acquis la qualité de son disciple ; mais la manière de peindre et de dessiner du disciple est toute différente de celle du maître, et l'on y reconnoît beaucoup mieux le goût des grands peintres qu'il a toujours regardés comme ses modèles, et dont il a copié avec attention les ouvrages toutes les fois que l'occasion s'en est présentée.

J'ai vécu assez longtemps avec Watteau, et nous étions assez amis pour avoir appris quelques particularités dont je ferai part au public avec plaisir.

Watteau naquit à Valenciennes en 1684. Il étoit fils d'un maître couvreur et charpentier de cette ville. Le goût qu'il eut pour l'art de la peinture se declara dès sa plus tendre jeunesse ; il profitoit de tous ses instans de liberté pour aller dessiner sur la place des differentes scènes comiques que donnent ordinairement au public les marchands d'orviétan et les charlatans qui courent le pays. Voilà peut-être ce qui occasionna le goût qu'il a eu longtemps pour les sujets plaisans et comiques, malgré le caractère triste qui dominoit en lui. Son pere connut cependant l'inclination marquée qu'il avoit pour le dessein, et il le mit quelque tems pour le perfectionner chez un maître de Valenciennes, assez mauvais, mais il n'y resta pas longtemps. Le père, homme naturellement dur, et outre cela malaisé dans sa fortune, se lassa bientôt de la petite dépense que cela lui occasionnoit; il témoigna à son fils qu'il n'avoit qu'à prendre par la suite son parti, ne se trouvant pas en état de pouvoir fournir à ces frais. Watteau, fatigué déjà d'une domination qui ne convenoit point à son génie libre et volontaire, et, outre cela, animé du desir de s'avancer dans cet art dont il commençoit déjà à ressentir les premiers élémens, quitta la maison paternelle sans argent et sans hardes, dans le dessein de se réfugier à Paris chez quelque peintre pour pouvoir y faire quelque progrès.

Le hasard le fit tomber chez un nommé Metayer, peintre mediocre, qu'il quitta bientôt, faute d'ouvrage, pour entrer chez un autre, inférieur encore à ce premier, et qui n'étoit occupé qu'à des tableaux communs pour les marchands en gros.

On débitoit dans ce tems là beaucoup de petits portraits et de sujets de dévotion aux marchands de province, qui les achetoient à la douzaine ou à la grosse. Le peintre chez lequel il venoit d'entrer étoit le plus achalandé pour cette sorte de peinture, dont il faisoit un débit considérable; il avoit quelquefois une douzaine de miserables élèves qu'il occupoit comme des manœuvres. Le seul mérite qu'il exigeoit de ses compagnons étoit la prompte éxécution; chacun y avoit son emploi; les uns faisoient les ciels, les autres faisoient les têtes, ceux-ci les draperies, ceux-là posoient les blancs; enfin le tableau se trouvoit fini quand il pouvoit parvenir entre les mains du dernier.

Watteau ne fut alors occupé qu'à ces ouvrages médiocres; il fut cependant distingué des autres, parce qu'il se trouva propre à tout et en même temps d'expédition; il répétoit souvent les mêmes sujets; il avoit surtout le talent de rendre si bien son saint Nicolas, qui est un saint que l'on demandoit souvent, qu'on le reservoit particulierement pour lui : « Je sçavois, me dit-il un jour, mon saint Nicolas par cœur, et je me passois d'original (1). »

Il s'ennuyoit de ce travail desagréable et infructueux, mais il falloit vivre. Quoiqu'occupé toute la semaine, il ne recevoit que trois livres le samedi, et, par une espèce de charité, on lui donnoit de la soupe tous les jours. Voilà la vie dure qu'il mena pendant quelque tems. Quoiqu'il ne fût occupé qu'à ces misérables ouvrages, le desir de s'avancer et l'amour du travail lui faisoient mettre à profit les momens de liberté qu'il avoit, tant les soirs que les jours de fêtes, et qu'il employoit à dessiner d'après nature tout ce qui lui tomboit sous la main ; c'est ce qui lui a acquis cette grande facilité qu'il a toujours eue pour le dessein, et qui est la partie dans laquelle il a le plus excellé.

Watteau se lassa cependant de pareilles occupations, qu'il sentoit à merveille être au dessous de ses forces ; il chercha à sortir d'une si pauvre école, et se présenta chez Gillot, qui le reçut d'abord avec plaisir, et qui avoit remarqué en lui beaucoup d'intelligence et de facilité ; il n'a guères puisé chez ce maître qu'un certain goût pour le grotesque et le comique, et aussi pour les sujets modernes dans lesquels il a donné par la suite. Il faut cependant avouer qu'il se débrouilla totale-

---

(1) Une fois même « sur le midi, il n'étoit point encore venu demander l'original, car la maîtresse avait grand soin de l'enfermer tous les soirs. Elle s'aperçut de sa négligence, elle l'appella ; elle cria plusieurs fois, toujours inutilement, pour le faire descendre du grenier où depuis le matin il travailloit, et où en effet il avoit fini de mémoire l'original en question. Quand elle eut bien crié, il descendit, et, d'un grand sens froid accompagné d'un air doux qui lui étoit naturel, il le lui demanda pour y placer, dit-il, les lunettes, car c'étoit, je crois, une vieille d'après Gerard Douw. » Caylus, p. 212.

ment chez lui, et qu'il commença alors à donner des marques plus sûres d'un talent qu'il devoit pousser plus loin.

Jamais caractères et humeurs n'eurent plus de ressemblance; mais, comme ils avoient les mêmes défauts, jamais aussi il ne s'en trouva de plus incompatibles; ils ne purent vivre longtemps ensemble avec intelligence; aucune faute ne se passoit ni d'un côté ni d'autre, et ils furent enfin obligés de se séparer tous les deux d'une manière assez desobligeante des deux parts. Quelques uns même veulent que ce fût une jalousie mal entendue, que Gillot prit contre son disciple, qui occasionna cette separation; mais, ce qui est vrai, c'est qu'ils se quittèrent au moins avec autant de satisfaction qu'ils s'étoient auparavant únis (1).

Watteau entra ensuite chez M. Audran, du Luxembourg, qui se trouvoit fort occupé à des camayeux et à des arabesques dans lesquels on donnoit beaucoup dans ce tems là, et que l'on plaçoit tant dans les plafonds que sur la boiserie des grands cabinets. Il se procura chez lui une vie plus douce, et M. Audran, qui trouvoit son compte dans la facilité et l'exécution prompte du pinceau de notre jeune peintre, lui rendit la vie plus aisée à proportion du bénefice que ses ouvrages lui occasionnoient. Ce fut chez lui qu'il prit du goût pour les ornemens, dont nous avons plusieurs échantillons dans les morceaux de ce genre que l'on a gravés

---

(1) « Un rapport de gout, de caractère et d'humeur, produisirent d'abord l'intimité du maître et de l'élève; mais ce même rapport, joint aux talens qui se développoient dans le dernier, les empêcha de vivre longtemps ensemble. Ils se quittèrent mal, et toute la reconnoissance que Watteau ait pu témoigner à son maître pendant le reste de sa vie s'est bornée à un profond silence. Il n'aimoit même pas qu'on lui demandât des détails sur leur liaison et leur rupture; car, pour ses ouvrages, il les vantoit et ne laissoit point ignorer les obligations qu'il lui avoit. » Caylus, p. 215.

d'après lui. Watteau cependant, qui ne vouloit pas en demeurer là ni passer sa vie à travailler pour autrui, et qui se
sentoit en état d'imaginer, hazarda un tableau de génie, qui
représente un depart de troupes et qu'il fit à ses temps perdus. Il le montra au sieur Audran pour lui en demander son
avis; ce tableau est un de ceux que M. Cochin le père a gravés; le sieur Audran, habile homme et en état de juger
d'une belle chose, fut effrayé du merite qu'il avoit reconnu
dans ce tableau; mais la crainte de perdre un sujet qui lui
étoit utile, et sur lequel il se reposoit assez souvent pour l'arrangement et même pour la composition des morceaux qu'il
avoit à éxécuter, lui conseilla legerement de ne point passer
son temps à ces sortes de pièces libres et de fantaisies, qui
ne pourroient que lui faire perdre le goût dans lequel il
donnoit.

Watteau n'en fut point la dupe; le parti ferme qu'il avoit
pris de sortir, joint à un petit desir de revoir Valenciennes,
le déterminèrent totalement; le prétexte d'aller voir ses pa-
rens lui servit de moyen honnête. Mais comment faire? L'argent lui manquoit, et son tableau devenoit son unique ressource; il ignoroit comment il falloit s'y prendre pour s'en
procurer le debit. Dans cette occasion, il eut recours au sieur
Spoude, actuellement vivant, peintre à peu près des mêmes
cantons que lui et son ami particulier (1). Le hasard condui-

---

(1) Je fais peu de doute que dans ce *Spoude* il ne faille reconnaître la vraie prononciation contemporaine du *J. J. Spoede,* connu
par le portrait caricaturé de Bolureau, *le doyen des maîtres peintres,* qui a été gravé par Guélard. J'ai vu autrefois de ce peintre,
à l'exposition de la vente Covillard (avril 1849), un tableau de nature morte, représentant un lièvre, une sarcelle et des légumes.
Le catalogue n° 129 en indiquait ainsi la signature : *J. B. Spoede,*
1724; c'est une erreur, il y avait : *J. J. Spoede,* 1725. Le tout était
d'une bonne couleur, solide, bien empâtée, et faisait honneur à ce

sit M. Spoude chez le sieur Sirois, mon beau père, à qui il montra ce tableau ; le prix étoit fixé à 60 livres et le marché fut conclu sur le champ. Watteau vint recevoir son argent; il partit gayement pour Valenciennes, comme cet ancien sage de la Grèce; c'étoit là toute sa fortune, et surement il ne s'étoit jamais vu si riche.

Ce marché fut l'origine de la liaison que feu mon beau père a toujours eue avec lui jusqu'à sa mort, et il fut si satisfait de ce tableau qu'il le pria instamment de lui en faire le pendant, qu'il lui envoya effectivement de Valenciennes ; c'est le second morceau que le sieur Cochin a gravé ; il représente une halte d'armée; le tout en étoit d'après nature; il en demanda 200 livres, qui lui furent données. Ces deux tableaux ont toujours passé pour deux des plus belles choses qui soient sorties de sa main.

Le caractère inconstant de Watteau, joint au peu d'émulation qu'il trouvoit à Valenciennes, où il n'avoit rien devant les yeux qui fût capable de l'animer et de l'instruire, le déterminèrent à revenir à Paris; sa réputation commençoit à s'y établir; les deux tableaux que mon beau père possedoit furent vus des plus curieux qui desirèrent en acquérir, et en peu de temps son mérite éclata et fut connu de tous les connoisseurs.

L'occasion favorable qu'il eut ensuite d'entrer chez M. de Crozat lui convint d'autant mieux qu'il sçavoit les grands tresors en desseins que possedoit ce curieux; il en profita avec avidité et il ne connoissoit d'autres plaisirs que celui d'exa-

---

maitre très-inconnu, et qui est digne de tenir sa place parmi les ancêtres de Chardin. On trouve son nom dans les livrets des expositions de Saint-Luc faites à l'Arsenal en 1751, 1752 et 1753. Il y est qualifié de recteur.

miner continuellement, et même de copier tous les morceaux des plus grands maitres, ce qui n'a pas peu contribué à lui donner ce grand goût que l'on remarque dans plusieurs de ses ouvrages.

L'amour de la liberté et de l'indépendance le fit sortir de chez M. de Crozat. Il voulut vivre à sa fantaisie, et même obscurement; il se retira chez mon beau père, dans un petit logement, et défendit absolument de découvrir sa demeure à ceux qui la demanderoient (1).

La façon singuliere avec laquelle il fut reçu à l'Academie royale de peinture et sculpture est fort honorable. Il eut quelque envie d'aller à Rome pour y étudier d'après les grands maîtres, surtout d'après les Vénitiens dont il aimoit beaucoup le coloris et la composition. Il n'étoit pas en état de faire sans secours ce voyage; c'est pourquoi il voulut solliciter la pension du roi, et, pour en venir à bout, il prit un jour la resolution de faire porter à l'Academie les deux tableaux qu'il avoit vendus à mon beau père, pour tacher d'obtenir cette pension. Il part, sans autres amis ni protection que ses ouvrages, et les fait exposer dans la salle par où passent ordinairement Messieurs de l'Academie de peinture et.

---

(1) « Il n'étoit pas sitôt établi dans un logement qu'il le prenoit en deplaisance. Il en changeoit cent et cent fois, et toujours sous des prétextes que, par honte d'en user ainsi, il s'étudioit à rendre spécieux. Là où il se fixoit le plus, ce fut en quelques chambres que j'eus eu diferens quartiers de Paris, qui ne nous servoient qu'à poser le modèle, à peindre et à dessiner. Dans ces lieux, uniquement consacrés à l'art, dégagés de toute importunité, nous éprouvions, lui et moi, avec un ami commun que le même goût entraînoit (M. Henin), la joie pure de la jeunesse jointe à la vivacité de l'imagination, l'une et l'autre unies sans cesse aux charmes de la peinture. Je puis dire que ce Watteau, si sombre, si atrabilaire, si timide et si caustique parfois, n'étoit plus alors que le Watteau de ses tableaux, c'est à dire l'auteur qu'ils font imaginer agréable, tendre, et peut-être un peu berger. » Caylus, p. 231.

de sculpture, qui tous jettent les yeux dessus et en admirent le travail sans en connoître l'auteur. M. de La Fosse, celebre peintre de ce temps là (1), s'y arrêta même plus que les autres, et, étonné de voir deux morceaux si bien peints, il entra dans la salle de l'Académie et s'informa par qui ils avoient été faits. Ces tableaux avoient un coloris vigoureux et un certain accord qui les faisoit croire de quelqu'ancien maître. On lui répondit que c'etoit l'ouvrage d'un jeune homme qui venoit supplier ces Messieurs de vouloir bien intercéder pour lui, afin de lui faire obtenir la pension du roi pour aller étudier en Italie.

M. de La Fosse, surpris, donne ordre que l'on fasse entrer ce jeune homme; Watteau paroit; sa figure n'étoit point imposante; il expose modestement le sujet de sa démarche, et prie avec instance qu'on veuille bien lui accorder la grâce qu'il demande, s'il a assez de bonheur pour en être cru digne. — « Mon ami, lui répond avec douceur M. de La Fosse, vous ignorez vos talens et vous vous méfiez de vos forces; croyez-moi, vous en sçavez plus que nous; nous vous trouvons capable d'honorer notre académie; faites les demarches necessaires; nous vous regardons comme un des nôtres. » Il se retira, fit ses visites et fut agréé aussitôt (2).

Watteau ne s'enfla point de sa nouvelle dignité et du nouveau lustre dont il venoit d'être decoré. Il continua à vouloir

---

(1) Les Quatre Saisons, demi-nature, qu'il peignit dans la salle à manger de Crozat, l'ont été d'après des esquisses de La Fosse (Caylus, 222). — La Fosse, mort en 1716, dans la maison de Crozat où il demeuroit, y avoit terminé en 1707 le plafond de la galerie (Abecedario, II, 52). En 1712, il pouvoit donc avoir déjà connu Watteau chez Crozat.

(2) Ce fut en 1712. Caylus, 222. « Ce fut quelque temps après cette justice que l'Académie rendit à Watteau, que je fis connaissance avec lui, » p. 224.

vivre dans l'obscurité, et, loin de se croire du mérite, il s'appliqua encore plus à l'étude, et devint encore plus mécontent de ce qu'il faisoit. J'ai été souvent le témoin de son impatience et du dégoût qu'il avoit pour ses propres ouvrages. Quelquefois je l'ai vu effacer totalement des tableaux achevés, qui luy déplaisoient, croyant y apercevoir des défauts, malgré le prix honnête que je lui en offrois, et même je lui en arrachai un des mains, contre son gré, ce qui le mortifia beaucoup.

Depuis ce temps jusques au voyage qu'il fit en Angleterre en 1720, la legereté de son caractère le fit changer très souvent de demeure, ne se plaisant pas longtemps dans les endroits qu'il choisissoit par préférence, et qu'il avoit desirés avec ardeur. Il fut fort occupé pendant le séjour qu'il fit en Angleterre; ses ouvrages étoient courus et bien payés; c'est là où il commença à prendre du goût pour l'argent, dont il n'avoit fait jusques alors aucun cas, le méprisant même jusques à le laisser avec indifférence, et trouvant toujours que ses ouvrages étoient payés beaucoup plus qu'ils ne valoient. Cette façon de penser est rare et peu remplie d'amour-propre; elle n'en est cependant pas moins vraie, et son desinteressement étoit si grand que plus d'une fois il s'est fâché vivement contre moi, pour lui avoir voulu donner un prix raisonnable de certaines choses que par générosité il refusoit (1).

Le mauvais air qui règne à Londres, à cause de la vapeur du charbon de terre dont on fait usage, et qui est fort dangereux pour les poitrinaires, obligea Watteau de revenir à Paris; mais il étoit déjà attaqué si vivement de la maladie, qu'on nomme dans ce pys là consomption, que depuis il n'a

---

(1) L'histoire de la perruque, si agréablement racontée par Caylus, p. 227-8, en est une autre preuve.

plus trainé qu'une vie languissante, et qui insensiblement l'a conduit au tombeau.

A son retour à Paris, qui étoit en 1721 dans les premières années de mon établissement, il vint chez moi me demander si je voulois bien le recevoir et lui permettre, *pour se degourdir les doigts*, ce sont ses termes, si je voulois bien, dis-je, lui permettre de peindre un plafond que je devois exposer en dehors. J'eus quelque répugnance à le satisfaire, aimant mieux l'occuper à quelque chose de plus solide; mais, voyant que cela lui feroit plaisir, j'y consentis. L'on sçait la réussite qu'eut ce morceau; le tout étoit fait d'après nature; les attitudes en étoient si vraies et si aisées, l'ordonnance si naturelle, les groupes si bien entendus, qu'il attiroit les yeux des passants, et même les plus habiles peintres vinrent à plusieurs fois pour l'admirer. Ce fut le travail de huit journées, encore n'y travailloit-il que les matins, sa santé délicate, ou pour mieux dire sa foiblesse, ne lui permettant pas de s'occuper plus longtemps. C'est le seul ouvrage qui ait un peu aiguisé son amour propre; il ne fit point de difficulté de me l'avouer. M. de Julienne le possède actuellement dans son cabinet, et il a été gravé par ses soins.

La langueur dans laquelle il vivoit alors, occasionnée par un tempérament delicat et usé, lui firent appréhender, au bout de six mois, de m'incommoder s'il restoit plus longtemps chez moi. Il me le témoigna et me pria en même temps de lui chercher un logement convenable. J'aurois résisté inutilement; il étoit volontaire et il ne fallut pas répliquer. Je le satisfis donc, mais il ne jouit pas longtemps de cette nouvelle demeure; sa maladie augmenta, son ennui redoubla, son inconstance se ranima. Il crut qu'il seroit beaucoup mieux à la campagne; l'impatience s'en mêla, et enfin il ne devint tranquille que quand il apprit que Mʳ Le Febvre, alors intendant des Menus (1), lui avoit accordé dans sa maison de Nogent, au dessus de Vincennes, une retraite, à la sollicitation de feu M. l'abbé Haranger, chanoine de St Germain de l'Auxerrois, son ami. Je l'y conduisis et j'allois le voir et le consoler tous les deux ou trois jours.

Le desir de changer le tourmenta encore de nouveau. Il crut pouvoir se tirer de cette maladie en prenant le parti de retourner dans son air natal; il me communiqua ses idées, et, pour en venir à bout, il me pria de faire faire un inventaire du peu d'effets qu'il avoit et d'en faire la vente, qui monta à environ 3000 livres dont il me fit le gardien. C'étoit-là tout le fruit de ses travaux, avec 6000 livres que M. de Julienne lui avoit sauvées du naufrage dans le tems qu'il partit pour l'Angleterre, et qui furent rendues à sa famille après sa mort, ainsi que les 3000 livres que j'avois entre les mains.

Watteau esperoit de jour en jour gagner assez de force pour pouvoir entreprendre ce voyage où je devois l'accompagner; mais, sa défaillance augmentant de plus en plus, et la nature manquant chez lui tout à coup, il mourut entre mes bras audit Nogent peu de tems après, le 18 juillet 1721, agé de 37 ans.

Il me donna quelque temps avant sa mort des preuves d'amitié et de confiance, en me mettant au nombre de ses meilleurs amis, qui étoient M. de Julienne, feu M. l'abbé Haranger, chanoine de S. Germain l'Auxerrois, et feu M. Henin, et voulut que ses desseins, dont il me fit le depositaire, fus-

---

(1) Philippe Le Fèvre, intendant général de la chambre du roi, mort en 1750, fut nommé le 30 février 1727 honoraire amateur de l'Académie. Il y précéda les deux autres amis de Watteau, Caylus et Julienne, qui n'y entrèrent qu'en 1731 et en 1740.

sent partagés également entre nous quatre, ce qui fut exécuté suivant ses intentions (1).

Watteau étoit de moyenne taille (2) et d'une foible constitution; il avoit le caractère inquiet et changeant; il étoit
entier dans ses volontés, libertin d'esprit mais sage de mœurs,
impatient, timide, d'un abord froid et embarrassé, discret et
réservé avec les inconnus, bon, mais difficile ami, misan-
trope, même critique malin et mordant, toujours mécontent
de lui même et des autres, et pardonnant difficilement. Il
parloit peu, mais bien; il aimoit beaucoup la lecture; c'étoit
l'unique amusement qu'il se procuroit dans son loisir; quoique sans lettres, il decidoit assez sainement d'un ouvrage
d'esprit. Voilà, autant que j'ai pu l'étudier, son portrait au
naturel; sans doute que son application continuelle au travail, la delicatesse de son temperament, et les douleurs vives
dont sa vie a été entremêlée, lui rendoient l'humeur difficile
et influoient sur les défauts de société qui le dominoient.

A l'égard de ses ouvrages, il auroit été à souhaiter que ses
premières études eussent été pour le genre historique et qu'il
eût vecu plus longtemps; il est à présumer qu'il seroit devenu un des plus grands peintres de la France; ses tableaux
se ressentent un peu de l'impatience et de l'inconstance qui

---

(1) « Watteau légua à quatre de ses meilleurs amis tous ses desseins, qui étoient en grand nombre; ils en firent des lots, payèrent
ses dettes, et leur reconnoissance les porta à le faire enterrer ho-
norablement dans le même lieu. » D'Argenville. IV, 406. Le mot
de Watteau aux représentations amicales et sensées de Caylus sur
son peu de soin de ses intérêts : « Le pis aller, n'est-ce pas l'hôpital? On n'y refuse personne. » montre jusqu'à quel point Watteau
devait porter son indifférence en fait d'argent, et surtout sa crainte
et son ennui de s'en trop préoccuper.
(2) « Il étoit de moyenne taille; il n'avoit point du tout de phi-
sionomie; ses yeux n'indiquoient ni son talent ni la vivacité de son
esprit. » Caylus, p. 255.

formoient son caractere. Un objet qu'il voyoit quelque temps devant lui l'ennuyoit; il ne cherchoit qu'à voltiger de sujets en sujets; souvent même il commençoit une ordonnance, et il en étoit dejà las à la moitié de sa perfection. Pour se debarasser plus promptement d'un ouvrage commencé et qu'il étoit obligé de finir, il mettoit beaucoup d'huile grasse à son pinceau, afin d'étendre plus facilement sa couleur; il faut avouer que quelques uns de ses tableaux perissent par là de jour en jour, qu'ils ont totalement changé de couleur ou qu'ils deviennent très-alés (c. à d. hâlés), sans aucune ressource; mais aussi ceux qui se trouvent exempts de ce défaut sont admirables et se soutiendront toujours dans les plus grands cabinets.

Pour ses desseins, quand ils sont de son bon temps, c'est à dire depuis qu'il est sorti de chez M. de Crozat, rien n'est au dessus dans ce genre; la finesse, les grâces, la legereté, la correction, la facilité, l'expression; enfin on n'y desire rien, et il passera toujours pour un des plus grands et un des meilleurs dessinateurs que la France ait donnés.

C'est ainsi que se termine l'inappréciable notice de Gersaint; mais plus loin, quand il parle de Pater, il a encore une page sur Watteau aussi touchante que curieuse :

Pater étoit originaire de Valenciennes, ainsi que Watteau; son père, qui, je crois, est encore vivant et qui y exerce la profession de sculpteur, l'envoya très jeune à Paris, afin qu'il pût se livrer plus fructueusement à l'art de la peinture pour laquelle il se trouvoit né. Il crut que Watteau auroit pour un compatriote des facilités qui pourroient aider son fils à se perfectionner. Il le plaça donc chez lui dans le dessein de le former; mais le jeune Pater trouva un maître d'une humeur trop difficile et d'un caractère trop impatient pour se pouvoir prêter à la foiblesse et à l'avancement d'un eleve;

il fut obligé d'en sortir et de tâcher de travailler lui seul à s'instruire.

Cependant Watteau, sur la fin de ses jours, se reprocha de n'avoir pas rendu assez de justice aux dispositions naturelles qu'il avoit reconnu dans Pater; il ne fit nulle difficulté de me l'avouer, en ajoutant même qu'il l'avoit redouté. Il se fit alors un scrupule de n'avoir point aidé à cultiver en lui ces heureux talens. Il me pria de le faire venir à Nogent pour réparer, en quelque sorte, le tort qu'il lui avoit fait en le négligeant et pour qu'il pût du moins profiter des instructions qu'il étoit encore en état de lui donner. Watteau le fit travailler devant lui et lui abandonna les derniers jours de sa vie; mais Pater ne put profiter que pendant un mois de cette occasion si favorable; la mort enleva Watteau trop promptement. Il m'a avoué depuis qu'il devoit tout ce qu'il sçavoit à ce peu de tems qu'il avoit mis à profit. Il oublia totalement les facheux momens qu'il avoit essuyés chez ce maître pendant sa jeunesse, et il a toujours eu pour lui une reconnoissance parfaite; il a sçu rendre justice à son mérite toutes les fois qu'il trouvoit occasion d'en parler.

WATELET (CLAUDE HENRY), né à Paris le 28 may 1718, se plaît à peindre, à dessiner et à graver, et joint à tous ces talens un autre encor superieur, celui de versifier et d'écrire élégamment en françois. Il en a donné des preuves dans son poëme de l'Art de peindre, imprimé à Paris en 1760. Son amour pour les arts lui a fait entreprendre divers voyages en Allemagne, aux Pays Bas, et surtout en Italie, qu'il a voulu voir deux fois. Le second voyage qu'il y a fait a été en 1764. Né dans l'opulence, il a fait servir ses richesses (1) à se former un riche

_____

(1) Dans les *Lettres d'un voyageur*, madame Sand s'est plaisam-

cabinet de tableaux et d'autres curiosités, et à mener une vie douce avec un nombre d'amis choisis. Son merite lui a fait trouver une place dans l'Académie françoise, où il a été admis en 1760. Il est honoraire associé libre de l'Académie royale de peinture depuis 1747. — Par sa mère, il tient de fort près à la famille des Boulogne.

WATERLOO (ANTOINE), peintre de paysages, en a gravé quantité de son invention où il paroist une grande intelligence de lumière ; il y a mis son nom, ou cette marque A W (en monog.)

WEIROTTER (FRANÇOIS EDMOND). Nous l'avons vu à Paris, et s'y distinguer par des desseins de paysages faits d'après nature, où il mettoit beaucoup de goût et peut-être trop de manière. Etant dans cette ville, il en a gravé plusieurs qui méritent d'estre estimés. Il étoit un esprit inquiet et qui ne pouvoit demeurer en place. Il suivit M. Watelet en Italie en 17.., et il passa ensuite à Vienne, où il fut accueilli. Il y fut admis dans l'Académie de peinture qui y est établie ; il y remplit la place de professeur. Il y avoit contracté un mariage avantageux, dont il n'a pas joui longtemps, car il est mort en 1771, le 11 may, agé de 42 ans. Il étoit né dans le Tyrol.

WERNER (JOSEPH). Frederic III, roy de Prusse et électeur de Brandebourg, avoit attiré ce peintre à Berlin et luy avoit

ment trompée en faisant de Watelet et de Marguerite Lecomte deux pauvres vieilles gens gravant ensemble et se consolant par le travail du dénûment de leur existence. L'erreur n'ôte rien ni au beau talent ni à l'intelligence du grand écrivain ; mais pourquoi ne pas s'informer ?

donné la conduite de l'Académie de peinture que ce prince
avoit établi dans cette ville, capitale de ses États. Werner
étoit pour lors fort agé. Il aimoit et connoissoit les médailles,
et s'en étoit formé une très belle collection. Il en sépara les
plus rares pour en enrichir le cabinet du roy de Prusse. Be-
ger, *Theatrum Brand*, t. 3, p. 166. — Il est mort à Berlin en
1710, agé de 73 ans, étant né en 1637. On connoit une petite
suite d'estampes gravées d'après quelques unes de ses minia-
tures par Fr. Ertinger (étant à Anvers), et j'ai plusieurs morceaux gravés à Ausbourg avec tout le soin possible d'après
des dessins qu'il a fournis et qui sont de la plus agréable
composition. Cela me forme un fort joli œuvre.

WEYDEN (ROGER VANDER). *Ruggero Salice o Vander ;* le
père Orlandi devoit dire *Roger Vander Weyden*, que Sandrart traduit en latin par *Rogerius de Salice,* qui revient au
même ; encore le nomme-t-il en marge *Rogerius Weidensis*.
Ce peintre étoit de Bruxelles ; il avoit un talent particulier
pour inventer et pour bien disposer ses compositions ; il réussissoit à exprimer les passions. Ce qu'il fit de plus considérable furent quatre tableaux pour la maison de ville de
Bruxelles — ils furent brulés dans le dernier bombardement
— dans lesquels il représenta des exemples de justice des
plus mémorables. Il peignit aussi parfaitement bien des portraits ; il fit celuy d'un prince qui fut trouvé si ressemblant
qu'il en eut une grande recompense. Enfin, ayant la réputation d'être un des premiers peintres de son temps, et comblé
de biens qu'il laissa presque tous aux pauvres, il mourut
en 1529, *lue anglicana epidemica ;* Sandrart, p. 205. Vasari
fait mention de ce peintre, t. 3, p. 268. Il dit que ce fut un
des premiers peintres qui parut aux Pays Bas après Jean et
Hubert Eick, de Bruges, et il luy donne pour disciple un
nommé *Havesse,* dont il y avoit un tableau à Florence chez le

grand duc; je ne me souviens pas de l'avoir veu nommé ailleurs. Le portrait de Roger de Bruxelles est parmy ceux des anciens peintres flamands mis au jour chez la veuve de Jerome Cock en 1572, avec son éloge ecrit en vers latins par Dominique Lampsonius. Van Mander a aussi écrit sa vie en flamand, d'une manière assez ample. — *Lue anglica epidemica*; c'est une maladie epidémique que l'on nomma la sueur d'Angleterre; elle y fit de grands ravages, et se fit aussy ressentir aux Pays Bas et dans d'autres pays de l'Europe.

WIERX (JEAN), qui quelquefois se nommé Viricx, nacquit en 1548, ainsi qu'il nous l'apprend lui même sur une estampe qu'il a gravée en 1615, étant pour lors agé de 67 ans. Cette pièce ne se ressent point cependant de l'âge; le travail en est aussi soigné, et le burin aussi fin que dans les autres gravures qu'il a éxécuté dans la force de l'âge. Il s'étoit établi à Anvers, et je ne crois pas qu'il en soit jamais sorti. Au frontispice d'une suite de planches qui représentent en sept pièces le théâtre de la vie humaine, ou plustost les âges de l'homme comparés aux ordres d'architecture, idée bisarre, et qu'il a gravées en 1577 pour Pierre Baltens, il est dit que les dites planches ont été gravées par *Joa. Phrys*. Voudroit-on designer par là qu'il étoit natif de Frise?

Il a eu pour compagnons de ses travaux Jerome et Antoine Wiericx, qui ont gravé dans sa même manière, et que je crois, à n'en presque pas douter, avoir été ses deux frères. Je soupçonne que Jerome étoit l'ainé de tous, et Antoine le plus jeune, et que tous les trois se suivoient d'assez près pour l'âge. Ils ont gravé d'une finesse extrême, mais malheureusement sans gout, quelquefois d'après les desseins de maitres qui n'étoient guère capables de leur en inspirer un meilleur, et plus souvent d'après leurs propres desseins, qui n'ont rien que de fort mesquin. Ce qu'ils ont gravé de mieux, à mon avis, sont des portraits, dont plusieurs sont très intéressants, et qui presque tous sont d'un fort joli travail. Jerôme et Jean se sont formés sur les ouvrages d'Albert Durer, et ont pour cela copié plusieurs des estampes de ce grand maître. Il y'en a telles, et je citerai pour exemple l'Adam et Eve, gravé par Jean Wierx, à l'age de 16 ans, qui, pour la finesse de l'outil, ne le cède point à l'original, et peut être regardée comme un chef d'œuvre de gravure.

— J'ai un pressentiment que Jean Wierx est disciple de Philippe Galle. Ce dernier lui fit graver, conjointement avec Collaert. les chevaux de l'entrée de dom Jean d'Autriche, et j'ai vu quelques figures de divinités, que Jean Wierx a gravées dans sa jeunesse, qui, pour le faire, tiennent beaucoup de la manière dudit Philippe Galle.

WILDENS, peintre de paysages, d'Anvers, d'après lequel H. Hondius a gravé en 1614, conjointement avec Jacques Matham et André Stock, une suite des douze mois de l'année. Corneille de Bie fait mention de ce peintre, p. 126. — Il paroit que Rubens en faisoit cas.

WILLAERT (ADAM). *Adam Ghilart*; lisez : **Willaert**, ainsi qu'il est nommé par Corn. de Bie, p. 112. On trouve dans le livre de cet auteur le portrait de Willaert, et l'on y apprend qu'il étoit né à Anvers en 1577, et qu'il mourut à Utrecht, où il avoit établi son domicile. Il n'étoit plus lorsque de Bie fit imprimer son ouvrage. On a une estampe d'une marine gravée en bois et en clair obscur sous la conduite de Goltzius, avec cette marque CV (1). Seroit-ce le monogramme de Willaert?

---

(1) En monogramme. On y liroit aussi bien GV ou DV. Bartsch, III,

— Ce monogramme se trouve sur une estampe imprimée en clair obscur, qui représente une marine et qui va ordinairement à la suite de quelques petits paysages de H. Goltzius, exécutés en clair obscur. Seroit-ce celui d'Adam Willaerts, qui vivoit alors et peignoit des marines?

WILLE (JEAN GEORGE) est né en 1715, dans le landgraviat de Hesse, à Konigsberg (1).

WILLEMSENS (LOUIS), sculpteur et disciple d'Arnoud Quellinus, a excellé, comme son maître, à faire en marbre des enfans qui, sous son ciseau, ont la souplesse de la chair. Il en a fait plusieurs pour le prince d'Orange, depuis roi d'Angleterre, et l'on voit nombre de ses ouvrages dans les eglises d'Anvers. Il est mort en 1702, agé de 67 ans. *Description des sculpt. et peintres d'Anvers*, pag. 18.

WISCHER (NICOLAS). Une suite de l'Ancien Testament, au nombre de 192 pièces, et une autre pareille suite de sujets du Nouveau Testament, au nombre de 144, dessinées et gravées à l'eau forte à Amsterdam, en 1659, par Pierre H. Schut. — Chez Nicolas Wisscher. — Le marchand qui a marqué ainsy ses planches n'est pas Corneille Wischer, comme je le

---

p. 75, et Brulliot, 1re partie, n° 1504, n'en ont pas donné d'explication.

(1) On connaît maintenant les Mémoires de Wille par l'édition donnée chez Renouard, par M. Georges Duplessis. Le manuscrit de la première partie, la seule faite et certainement la plus intéressante, est en la possession de M. Thomas Arnauldet, qui la lui avait communiquée, et le manuscrit du journal est conservé au département des estampes de la Bibliothèque impériale. C'était un bon graveur et un bon homme, mais bien étroit et encore plus naïf, pour ne pas dire davantage.

croyois, mais ce Nicolas Wischer, marchand d'estampes à
Amsterdam, et peut estre aussy graveur, peut-estre mesme
aussy père de Corneille Wisscher. Suivant cela, il faudra bien
examiner des pièces où il y a cette marque en question, que
l'on dit estre gravées par Corneille Wisscher dans ses premiers commencements; elles ne sont peut-estre point de lui,
mais de ce Nicolas. Nicolas se dit en flamand *Clas ;* c'est
pourquoy il y a un C dans la marque.

WIT (DE) avoit dessiné en 1711 et 1712 les peintures de
l'église des Jésuites à Anvers (1), et, en 1751, Punt ouvrit une
souscription pour la gravure de ces morceaux. De Wit, qui
s'est fort distingué, est mort en 1754. Ce qu'il a peint dans
la maison du Bois, près de La Haye, et dans la chambre du
conseil à l'hôtel de ville d'Amsterdam, est digne de l'attention des connoisseurs.

WITTE (LIEVEN OU LEVINUS DE), peintre de Gand, qui vivoit au milieu du XVIe siècle, dont C. Van Mander fait mention, et que font encore mieux connoître ses desseins et son
invention, sur lesquels ont été gravées en bois de petites
planches, qui, en assez grand nombre, enrichissent une vie
de J. C., écrite en latin par un chartreux, nommé Guillaume
de Branteghem, dont l'impression s'est faite à Anvers en 1537,
in-8°. Les compositions en sont riches et variées, mais le goût
du dessin tire au gothique, ainsi que la façon dont les figures sont drappées. Voyez Descamps, t. 1. Il a traduit l'endroit
où Van Mander parle de ce peintre.

WITTE (PIERRE DE). S. B. D. pictor. Ce n'est point la mar-

---

(1) C'est-à-dire les peintures de Rubens.

que d'aucun peintre. Le père Orlandi commet ici une beveue qui n'est pas excusable. Ces trois lettres qu'il rapporte suivent, dans l'estampe qu'il cite, le nom de Pierre Candide, et signifient en abrégé que ce peintre étoit attaché au duc de Bavière : Serenissimi Bavariæ ducis pictor.

WOLFF (JEAN ANDRÉ), peintre au service de l'électeur de Bavière. Il nacquit à Munich en 1652, et y est mort en 1716. Son portrait, gravé par G. C. Kilian, nous apprend l'un et l'autre.

WOLGEMUTH (MICHEL). G. C. Kilian vient de nous donner en 1772 le portrait de ce peintre en médaille, qui porte la date 1508, et le monogramme d'Albert Durer, fort different de celui qu'avoit fait graver Sandrart, et auquel je n'avois jamais pu accorder ma confiance. Sur celui-ci, gravé par Kilian, on trouve la date de la naissance de Wolgemuth, qui est 1434, et celle de la mort en 1515. Il faut croire qu'elles n'y ont pas été mises au hasard.

— Quant à ce qu'avance ici le P. Orlandi, que Wolgemuth a gravé, c'est une pure imagination de sa part, et Sandrart, qu'il cite, ne le dit point, mais seulement qu'il dessinoit et qu'il peignoit avec succès pour le tems qu'il vivoit, et l'on peut juger de ses talens par les figures gravées en bois qui se trouvent en grand nombre dans un livre de chroniques qui a été imprimé à Nuremberg, en 14... Il y est nommé à la fin du livre comme dessinateur, et l'on y fait en même temps mention des deux artistes qui gravèrent les planches en bois. Il faut s'attendre à trouver dans les desseins un goût bien gothique et bien barbare.

—W. On dit en Allemagne que plusieurs pièces, d'un goût fort gothique et qui se ressentent de l'enfance de la gravure, sur lesquelles on trouve ces marques, sont de Michel Wolgemuth, maître d'Albert Durer.

WOUWERMANS (**philippe**), ou, comme l'écrit Felibien, *Vauvremens*, en quoi il ne doit pas être suivi, réussissoit à peindre des paysages, où il introduisoit des parties de chasses, des campemens d'armée et d'autres sujets, susceptibles de chevaux, qu'il faisoit très bien. Son goût de peindre est vray, et l'on peut dire qu'il a sçeu mettre de l'air dans ses tableaux. Il mourut en Flandres vers 1670.

— Il nacquit à Harlem, d'où il n'est jamais sorti, en 1620, et il y est mort en 1668. Ses tableaux sont agréablement composés et d'un grand fini, ce qui leur a procuré une place distinguée dans les cabinets. Il en a fait un nombre prodigieux, et cependant ils se tiennent fort cher. Ce ne seroit pas cependant mon peintre ; je lui trouve une touche trop molle ; son faire et ses compositions sont trop uniformes. Je puis me tromper, mais voilà ce que j'en pense. Il a eu un frère nommé Pierre, qui a peint dans le même genre, mais bien inférieurement.

— Les desseins de Wauvermans ne sont nullement communs. L'on donne pour raison de leur rareté que cet artiste, par un principe d'une assez basse jalousie, avoit brulé avant que de mourir toutes ses études. Il s'étoit imaginé que quelqu'un en pourroit profiter, et que cela nuiroit à sa gloire. (*Catalogue Crozat*, pag. 103.)

WOUWERMANS (**pierre**), frère de Philippe, et l'imitateur de sa manière de peindre et de composer, est demeuré un peintre assez médiocre, lorsqu'on compare ses ouvrages à ceux qui sont sortis des mains de son frère (1).

---

(1) Voici un troisième Wouvermans, maître peintre à Paris, reçu par conséquent dans la maîtrise de Saint-Luc. Il faut peu douter qu'il soit de la famille des précédents. Le nom étranger et la parité de la défiguration du nom — le dix-septième siècle disait

WOUTERS (FRANÇOIS). J'ai vu un grand tableau en hauteur de sa façon dans le cabinet de M. le comte de Vence, qui a été peint en 1652, et dont les figures sont de grandeur naturelle. Le tableau n'est pas sans mérite, mais il est pesamment peint et d'un assez mauvais goût de dessein. Aussi l'auteur étoit-il sorti de son genre. (*Notes sur Walpole.*)

— Apparemment que la dedicace de la grande estampe du Christ montrée au peuple, gravée en 1650 par Hollar, d'après le Titien, ne fut pas mise sur le champ; car, sur l'épreuve que j'ai, il n'y a aucune dédicace. Il y est seulement fait mention du cabinet du chanoine François Hilwerve, où le tableau se trouvoit alors à Anvers. (*Notes sur Walpole.*)

WRIGHT (MICHEL). *Comme Walpole remarque, dans la vie de son maître Jameson, que le portrait de Wright est à Florence dans la collection de portraits de peintres par eux-mêmes, Mariette ajoute : Il ne se trouve dans aucun des volumes qui en ont été publiés à Florence.* (*Notes sur Walpole.*)

Vauvremans et c'est ici *Wouvuermenx*, — le montrent suffisamment. La pièce qui nous a révélé son existence est cette quittance, qui a appartenu à Monteil et nous est communiquée par M. Le Roux de Lincy :

« *Quittance des rentes de l'Hôtel de Ville.*

« René Anthoine Houasse, peintre du roy, au nom et comme procureur d'Estienne Wouvuermenx, M° peintre a Paris, confesse avoir reçu de . . . . la somme de cent livres pour les six premiers mois de l'année XVI° quatre vingt quatre à cause de 11° # de rentes constituées sur les aydes et gabelles ce 29 mars XVI° quatre vingts trois, dont quitance à Paris, ce quinzième novembre XVI° quatre vingt trois. HOUASSE.

« Je soussigné Claude Tourton, cy-devant contrôleur général des rentes de l'Hostel de Ville de Paris, certifie la quittance d'autre part véritable. A Paris ce seixiesme jour de novembre XVI° quatre vingt trois. C. TOURTON. »

WYCK (THOMAS) a gravé une suite de très jolies petites pièces dans le goût du Bamboche; M. Walpole ne risquoit rien, ce me semble, de lui en faire honneur. (*Notes sur Walpole.*)

— *T. W.* (en monog.) Marque qu'a employée Thomas Wyck sur les planches qu'il a gravé, et qui sont autant de chefs d'œuvres.

WYCK (JEAN). Le portrait de Jean Wyck (*fils du précédent*), qu'a gravé Faber en manière noire, et dont celui qui est ici (1) est une répétition, est accompagné de cette inscription : Joan. Wyck, præliorum pictor, 28 8b. 1672 natus, obiit 1700. Le tableau est de Kneller et a été peint en 1685. Je rapporte d'autant plus volontiers cette inscription qu'elle donne la date de la naissance de Wyck, chose que M. Walpole a obmise. Elle diffère aussi de la date que cet auteur assigne à la mort de ce peintre. (*Notes sur Walpole.*)

WYNANTS (JEAN) a été un excellent peintre de paysages, et ce fut lui qui mit le pinceau entre les mains d'Adrien Van Velde. Celui-ci fit en peu de temps des progrès surprenants, et bientôt le maître s'aperçut que l'élève en sçavoit plus que lui; alors il eut recours à son disciple, et lui fit peindre dans ses paysages des figures et des animaux qui en relevèrent infiniment le prix, mais cela ne dura pas toujours; ils se separèrent et Wynants y perdit. Houbraken, dans la *Vie d'Adrien Van Velde,* et Descamps, ibidem.

ZABAGLIA (NICOLAS), Romain, s'est distingué autant par son desinteressement que par son extrême habileté dans la

---

(1) C'est-à-dire dans les volumes de Walpole.

pratique de la mécanique. Il ne voulut jamais quitter le ta-
blier, et, se contentant d'un salaire médiocre, tel qu'on en
donne aux ouvriers qui travaillent à la journée, il a fait
quantité d'ouvrages qui ont peu couté, dont l'éxécution étoit
regardée comme de la plus grande difficulté, et cela en em-
ployant des moyens très simples et cependant infaillibles,
temoins ceux qu'il imagina pour tirer de terre le grand obe-
lisque du champ de Mars. Jaloux de son temps, si le pape
demandoit à l'entretenir sur quelque entreprise, il alloit à
l'audience dans son habit de travail, et, sans cérémonie, il se
faisoit announcer et auroit trouvé mauvais qu'on l'eût fait attendre; il s'en expliquoit avec franchise à l'officier, où clerc
de chambre, qui gardoit la porte de l'appartement du pape,
et sa sainteté non seulement ne le trouvoit pas mauvais, mais
il étoit sûr d'avoir sur le champ son audience. Il est mort
fort vieux, et la considération que méritoient ses talens lui
ont fait avoir une sépulture honorable dans l'eglise de Marie
Transpontine à Rome, où on lui a dressé cet épitaphe :

Nicolas Zabaglia, Romanus, litterarum plane rudis, sed
ingénii acumine adeo præstans ut omnis artis architectonicæ
peritos machinationum inventione ac facilitate, magnâ Urbis
cum admiratione, superaverit. Vir fuit cum antiqui moris
tum à pecuniæ aviditate ac luxu alienus. Vixit annos 86;
obiit die 27 mensis Januarii anno jubilæi 1750. Ne igitur
ipsius memoria interiret, à fratribus hujus cænobii S. Mariæ Transpontinæ, ordinis S. Mariæ de Monte Carmelo, ho-
minis exuviis hæc adnotatio apposita est.

J'ai un dessein curieux fait par M. Sally, lequel représente
Zabaglia dans son uniforme. Le portrait, — teste in folio, —
est très ressemblant. Le recueil des machines de son invention a été publié à Rome en 1743.

ZACCHETTI. Il Zacchetti, pittore Reggiano, ha lasciato un

S. Paolo, nella chiesa di S. Prospero, molto vivace e di forza mirabile; lavoro con Michel Angelo Buonarrotti nella capella di Sisto a Roma, nella sacristia di S. Pietro in Vincola un freggio in mosaïco, et nella capella di S. Elena il Volto, pur di mosaico, con molto artificio ed arte l'anno 1530. G. Borzani nel suo *Antiquarium Regii Lepidi*, mss. nella Libreria Reale, a pagina 88.

ZAGO (santo) avoit une excellente pratique de peindre à fresque. Il estoit curieux d'antiquités dont il avoit formé un nombreux cabinet, et il se plaisoit infiniment à la lecture, ce qui luy avoit acquis une grande connoissance de l'histoire et de la fable. Il avoit été à Rome, où Ridolfi dit qu'il avoit beaucoup étudié les bas reliefs antiques; il y avoit veu les peintures de Raphaël, et celles qui étoient peintes à fresque l'avoient tellement frappé qu'il ne pouvoit se retenir de dire qu'elles étoient mieux peintes et plus fortes de coloris que ce que les meilleurs maistres avoient fait à huile. Ce témoignage, rendu par un disciple du Titien de son vivant, et qui étoit luy même excellent coloriste, est bien favorable à Raphaël, et il est de plus très vray. Lodovico Dolce, Vénitien, et amy particulier du Titien, a rapporté cette particularité dans son dialogue sur la peinture, intitulé : l'*Aretino*, folio 51.

ZAMPIERI (dominique). On vient de donner, dans le tome second des *Vies des peintres napolitains*, t. 2, p. 252, une description des peintures du Dominiquain dans la chapelle du Trésor à Naples, laquelle est plus ample encore que celle qu'avoit donnée, des mêmes peintures, le Bellori dans la vie du Dominiquain, qu'il a fait imprimer.

— Il ne faut pas être surpris de trouver ici si peu de desseins du Dominiquain; il eût pû en faire de très beaux, car, à en juger par ses païsages, il avoit la plume facile, et l'on doit lui rendre cette justice que, de tous les élèves des Carraches, c'est celui qui a dessiné le plus correctement; mais il n'étoit pas dans l'usage de faire de petits desseins. Après avoir réfléchi pendant longtemps sur ce qu'il devoit exécuter, il faisoit tout d'un coup ses études en grand, et c'est ainsi qu'il préparoit ces beaux cartons qui sont si arrêtés, et où ce fameux peintre paroît tout ce qu'il est. (*Catalogue Crozat.*)

— Dieu reprochant à Adam son péché, qui en rejette la faute sur Eve et Eve sur le serpent. Cet excellent tableau est presentement dans le cabinet du roy de France, et l'estampe en est gravée au burin, avec plus de soin que de goût, par Etienne Baudet en 1687. — Il vient du cabinet de Mr Le Nostre.

— David dansant devant l'arche, Salomon assis sur son trône à côté de sa mère Bersabée, Judith arrivant dans la ville de Béthulie et y montrant au peuple la tête d'Holopherne, Esther s'evanouissant au pied du trosne d'Assuérus. Ces quatre sujets, qui sont representés dans des formes rondes, ont été peints par le Dominiquin dans l'église de S. Silvestre du mont Quirinal à Rome, et éxécutés à l'eau forte par un graveur dont on ignore le nom. — Je crois ces quatre ronds gravés d'un Stefano Maggiore, qui a gravé, d'après le Dominiquin, deux pièces où il a mis son nom, et mon pere le croit de même.

— Les pasteurs adorans l'enfant Jésus couché dans la crèche. Gravé à l'eau forte, à Rome, par Et. Cobenschlag. — Mich. de Marolles dicatum. Je ne croy cette pièce gravée que sur un dessein, car il n'est marqué seulement au bas que : *Dominiquin in.* — M. le duc d'Orléans en a présentement le tableau.

— La Sᵉ Vierge enlevée au ciel par les anges. Dessiné d'après le tableau original, et gravé à l'eau forte par Franc.

Bruni. — Je crois d'après le tableau peint dans le plafond de l'eglise de S⁰ Marie in Transtevere à Rome. — Dedicata a monsignore Silv. Vannini. Si scopra dalla dedicatione ch' è la prima stampa fatta del Bruni; la chiama *le primitie de' miei poveri talenti.* — C'est ce même Bruni qui a gravé l'assomption du Guide, dont le tableau est à Gênes.

— Les quatre evangelistes, peints dans les quatre angles ou pendentifs du dôme de l'église de S. André della Valle, dessinés et gravés à Rome en 1707 par Nic. Dorigny, qui a mieux rendu dans ses copies les beautés des originaux que n'avoit fait F. Collignon. — Gravés cependant durement et peu dans le goût du Dominiquain.

— S¹ André étendu sur le chevalet et fouetté par les bourreaux. Peint dans la voûte de l'église de S. André della Valle, et gravé à l'eau forte par R. Van Audenaerd. L'on trouve à redire avec raison de ce que le Dominiquin, ayant à traiter un sujet si sérieux et si digne de la compassion des regardans, il y ait représenté une action aussi basse que celle de ce bourreau, qui, s'étant laissé tomber en tirant une corde, donne sujet aux autres de se moquer de lui par des gestes trop grossiers. — Tous les autres tableaux de cette voûte ont été faits par le même graveur.

— La S⁰ Vierge descendant du ciel pour remettre l'enfant Jésus entre les bras de S. François d'Assise. Cette pièce, qui est de la grandeur d'une double feuille en hauteur, a été gravée à Rome par Joseph Vanloo, frère de MM. Vanloo, d'après un dessein qui avoit été fait avec grand soin par M. Bouchardon, d'après le tableau du Dominiquain qui est dans l'église della Vittoria à Rome. Cependant l'estampe est fort mal exécutée, et d'une manière lourde et froide, ce qui vient du peu de talent du graveur (V, 383).

— S. Jerôme à genoux dans le désert, ayant les yeux tournés vers un ange qui luy apparoist. Gravé à l'eau forte par

Pierre del Pô. — M. le duc d'Orléans a présentement ce tableau dans sa galerie; il me semble en avoir veu un chez le
duc de Parme.

— S. Jerosme recevant le viatique à l'article de la mort.
Dessiné et gravé à l'eau forte par J. Cesar Testa, artistement,
mais maniéré, d'après le célèbre tableau du Dominiquain,
qui est à Rome dans l'église de la Charité. M. Poussin le regardoit, avec celuy de la transfiguration du Raphaël, comme
les deux plus beaux tableaux qui fussent dans cette ville. F.
Collignon formis. — Il a encore été gravé au burin par Benoit
Farjat. Formis Domenici de Rubeis, 1702. Il y en a une troisième gravée par Frey.

— S. Jerosme présenté au jugement de Dieu, et chatié pour
avoir lu les ouvrages de Ciceron et des auteurs profanes avec
trop de curiosité; ce même saint surmontant par la pénitence les attaques du démon et les impressions que la veue
des femmes de Rome avoit laissées dans son imagination.
Gravées à l'eau forte par Etienne Maggiore, — Stefano Ma-
giore Spa° (*Spagnuolo*) deli. sc., — d'après les tableaux qui
sont à Rome dans une loge au devant de l'église de S. Onufre.

— S. Philippe de Nery revêtu d'une chasuble, représenté
debout sur des nuées, les yeux tournés vers le ciel, intercédant pour la ville de Naples, dont la veue est représentée au
dessous dans l'éloignement. Sur le devant sont quatre jeunes
anges à genoux qui tiennent des reliquaires, dont le pape
Urbain VIII, à la prière de dona Anna Colonna Barberini, fit
présent aux prêtres de l'Oratoire de Naples, ces reliquaires
renfermant quelques ossemens de S. Philippe de Neri. Ces
particularités sont extraites de la dedicace qui est au bas de
l'estampe. Elle a été gravée à l'eau forte à Naples, en 1637,
par François Raspantino, d'après le dessein de Dom Giampin.
C'est une excellente estampe où le goût du dessein et la manière du peintre sont aussy bien rendus qu'il l'auroit pu faire

luy même. Elle est éxécutée dans le même goût de gravure
que quelques pièces gravées par Lanfranc même, c'est à dire
que le graveur n'avoit pas grande pratique de graver, mais
on ne peut rien desirer de mieux pour le dessein. Raspantino
étoit assurément disciple du Dominiquin. C'est sur son dessein
que P. del Pô grava le tableau du Dominiquin, qui est dans
l'église des Bolognois à Rome. Aucun auteur n'a parlé de
lui; il en meritoit bien la peine. — La dedicace est adressée à
donna Anna Colonna Barberini, prefetezza di Roma, par
Franc. Raspantino. Elle est datée de Naples, le 27 juin 1639.
— C'est de ce peintre Raspantino que C. Maratte eut tous ces
beaux cartons du Dominiquain, qui sont présentement chez
le pape. Raspantino avoit fait une ample collection de desseins de son maître. Voyez vie de C. Maratte, par Bellori,
dans le livre : *Vite dei pittori celebri*, p. 213. (Cf. IV, 339.)

— *St Pierre dans la prison au moment que l'ange brise
ses fers; aux deux côtés sont des soldats endormis.* —
3420#. Metra ; pour le roy de Prusse. Il est facheux pour ce
tableau qu'il y en aye un pareil dans la sacristie de l'église
de St Pierre aux Liens à Rome, et que ce dernier tableau soit
infiniment superieur à celuy qui est icy. Cela pourroit faire
douter de son originalité. Il appartenoit à un Mr Bauyn,
financier, lorsque mon pere l'a gravé. (*Catalogue Tallard*.)
— L'ange du Seigneur delivrant S. Pierre de la prison.
Gravé à l'eau forte et terminé ensuite au burin par Jean Mariette. — Le tableau original est à Rome dans la sacristie de
l'église de St Pierre in Vincoli. C'est celuy, dont il est parlé
dans la vie du Dominiquain, qui fut fait pour monseigneur
Agucchi. Mon père a gravé sa planche d'après le dessein
qu'il fit lui même avec beaucoup de soin, d'après un tableau
qui passoit pour estre du Dominiquin, et qui étoit très beau.
Il estoit pour lors dans le cabinet de M. Bauyn de Persan. Ce
curieux avoit encore le Renaud et Armide du Dominiquin,

et deux petits tableaux très fins de l'Albane, l'annonciation et le *Noli me tangere*, lesquels sont passés dans le cabinet du roy, du temps de M. de Louvois.

— Le martyr de Ste Agnès, gravé à l'eau forte et retouché au burin par G. Audran, qui en a fait une estampe où la force et la correction du dessein se trouvent jointes à la beauté de la graveure. Le tableau d'après lequel elle a été éxécutée se voit à Bologne dans l'église des religieuses de S^e. Agnès. — Mais cependant cette estampe est peu fidèle au tableau; aussi n'a-t-elle été gravée que sur le dessein fait à Boulogne par J. Bap. Corneille.

— S^e Cécilé chantant les louanges de Dieu, qu'elle accompagne du son d'une basse de viole. Gravé à l'eau forte par Fr. Chauveau. — Dans le tems que M. Jabach avoit le tableau. — La planche appartient à ses héritiers.

— Un chœur d'anges transportant S^e Cecile dans le ciel. Gravé à l'eau forte par Fr. Spierre, d'après le tableau qui est dans le plafond d'une des chapelles de St Louis des Francois. — J'en ai le carton original, qui est un morceau précieux.

— L'histoire de Diane, peinte dans une des chambres du palais du prince Giustiniani à Bassano, à ... milles de Rome, près de Caprarole. Cinq sujets gravés à l'eau forte assez artistement; l'on ne connoist pas le nom du maistre qui les a éxécutés. Ces mêmes tableaux pour la seconde fois en 1713, par Jean Jerôme Frezza sur les desseins de Pierre Ferloni; ils sont éxécutés avec soin, et l'on y a joint quatre amours qui sont peints dans la même chambre, et qui tiennent chacun des instrumens de chasse.

— L'empereur Othon 3e venant à la rencontre de S. Nil, peint dans une chapelle de l'abbaye de Grotta-Ferrata, près de Rome, et dessiné et gravé à l'eau forte à Rome — l'inscription ne dit-elle pas à Venise — par Charle Du Fresne. — Seroit-ce Du Fresndy? — Je le crois.

— La déesse tutelaire de la ville de Rome, appuyée sur les armes du pape Paul V, entre deux femmes qui représentent l'abondance qui règne chez elle. La Religion, d'un coté, lui amène un prêtre accompagné des autres ministres des sacrifices des anciens, et, de l'autre côté, la Sagesse lui présente Platon, Licurgue, et les autres plus fameux legislateurs de l'antiquité. Pièce allégorique sur la piété et la justice du pape Paul V; gravé par F. Villamène. — Cette pièce est certainement d'après le Dominiquain; M. Crozat en avoit le dessein.

— La philosophie naturelle et les mathématiques sous la figure de deux femmes, dont l'une tient un globe celeste, et l'autre une sphère. Elles sont placées dans des niches, aux cotés d'une inscription au haut de laquelle des enfans soutiennent les armes du pape Urbain VIII, Barberin. Cette pièce a été gravée en 1623 pour servir de frontispice à un livre. — *Il Saggiatore, del Galileo Galilei.* In Roma, 1623, 4°. — Du dessein du Dominiquain. Je n'en doute point. (Cl II, 277.)

ZANCARLI (POLIFILO), ou GIANCARLI, étoit un peintre d'ornemens qui fleurissoit à Venise à la fin du seizième siècle, et dont plusieurs ouvrages ont été gravés par Odoard Fialetti. Il mêloit des figures avec des rinceaux de feuillages, et les traitoit dans la manière du Tintoret, qui étoit alors fort goutée; toute autre n'auroit point été admise, mais il y a bien de la distance d'un créateur d'une bonne manière à celui qui n'en est qu'un foible imitateur.

ZANCHI (ANTONIO). *A la scuola di San Rocco in Venezia, la tavola del contagio.* Dipinta fù nel 1666.

ZANETTI (ANTOINE MARIE) naquit à Venise, le 13 fevrier 1680. Le chevalier Bambini fut celui qui, pour la première fois, lui mit le crayon à la main. Le Balestra vint ensuite, et

Sebastien Ricci, tous peintres habiles, avec lesquels il contracta une amitié qui dura autant de tems qu'ils vécurent,
acheva de lui faire prendre du goût pour la peinture. Il sembloit qu'il en eût voulu faire sa profession, tant il y mettoit
d'ardeur. Il se proposoit d'aller à Rome pour y continuer ses
études. Son père, médecin, et nullement familiarisé avec les
arts, lui permit seulement le voyage de Boulongne. Il y trouva
le Viani, sous lequel il peignit et dessina; mais ce à quoi il se
livra davantage, ce fut la contemplation des ouvrages inimitables des Carraches, qui achevèrent de perfectionner son
goût. La mort de son père l'obligea, après deux années d'absence, de retourner dans sa patrie et de suivre un autre genre
de vie plus propre à le conduire sûrement à la fortune, qui
ne paroissoit pas avoir beaucoup favorisé celui qu'il venoit
de perdre. Un oncle faisoit le commerce et tenoit les registres
des assurances. Il persuada à Zanetti de lui succéder, et le
neveu suivit un avis si salutaire, mais bien résolu de continuer dans ses heures de loisir à s'entretenir dans son premier
goût. Ce fut alors qu'il grava au burin, sous la direction du
jeune Edelinck, qui en 1708 étoit passé de Munich à Venise,
cette planche où est représenté S. Pierre, evêque de Rome, à
qui des anges montrent la croix sur laquelle s'est opéré le
mystère de la redemption, tableau fameux du Tintoret dans
l'eglise de la Madonna dell' orto. Il commença sa collection
de tableaux, de desseins et d'estampes, qui s'est accru au
point qu'il n'y en a point en Italie qui la vaille. Il s'enflamma,
et devint le plus ardent amateur que j'aye jamais connu.

La Rosalba avoit eu à peu près les mêmes maîtres que lui;
ses talens n'avoient pu lui echapper; ils étoient amis depuis
longtemps et devoient l'être pendant toute leur vie. M. Crozat
s'étant arrêté à Venise, à son retour de son voyage d'Italie
en 1715, n'eut pas beaucoup de peine à persuader et Zanetti
et M⁰ Rosalba de venir à Paris, où il leur promettoit une ré-

ception digne d'eux et le plaisir de contempler les merveilleux tableaux, les desseins et toutes les richesses inestimables
qu'il possedoit dans ce genre. Pellegrini, beau frère de la
Rosalba, fut appellé par Law, en 1719, pour peindre le plafond de la grande salle de la Banque. Nos deux amis profitè-
rent de cette circonstance et l'accompagnèrent à Paris, et,
après un séjour d'environ une année, la même compagnie
regagna Venise. Mais Zanetti, qui n'avoit pas résolu de s'en
tenir au voyage de France, s'en sépara et passa à Londres,
où il trouva de quoi le dedommager amplement des fatigues
qu'il eut à supporter dans le trajet.

Il vit ensuite la Hollande, traversa l'Allemagne, et partout
il mit les curieux à contribution. Les desseins et les estampes
qu'il avoit acquises en France se trouvèrent considérablement
augmentées par une très belle œuvre de Rembrandt, qu'il
acheta à Londres; mais ce qui le toucha davantage, ce fut
l'acquisition qu'il y fit d'un magnifique recueil de dessins du
Parmesan, qui, de tous les peintres, étoit celui pour lequel
il avoit le plus de prédilection. Il en grava dans la suite la
plus considérable partie, empruntant pour cela le beau burin
du Faldoni, et se servant encore plus volontiers de la manière d'Ugo de Carpi, qu'il entreprit de faire revivre, et qui
lui parut la plus propre à rendre le lavis des desseins. Il commença à s'en occuper en 1721 et ne finit qu'en 1741, et se
trouva pour lors assez de morceaux pour en pouvoir composer deux volumes, dont il y a eu un petit nombre d'exemplaires répandus dans le public, et qui deviendront sans doute
rares, Zanetti s'étant déterminé, après en avoir fait tirer un
certain nombre, à en détruire les planches.

Connu et aimé du prince de Lichtenstein, il ne put se refuser de se rendre à ses empressemens et d'aller lui faire sa
cour à Vienne en 17.. Il en remporta un très beau tableau de
Benedetti, et de très belles pierres gravées qu'il joignit à celles

qu'il avoit déjà, et qui le mirent en état d'en publier un volume en 1750, dont l'éxécution ne me paroit pas répondre aux chefs d'œuvres que possedoit Zanetti. Aussi cet ouvrage n'a-t-il pas eu autant de succès que celui qu'il avoit donné en compagnie de son cousin Antoine Marie Zanetti, bibliothécaire de S. Marc, en 1740 et 1743.

Sur ses derniers jours, son goût pour la gravure se ralluma et devint plus vif que jamais. et, comme il aimoit les ouvrages de Benedetti Castiglione, et qu'il en possédoit de très beaux desseins, il prit la pointe et en grava plusieurs. C'est par là qu'il a terminé sa très longue carrière, car il avoit près de 88 ans lorsqu'il est mort le 31 decembre 1767. Il a reçu la sépulture dans l'église de Ste Marie, mère de Dieu. Le trop de feu consume ordinairement et fait perir ceux qui en sont pénétrés. Zanetti dut au sien son existence; son extrême delicatesse, sa vivacité, laissèrent pendant longtemps douter qu'il pût parvenir à une aussi grande vieillesse, et, ce qu'il y eut de plus admirable, il conserva sa tête jusqu'à son dernier soupir.

ZANOTTI (GIO PIETRO), peintre, es mort à Bologne en 1765.

ZEEMAN (RENIER NOOMS, dit) a gravé quelques veues de Paris et d'Amsterdam, des vaisseaux, des batailles navales et autres sujets de marine auxquels il reussissoit. Il paroit, par tout ce qu'il a gravé, qu'il avoit beaucoup d'intelligence. Il étoit à Amsterdam en 1656. Il fut surnommé Zeeman, qui signifie en hollandois le marin, à cause de son talent.

ZELOTTI (BATISTA). Vasari en parle, tomo tertio, p. 48, sous le nom de Batista Farinato, car il attribue à celuy cy les ouvrages que Zelotti a faits dans le palais de S. Marc, conjointement avec Paul Veronèse et un autre Vénitien nommé Bazacco.

ZINCKE. Habile peintre en émail, qui a vécu de nos jours. Il se nommoit Chrétien Frederic Zincke. On a son portrait gravé par J. Faber. Il est représenté en compagnie de sa femme. (*Notes sur Walpole.*)

ZOCCHI (JOSEPH), Florentin, mort à Florence au mois de mai 1767, agé de 50 ans. Il peignoit le paysage, et M. Vernet, de qui il avoit pris des leçons, m'en a parlé avec estime. J'ai deux de ses desseins qu'il m'a fait et qui sont capables de soutenir sa réputation ; les sites en sont riches et il y règne de la fraîcheur. M. le marquis André Gerini l'avoit beaucoup employé, et ce fut d'après les desseins que lui en avoit faits le Zocchi que furent gravées les suites des veues de Florence et de ses environs, qu'a fait publier en 1744 le marquis Gerini. Un graveur, nommé Berardi, a aussi gravé dans ces derniers temps quelques uns de ses tableaux, et c'est ce qui a été fait de mieux d'après lui. On commence à le trouver de manque à Florence ; cependant à peinne songeoit-on à lui pendant qu'il vivoit ; ses compatriotes le laissoient sans occupation et mourant de faim. Cela fait voir en quel état sont présentement réduits les arts en Italie.

ZOLLA (GIOREFFO), né à Brescia, a passé la plus grande partie de sa vie à Ferrare, et il s'y est perfectionné dans la peinture. Son principal talent étoit le paysage, et sa façon d'opérer lui étoit particulière, et si bizarre qu'il est difficille de se persuader qu'il pût sortir de son pinceau quelque chose de passable. Il ne pouvoit y avoir que la singularité qui fût capable de faire rechercher ses ouvrages. Le hasard seul les produisoit. Il jettoit sur sa toile des couleurs, en apparence sans aucun dessein, se servant pour cela de pinceaux abondamment fournis de couleur. Il fondoit, mêloit ces couleurs, et insensiblement il faisoit paroitre sur sa toile des terreins, des arbres, de l'eau, et tout ce qui est de nature à composer un paysage. Cela se faisoit avec la plus grande célérité et rendoit la chose encore plus merveilleuse, et les curieux s'empressèrent pour avoir de ces sortes de tableaux. Il a vécu jusqu'à l'année 1743, dans laquelle il a quitté la vie le 19 mars. Il a laissé une fille, nommée Marguerite, morte le 20 avril 1762, qui a peint le paysage, mais qui n'est jamais sortie de la mediocrité. *Descrizione delle pitture di Ferrara*, p. 32.

ZOOMER. 1. P. Z. Cette marque, qui se trouve appliquée sur plusieurs dessins, est celle de Jean Paul Zoomer, curieux hollandois, mort vers l'an 1725. Il étoit bon connoisseur, et les desseins qu'il avoit rassemblés en fournissent la preuve, car ce sont presque tous dessins italiens, et de bon alloi.

ZUCCATI (les). Vasari est souvent très peu exact lorsqu'il rapporte les noms des artistes qui travailloient hors de sa patrie. Cecy en est un exemple. Les deux peintres en question (*qu'il appelle Zuccheri*) se nommoient François et Valère Zuccati; ils étoient frères et vivoient en 1545. Le St Marc qu'ils executerent en mosaïque sur les cartons du Titien, au dessus de la porte par laquelle on entre du vestibule dans l'église de St Marc, est de cette année, et c'est leur plus bel ouvrage. Ils mirent au bas cette inscription latine qu'il n'est pas inutile de rapporter : Ubi diligenter inspexeris artemque ac laborem Francisci et Valerii Zuccati, Venetorum fratrum, agnoveris, tum demum judicato, avec la date 1545. Vasari les fait de Trévise; ici ils se disent Vénitiens, mais ce peut être un mot générique; ils peuvent être Venitiens et être nés à Trévise. Ils ont fait bien d'autres ouvrages dans l'église de St Marc; on y trouve en un endroit cette inscription : « Eorumdem Francisci et Valerii fratrum, 1549, » et en un autre endroit : « Naturæ saxibus, Zucatórum fratrum ingenio. » Ce que dit Vasari de la peinture en mosaïque, en parlant de ces deux artistes, est à remarquer. J'ay extrait tout ce que j'ay rapporté icy du livre intitulé : *Venetia, descritta da Francesco Sansovino, in Venetia*, 1581, p. 34, revers, et de l'edition augmentée en 1604, p. 15, revers.

— *A côté de cette note une main plus moderne a ajouté la suivante :* Zuccati ou Zuccheri (*Valere et Vincent*). Ces deux freres etoient de Trevise ou de Venise, s'il faut s'en rapporter au Boschini, qui donne à Vincent le nom de François. Ils ont éxécuté dans l'eglise de St Marc divers morceaux de peinture en mosaïque, d'après les cartons que leur fournissoit le Titien. Sansovino, dans sa description de Venise, parle de la prefférence qu'ils obtinrent lors de leur concurrence avec Barthelemi Bazza. *Vasari, Boschini, Sansovino.*

ZUCCHERO (THADÉE) di Santo Angelo in Vado, dans le duché d'Urbin.

— *Comme Walpole dit que Zucchero naquit en 1550, Mariette ajoute :* Cette datte est fausse. Personne ne pouvoit être mieux instruit sur le temps de sa naissance que Fredéric Zucchero, et, dans un livre de sa composition, qui est une relation d'un voyage qu'il fit en Lombardie dans les dernières années de sa vie, il dit bien-formellement qu'en 1606 il avoit 63 ans. Il étoit donc né en 1543, et non en 1550. M. Walpole, en donnant cette dernière datte, s'en est rapporté à l'*Abecedario* du père Orlandi qui l'écrit ainsi, mais l'on scait combien est peu sûr le temoignage de cet écrivain. (*Notes sur Walpole.*)

— Le nom de la ville qui a donné naissance aux Zucchero est San-Angelo in Vado; c'est mal s'exprimer que de la nommer Vado tout court. (*Notes sur Walpole.*)

— Il sortit de Rome en 1603, et, lorsqu'il vint à Venise, ce ne fût point dans le dessein que lui suppose Mr Walpole; car le traité de Zuccharo sur la peinture, imprimé à Turin, né parut qu'en 1607, et quant à ses poésies, qui se réduisent à une seule pièce intitulée : *Lamento della pittura*, ce fut à Mantoue qu'elles virent le jour en 1605. En se rendant à Venise, son intention étoit de mettre la dernière main à son tableau destiné pour la salle du Grand Conseil, après quoi il alla quêter de l'ouvrage dans les differentes parties de la Lombardie. (*Notes sur Walpole.*)

— La mort de Zucchero arriva à Ancone en 1609, en sa 66ᵉ année ; rien n'est plus certain. (*Notes sur Walpole.*)

— J. C. celebrant la cène avec ses apotres. Gravé au burin en 1575 par Aliprand Caprioli. — Peint, à ce que je croy, dans la voûte de l'église de N. D. de la Consolation à Rome. Voyez Vasari, t. 3, p. 111. — J. Matham a gravé ce sujet d'après un dessein peu fidèle au tableau, et peut être est-ce luy même qui l'avoit fait étant en Italie. Il a cru que c'étoit une représentation des nopces de Cana, et c'est le sujet de la cène.

— J. C. faisant sa prière dans le jardin des Oliviers. Gravé au burin par Jacques Matham. — Celuy-cy est aussi peint, à ce que je crois, dans le même lieu que le précédent. Voyez Vasari, p. 111, t. 3.

— J. C. attaché à la colonne et fouetté par les bourreaux. Gravé au burin par Chérubin Albert en 1574. — Peint dans une chapelle de l'église de N. D. de la Consolation à Rome.

— La Sᵉ Vierge montant au ciel en présence des apotres. Gravé au burin par Aliprand Caprioli en 1577. — Cardinali Theano DD ab Aliprando Caprioli Tridentino, anno dni 1577.

— C'est, à ce qu'il me paroist, le tableau qui est dans l'église de la Trinité du Mont à Rome.

— La conversion de S. Paul, gravé au burin par Cherubin

Albert en 1572. — C'est asseurement le tableau de S. Marcel à Rome, dont parle Vasari, t. 3, p. 116.

— St Paul recevant le martyre dans la ville de Rome, gravé au burin par Aliprand Caprioli. — Sans nom ny marque de graveur. — C'est peut-estre un des tableaux points dans la voûte d'une chapelle de l'église de S. Marcel à Rome, cité par Vasari, t. 3, p. 117.

ZUCCHERO (FEDERICO). J'ay eu occasion de voir en cette année 1735 un recueil de dessins originaux de ce maistre, assez curieux. Il y avoit parmy quelques compositions de plafonds et quelques sujets emblématiques dessinés avec beaucoup d'esprit; mais ce qu'il y avoit de plus considérable dans ce recueil étoit une suite de vingt-quatre desseins, les uns en hauteur et les autres en largeur, le trait à la plume arrêté avec assez de fermeté, quoyque maniéré, et lavés au bistre. Frederic, frère de ce peintre, y avoit représenté toutes les aventures de la première jeunesse de son frère Thadée, et toutes les épreuves par lesquelles il luy avoit fallu passer pour acquérir un nom et de la science.

Un des premiers desseins de la suite représentoit son départ de la maison paternelle; un autre sa première arrivée à Rome; la mauvaise reception que luy fit le peintre San Angelo; sa vie laborieuse chez le Calabrèse, qui, non content de luy refuser le pain qu'il tenoit enfermé dans une corbeille attachée au plancher avec des sonnettes, luy refusoit encore la veue de ses estampes et de tout ce qui pouvoit servir à l'instruire. Dans un autre dessein, on le voit obligé à faire le lict de son maistre et tous les autres offices du ménage, ou bien à aller faire les commissions, et c'étoit alors qu'il regardoit attentivement les peintures des façades des maisons de Rome, et que, de retour, il les dessinoit le mieux qu'il pouvoit de mémoire au clair de la lune. On n'a pas oublié de représenter ce qui lui arriva dans le voyage qu'il fit alors, lorsque, ne pouvant plus supporter la vie qu'il menoit, il entreprit de retourner auprès de son père. Il s'endormit, pressé de fatigue, au bord d'un ruisseau, et, comme il avoit l'esprit échauffé et rempli des idées de toutes les belles choses qu'il avoit vues dans Rome, il s'imagina que toutes les pierres qui l'environnoient étoient peintes par Raphaël ou par Polidor, qu'il avoit tant étudié dans Rome, et, son cerveau n'étant pas bien rassis, même lorsqu'il se fût réveillé, il emplit un sac de quantité de ces pierres, et le porta pendant un assez long espace de chemin, jusqu'à ce qu'il fût arrivé chez lui. On peut juger de la surprise de ses parens de le voir arriver avec une telle provision. L'inquiétude de le perdre succéda bientôt à l'étonnement, car il tomba dangereusement malade, et c'est ce qui est encore exprimé dans un de ces desseins. Etant retably de cette maladie, il retourna encore à Rome, resolu d'y étudier avec plus de ferveur que jamais. C'est ce qui a été exprimé en plusieurs desseins où Thadée est représenté dessinant le jugement dernier de Michel Ange, les bas-reliefs antiques et les peintures de Polidor sur les façades des maisons, celles de Raphaël au Vatican et dans la Loge du palais Chigi, où il luy arriva souvent de passer les nuits à la belle étoile.

Ce sont là les degrés par lesquels il parvint à cette habileté qui le rendit recommandable, lorsque, n'étant encore agé que de dix huit ans, il entreprit de peindre la façade du palais Mattei à Rome. Ce sujet est le dernier de cette suite de desseins. On y voit Zuccaro occupé à son travail, et tous les peintres de Rome, Vasari, Salviati, Daniel de Volterre, Sermonette, Michel Ange luy même, monté sur sa mule, qui tous sont frappés d'étonnement d'un tel prodige.

Enfin les quatre derniers desseins représentent Zuccaro et les trois peintres qu'il avoue pour ses maistres, sçavoir : Mi-

chel Ange sous la figure de son Moyse, Raphaël sous celle de
son prophète à S. Augustin, et Polidor sous la figure d'une
des divinités de la façade de *Maschera d'oro*.

Tous ces desseins sont accompagnés de vers italiens et de
quelques explications pour une plus grande intelligence des
sujets; dans les trois derniers que j'ay cité, Zucchero y adresse
la parole, en trois vers italiens, à chacun des dits maistres qui
luy répliquent en d'autres vers d'une manière très flatteuse
sur l'excellence de ses talens. Cela et plusieurs autres circonstances me font croire, à n'en point douter, que cette
suite de desseins n'est point, comme on le croit et comme
je le viens de marquer, de Tadée Zuccaro, mais bien de Frederic, son frère, qui s'est égayé à faire icy l'histoire de son
frère ainé, et qui étoit bien aise de perpétuer la mémoire
d'un homme auquel il avoit de si grandes obligations. D'ailleurs l'on sçait que Frédéric étoit poëte, et je n'ay jamais ouy
dire que Tadée le fût, mais, ce qui est plus fort que tout le
reste, c'est la façon dont sont faits ces desseins; ils sont précisément dans la manière de beaucoup d'autres desseins de
Frédéric, que j'ai veu chez M⸢r⸣ Crozat, et entr'autres celuy de
l'absolution de l'empereur Frédéric, que M. Crozat a fait
graver. Quoyqu'il en soit, il paroist que Vasari avoit vu ces
desseins, car il a rapporté toutes les mêmes circonstances qui
y sont représentées, à moins qu'on ne veuille dire, ce qui
paroist très probable, qu'il a écrit sur les mémoires qui luy
avoient été fournis par Frédéric, auteur de cette suite de
desseins.

— L'enfant Jesus adoré par les mages qui luy offrent des
présens. Gravé au burin par Corneille Galle. Phls Galle ex.
— C'est le bon Galle, et de ses commencements.

— Le même sujet, d'une composition différente. Gravé au
burin à Rome par Philippe Thomassin, en 1613, d'après un
dessein du tableau qui est dans l'église de S. François de la

Vigne à Venise. — Elle est un peu différente de l'estampe gravée par Just Sadeler sur le tableau qui est à Venise ; ainsy je croy que celle cy aura été faite sur un dessein, d'autant plus qu'il y a : Fred. Zuccaro in.

— Jesus Christ ressuscitant le fils unique d'une veuve à la porte de la ville de Naïm. Gravé au burin par Philippe Thomassin. Le tableau original est à Orviète.

— S⁰ Magdelaine se convertissant à un sermon de Jesus Christ. Gravé au burin par Aliprand Caprioli. — F. Zuccaro inve., et au dessus la marque du graveur : « Ph. et Jo. Turpin' excud. Romæ, 1599. — J'en ay le dessein.

— S. Eustache rencontrant à la chasse un cerf qui porte entre son bois l'image de J. C. crucifié, et se convertissant à la vue de ce miracle. Gravé au burin par Chérubin Albert. — Le mesme saint se faisant baptiser avec toute sa famille. Gravé au burin à Rome par Diane de Mantoue, en 1578. — Ces deux sujets ont été peints par le Zuccaro sur la façade d'une maison près de la douane à Rome. Voyez Vasari, p. 114, t. 3.

— St Laurent et St Sixte, accompagnés de S. Pierre et de S. Paul, adorans sur la terre Jésus Christ qui couronne la S⁰ Vierge dans le ciel. Gravé au burin par Corn. Cort en 1576, d'après le tableau qui est sur le maistre autel de l'eglise de St Laurent in Damaso à Rome.

— Des personnes de diverses conditions s'efforçans d'arriver vers la Vertu, en se glissant le long des cordes qu'elle leur tend. Gravé au burin par Corn. Bloemaert. — Du livre intitulé : *Documenti d'amore*.

— La Calomnie accusant devant le tribunal d'un prince ignorant et vicieux un artiste qui n'a d'autre protection que son innocence et son industrie. Pièce allégorique gravée au burin par Corneille Cort en 1572, d'après le tableau de Frederic Zuccaro fait à l'imitation de celuy d'Apelles. — Ce tableau est différent de celuy qui pensa causer la ruine entière de Zuccaro. Voyez ce qu'en dit Baglione, p. 123.

— Ces desseins de Frederic Zuccaro sont fort curieux, ils viennent de M. Jabach, et composoient ci devant le livre de voyage du Zuccaro. (*Catalogue Crozat.*)

ZUCCHI (ANDRÉ), né à Venise en 16.., y a été occupé pendant longtemps à graver. Toutes les planches de la suite des tableaux de Venise publiée par Louisa sont de lui, et sont d'un travail lourd et indécis. Il fut appellé à Dresde en 1726 pour y peindre des decorations d'opéra ; il y conduisit son fils Laurent Zucchi, né à Venise en 1704, et, depuis ce temps jusqu'à sa mort arrivée en 17.., il ne se mêla plus de gravure. Son fils Laurent prit sa place et commença par graver des statues de la galerie de Dresde pour le baron le Piat. Lorsqu'on forma l'entreprise de graver les tableaux de cette galerie, on le mit au nombre de ceux qui devoient y être employés. Il grava quelques planches qui ne furent pas du goût du prince, et qui, à l'exception d'une seule, n'ont point paru dans l'ouvrage. Cela ne l'a pas empêché d'être reçu dans l'Académie de peinture établie à Dresde, et il en est actuellement un des professeurs. Un frère d'André Zucchi, nommé François, né à Venise en 1692, n'en est point sorti, et, jusqu'à sa mort arrivée en 1764, il y a été occupé à graver presque toujours pour des libraires, sans avoir rien produit de bien considerable. Je ne fais guères plus de cas de sa façon de graver que de celles de son frère et de son neveu. Il a mis cependant plus de propreté et plus de goût dans sa gravure.

ZUCCHI (ANTONIO), né à Venise en 1726, et fils du graveur François Zucchi, qui est mort à Venise en 1764, agé de 72 ans, — ce dernier frère d'André, aussi graveur, — embrassa la peinture par le conseil de son père, qui apparem-

ment avoit à se plaindre du peu de fortune qu'il avoit fait en
s'exerçant à la gravure, dans laquelle il est vrai qu'il ne s'étoit
pas fort distingué. Le fils se mit sous la direction du Fonte-
basso, et fit une étude particulière de l'architecture et de la
perspective. Il se perfectionna sous l'Amigoni, avec lequel il
contracta une étroite amitié. Alors il fit quelques tableaux
d'autel qui lui firent honneur. Clérisseau vint à Venise, et,
choisi par M. Adams, architecte anglois, pour dessiner les
veües des antiquités de Spalatro, ils s'associèrent le Zucchi,
qui dessina les figures dans les dessins de Clérisseau, et ce
n'est pas la seule fois qu'il lui ait ainsi prêté le concours de
son ministère. Voyageant ainsi par toute l'Italie, toujours
avec des Anglois, et dessinant ce qui méritoit le plus leur
curiosité, Zucchi se laissa aisément persuader de passer à
Londres, où les occupations ne lui manqueroient pas. Il y est
actuellement.

ZUGNO (FRANCESCO), peintre vénitien et disciple de J. B.
Tiepolo, réunit au talent de peindre à huile celui de la fresque, et, comme son tempérament le porte à la mélancolie et
à mener une vie très retirée, il est entierement concentré dans
la pratique de son art et à instruire la jeunesse qui fréquente
son école. V. Longhi, *Vite dei pittori Veneziani*.

ZUMBO (*l'abbé Don* GAETANO GIULIO), gentilhomme sicilien,
avoit un talent particulier pour modeler des figures en cire
colorée. Il les dessinoit de bon goût, et il en formoit des
compositions entières, si heureuses et si bien entendues qu'il
estoit facile de voir qu'outre la connoissance de la sculpture,
il avoit encore d'excellens principes de peinture : en effet,
quoyqu'il soit peu convenable de colorer les ouvrages de
sculpture, il a sçeu cependant disposer ses couleurs locales
avec tant d'intelligence que sa sculpture ainsy coloriée fait

le mesme effect qu'un tableau bien entendu de clair obscur et de couleur. Il ne sçavoit pas moins bien imiter la nature dans les plantes et dans une infinité d'autres objets dont il enrichissoit ses compositions. C'est ce qui se reconnoist, surtout dans les ouvrages qu'il fit pour le grand prince de Toscane, dernier mort, qui le retint pendant longtemps à son service. Je me souviens d'en avoir veu deux à Florence, qui me touchèrent sensiblement; l'un représentoit une peste traittée avec beaucoup de noblesse, l'autre un lieu remply de corps morts, de squelets, de cadavres à demy pouris, et de tout ce qui peut entretenir des idées de tristesse et d'horreur; tout cela traitté avec tant de verité que l'on y etoit trompé. Aussy nostre auteur se plaisoit à representer de ces sortes de spectacles. Il y estoit comme entraisné par son temperamment extremement melancolique. Lorsqu'il vint en France, il y apporta deux autres morceaux considerables de sculpture colorée; il avoit choisy pour sujets la nativité de J. C. et sa sepulture; ce dernier morceau fut gravé par Melle Cheron, qui avoit acquis les originaux, et Mr de Piles en a donné une description exacte à la fin de son cours de peinture. L'abbé Zumbo ne survécut pas longtemps à son arrivée en France; il n'y trouva pas les avantages qu'il s'estoit promis; tout se reduisit à des louanges vagues et peu utiles : ainsy il mourut à Paris, le 22e decembre 1701, agé seulement de quarante quatre ans (1). Il fut enterré dans l'eglise de St Sulpice. Brice, *Description de Paris*, t. 3, p. 129. — M. de Fontenelle, dans l'*Histoire de l'Académie des sciences*, année 1701, dit que Zumbo étoit de Syracuse, et il loue beaucoup une teste preparée pour une demonstration anatomique, que cet illustre fit voir à l'Académie.

---

(1) Voyez son article dans le *Dictionnaire abrégé de peinture et d'architecture* [par Lacombe, p. 679]. (*Note de Mariette.*)

APPENDICES

I

RECUEIL DE PEINTURES ANTIQUES

AVERTISSEMENT

(Par M. de Caylus.)

La peinture n'a d'autre but que la représentation fidèle
des objets qu'elle se propose d'exposer à nos regards. Assu-
jettie à des lois constantes, qu'il ne lui est pas permis de violer, sa pratique, ou, si l'on aime mieux, les moyens que l'art
se fournit à lui-même pour parvenir à ses fins, devroient donc
être uniformes et ne jamais varier. Ils auroient dû être les
mêmes chez tous les peuples, ainsi que dans tous les siècles
où la peinture a été cultivée. Rien n'a cependant éprouvé et
n'éprouve encore plus d'altérations et de fréquents changements. Il existe un goût qui domine sur chaque âge et sur
chaque nation, qui s'en empare successivement, qui porte
une certaine empreinte caractérisante, et qui fait, sans qu'on
en puisse trop rendre raison, que le choix et l'emploi des
couleurs, la distribution des ombres et des lumières, l'arrangement même des figures qui entrent dans la composition
d'un tableau, peuvent plaire dans un temps et dans un lieu,
et n'être point goûtés dans d'autres. L'éducation y entra pour
beaucoup ; comme elle dirige quelquefois le sentiment, elle

influe aussi jusques dans la manière de voir et de saisir les objets. L'habitude est une seconde nature ; et c'est ainsi, pour en donner un exemple plus frappant, que la peinture entre les mains des Chinois, ce peuple si industrieux, si mesuré dans ses actions, est dans la pratique absolument différente de la nôtre, quoique l'une et l'autre, par rapport au but et à l'objet général, soient entièrement d'accord.

On pourroit peut-être en dire autant de la peinture des anciens ; sa marche s'éloigne à beaucoup d'égards de la nôtre, et nous ne faisons rien pour nous en rapprocher. Nous serions trop heureux de posséder l'art du dessin dans un degré aussi éminent que les Grecs ; nous savons leur rendre justice sur ce point ; mais nous croyons les surpasser dans la partie de la composition, et, s'il faut lier des groupes et distribuer des lumières et des ombres pour produire un heureux effet de clair-obscur, loin de vouloir leur céder, nous nous mettons fort au-dessus d'eux. Nos yeux, accoutumés à une magie de la peinture, qui, trop souvent hors du vrai, n'en cause pas moins une sorte d'illusion et de prestige, auroient peine à se faire à cette simplicité de composition, à cette unité de clair-obscur, à ces couleurs pures et entières qui faisoient les délices des anciens, et qui, j'ose le dire, mériteroient de faire encore les nôtres, si l'amour de la nouveauté et le désir de montrer de l'esprit ne nous avoient fait perdre insensiblement le goût de la belle et simple nature.

Nourris dans ces principes, entretenus dans cette façon de penser et d'opérer, on ne doit pas être étonné qu'on ait pu mettre en question si la peinture avoit marché du même pas que la sculpture chez les anciens. Je ne ferai point de nouveaux efforts pour détruire un sentiment qui commence à être abandonné ; je témoignerai seulement mes regrets sur la perte de tous les chefs-d'œuvre sortis du pinceau des Grecs, bien assuré que, si ces morceaux subsistoient encore, ils trouveroient de zélés défenseurs dans ceux même qui les attaquent le plus vivement.

Cette idée me flatte ; j'aime à m'en occuper. Elle entretient l'admiration qu'une étude longue et suivie m'a fait prendre pour toutes les savantes productions des anciens, et j'en suis plus disposé à croire que la peinture n'a point gagné entre les mains des modernes autant qu'on voudroit nous le faire entendre. Il seroit inutile de dire, pour combattre cette opinion, que les anciens n'ont point connu la peinture à l'huile, et que, privés des avantages qu'elle présente, leurs tableaux, peints en détrempe, n'ont pu avoir la même vigueur que les nôtres ; cela peut être à quelques égards. Mais, sans vouloir trop approfondir les inconvénients qui balancent les avantages de la nouvelle découverte, je demanderai si notre fresque, plus durable et plus brillante dans ses effets, est obscurcie par la peinture à l'huile. Qu'on interroge les maîtres de l'art? Ils conviendront qu'elle doit avoir le pas sur cette dernière, et, dès ce moment, nos prétendus avantages s'évanouissent, les anciens rentrent dans leurs droits, et n'ont eu besoin, pour parvenir à une imitation suivie de la nature, que des seuls moyens dont ils ont fait usage, et qui leur ont si parfaitement réussi.

Je me garderai bien de donner pour preuve de ce que j'avance, les morceaux de peinture qui ont été découverts en différents temps, depuis que l'amour du beau et le goût des bonnes études ont fait chercher dans les entrailles de la terre les précieux restes de l'antiquité, que l'ignorance, la barbarie et les événements qu'amène nécessairement une longue succession de siècles, y avoient enfouis. Ces morceaux, peints chez les Romains, et presque tous dans des siècles où la peinture n'avoit plus cet éclat dont elle avoit brillé dans la Grèce, ne peuvent être considérés que comme de foibles restes d'un art expirant.

En supposant même qu'il fût encore dans toute sa splendeur, la qualité de ces peintures et la place qu'elles occupoient ne fournissent pas un préjugé assez avantageux pour les proposer comme des modèles. Adhérentes à des murailles, où elles tenoient lieu de nos lambris et de nos tapisseries, elles dépendoient souvent ou faisoient partie de compositions d'ornements, et, de l'aveu même des anciens, ce genre d'ouvrage n'occupoit ordinairement que les peintres de second ordre. Quels sont d'ailleurs les endroits où l'on a trouvé des peintures antiques? Ce sont de simples corridors, ce sont des salles de bains, des chambres basses et éloignées des plus beaux appartements. Le plus grand nombre a été découvert dans l'intérieur de tombeaux où l'on entroit rarement, et où ces morceaux, privés de lumière, étoient absolument perdus pour le public, pour ceux qui étoient en état d'en juger. Je sais que le luxe des Romains et la vénération pour leurs morts les engageoient à de grandes dépenses toutes les fois qu'ils construisoient quelque nouvelle sépulture; mais il eût été cruel d'y employer les plus habiles peintres, et ce qu'il y a de certain, c'est qu'ils ne le firent jamais.

Nous n'avons donc aucune peinture antique qui soit digne d'être mise sur le compte de ces grands artistes dont les noms célèbres sont venus jusqu'à nous, il n'est que trop vrai. Quelques médiocres que soient celles qui nous sont demeurées, elles n'en portent pas moins un caractère qui les rapproche, à beaucoup d'égards, des tableaux exécutés dans les meilleurs siècles, et je pense qu'après les avoir bien considérées et s'en être rempli, il nous peut rester une assez juste idée de ce qu'étoient ces merveilles de l'art qui ont fait le plus de bruit. La distance qui les sépare n'est pas plus grande que celle qui distingue le bien d'avec le mieux.

Ceux qui connoissent plus parfaitement les Romains savent combien ce peuple fut constant dans ses usages et dans ses goûts, et qu'avouant sans peine son peu d'aptitude dans l'exercice des arts, il n'oublia jamais que les Grecs étoient en cette partie ses maîtres et ses modèles. C'étoit chez cette nation savante qu'ils avoient appris à aimer et à priser la peinture ; c'étoit d'elle qu'ils en avoient reçu les enseignements et les règles. Simples imitateurs, il n'y a pas d'apparence qu'ils aient rien innové dans la distribution des figures et ce qu'on appelle la composition du tableau, encore moins dans l'emploi et la distribution générale des couleurs. Si, moins heureux que leurs guides habiles, ils ne manièrent pas le pinceau avec le même succès ; si, plus foibles dans la science des contours et n'ayant pas fait les mêmes progrès dans l'art de bien exprimer les passions, ils ne nous ont pas laissé de ces chefs-d'œuvre qui captivent l'âme, l'élèvent et produisent sur elle une illusion complète, l'on ne voit pas sans plaisir régner dans leurs productions un beau choix d'attitudes, une touche aimable et facile, des couleurs simples, mais agréables, et surtout un naturel et une naïveté qui enchantent, toutes parties qui, portées à leur perfection, ne nous permettent pas de douter des effets surprenants que la peinture ancienne a fait tant de fois sur des esprits sensibles et toujours prêts à se laisser émouvoir, et qui doivent nous faire concevoir la plus haute idée de l'habileté des grands peintres de l'antiquité.

C'en est assez pour nous rendre infiniment précieux le petit nombre de peintures antiques que le temps a épargné, et nous ne pouvons trop nous féliciter quand il se fait quelque nouvelle découverte en ce genre. Raphaël fut témoin des premières, qui se firent au commencement du seizième siècle. Les ruines du superbe et vaste palais que l'empereur Titus avoit fait construire sur le mont Esquilin étoient plus considérables et moins délabrées qu'elles ne paroissent aujourd'hui. On découvrit, en les fouillant, une suite de chambres

assez entières, dont les plafonds ainsi que les murailles conservoient encore quelques-unes des peintures dont elles
avoient été décorées anciennement. Les décombres sous lesquels ces chambres étoient ensevelies avoient empêché l'air
d'y pénétrer, et, comme il n'avoit pu mordre sur les couleurs,
elles parurent dans leur ancien éclat et s'y conservèrent pendant quelque temps.

L'amour de l'antique, l'utilité que Raphaël avoit retiré de
son étude, conduisirent ce grand peintre dans ces souterrains; il y entra et fit copier par ses élèves tout ce qui lui
parut capable d'améliorer ses idées, ou qui pouvoit lui en
suggérer de nouvelles. Personne n'ignore combien il fut particulièrement affecté de la façon dont il y vit les ornements
traités; il admira le mélange des feuillages, des fleurs, des
animaux, des figures humaines, et de cent autres objets qui,
sans avoir aucun rapport entre eux, soutenoient, en quelques endroits, de petits bas-reliefs de stuc ingénieusement
enlacés, formoient l'ensemble le plus agréable et présentoient
une totalité sur laquelle l'œil se proménoit avec d'autant plus
de satisfaction que les couleurs les plus riches et les plus
brillantes en augmentoient l'agrément.

Raphaël, frappé d'une nouveauté si piquante, résolut d'en
profiter, et, pour travailler avec plus de certitude, il sentit la
nécessité non-seulement de s'assurer des formes, mais de
connoître encore la distribution et l'arrangement singulier
des couleurs qui donnoient le jeu à toute l'ordonnance. M. Mariette conserve dans sa collection un des dessins coloriés
qui furent faits à cette occasion, et dans cette vue, par Jean
d'Udine, celui des disciples de Raphaël qui a le mieux réussi à
peindre des ornements. On remarque dans cette belle étude
avec quelle attention cet élève imitoit la peinture antique jusque dans ses plus petits détails. Les ornements connus sous
le nom de *Grotesques*, dont les Loges du Vatican sont enri-

chies, furent le fruit du parti que Raphaël sut tirer de ces
études, et, s'il étoit permis de douter de la fécondité et de la
richesse de son heureux génie, on seroit tenté de croire qu'il
n'auroit fait que copier ce qu'il auroit vu dans les Thermes
de Titus, tant il y a de conformité entre ces compositions
agréables et ce que les anciens ont fait dans le même genre.

On ignore si ce grand peintre fit copier avec les mêmes
soins et avec autant d'ardeur les sujets de composition qu'il
dût découvrir dans le même lieu; car la collection de ses études d'après les peintures antiques est dissipée ou cachée
dans l'obscurité de quelque cabinet inconnu. Les desseins
coloriés que le cardinal Camille Massimi, étant nonce en Espagne, vit dans la bibliothèque de l'Escurial, en faisoient
peut-être partie.

Cet ami des arts et de ceux qui les cultivoient, qui lui-
même manioit quelquefois le crayon et qui avoit appris à
l'école du savant Poussin à estimer l'antique, sentit tout le
prix d'un recueil de desseins si rares. Il obtint la permission
d'en tirer des copies, et, de retour en Italie, il s'en servit pour
y animer le goût de la peinture antique. Le commandeur dal
Pozzo, lié pareillement d'estime et d'amitié avec le Poussin,
entra dans les vues du cardinal; il montra le même désir de
perpétuer, autant qu'il étoit possible, les peintures antiques
qui avoient été découvertes jusqu'alors, et celles qui le pourroient être dans la suite; tous deux travaillèrent de concert,
et bientôt ils composèrent des recueils considérables de desseins coloriés, pris d'après les monuments de ce genre. Celui
du cardinal Massimi, après être demeuré assez longtemps entre les mains de ses héritiers, a été transporté en Angleterre;
mais je ne puis dire quel a été son sort depuis la mort du
docteur Mead, qui en avoit fait l'acquisition, et, quant au
recueil du commandeur dal Pozzo, on sait que le pape Clément XI l'avoit fait passer, avec tous les autres manuscrits de

cet illustre amateur de l'antiquité, dans son cabinet particulier, et qu'il en faisoit ses délices.

Presque tous les desseins dont ces deux recueils étoient composés furent exécutés par Pietre-Sante Bartoli, de Pérouse; et, si quelqu'un, qui s'occupe d'un objet pendant toute sa vie et qui s'y livre par goût, autant et peut-être encore plus que par des vues intéressées, y est plus propre et doit mieux réussir qu'un autre, cet artiste a dû rendre avec une extrême vérité les antiquités dans ses desseins ou dans ses gravures; aussi a-t-on pris depuis longtemps cette idée avantageuse de lui et de ses productions. Sans doute que l'importance de la matière qu'il traitoit a fait user d'indulgence et oublier les défauts d'un dessinateur qui donnoit beaucoup trop à sa manière, qui exprimoit presque toujours le trait de l'antique avec pesanteur; et qui par conséquent en faisoit plutôt la charge que le portrait. Les différents ouvrages qu'il a publiés sur les antiquités de Rome, les taches qui les déparent et les succès dont ils ont été pourtant accompagnés, sont la preuve de ce que j'avance. Il seroit inutile d'en donner ici le catalogue; il suffit d'observer qu'avant Pietre-Sante personne n'avoit rien fait paroître sur les peintures antiques, et qu'il est le premier qui, les ayant gravées, nous les ait fait connoître. Ce fut à l'occasion suivante.

En 1674, des ouvriers qui travailloient à la réparation de l'ancienne Voie Flaminienne découvrirent, par un pur hasard, à un mille et demi au-dessus de *Ponte-Mole*, un tombeau qui étoit caché depuis très longtemps sous terre, et dont tout l'intérieur se trouva rempli de peintures exécutées à fresque. Tout devient précieux quand il est rare, et ces peintures, tout au plus du temps des Antonins, et qui même étoient l'ouvrage d'un peintre assez médiocre, furent regardées avec respect, et du même œil qu'on auroit envisagé un tableau de Zeuxis ou d'Apelles. Une inscription qui fut trouvée dans le même lieu, et où se lisoit le nom de Nason, en apprenant que ce tombeau avoit appartenu à cette famille romaine, rendit la découverte encore plus intéressante. On publia que cette famille étoit la même que celle d'Ovide, et que le portrait de ce poëte célèbre se trouvoit dans une des peintures.

A cette nouvelle, tout Rome courut sur le lieu, et le cardinal Massimi, dont le zèle égaloit les lumières, ne vit point avec indifférence un monument si respectable et si singulier toucher à sa fin. Il savoit par expérience que des peintures qui ne s'étoient conservées dans leur premier éclat que parce que l'air n'avoit point agi sur elles, s'effaceroient aussitôt que cet élément cruel viendroit à les frapper, et il ne s'occupa que des moyens de réparer par quelque équivalent le malheur de leur perte prochaine. Il appela Pietre-Sante, et le chargea de prendre des copies fidèles de toutes ces peintures; mais, cette attention ne satisfaisant point assez l'empressement du public, dont la curiosité augmentoit à mesure que le monument acquéroit de la célébrité, Pietre-Sante en donna des estampes en 1680, et les publia avec de savantes explications composées par le Bellori.

La préface qui fut mise à la tête de cet ouvrage faisoit mention des autres morceaux de peinture antique qu'on voyoit à Rome, et Pietre-Sante sembloit contracter par cette annonce un engagement avec le public; il lui faisoit au moins naître le désir de les voir gravés de sa main. Il ne tarda pas à lui donner cette satisfaction; il fit paroître en 1697 un recueil de sépulcres antiques qui contenoit les peintures de la pyramide de Cestius, plusieurs compositions de *Grotesques* ou ornements qui décoroient l'intérieur de plusieurs tombeaux, et principalement de ceux qui furent découverts de son temps dans un terrain occupé par la vigne Corsini, réservant pour un ouvrage séparé quelques planches qu'il avoit déjà préparées, et qui, jointes à d'autres qu'il se proposoit de

graver encore, devoient former un corps complet de toutes
les peintures antiques dont on avoit connoissance.

L'exécution d'un si beau projet fut ralentie par la mort du
Bellori, sur l'étendue des lumières duquel Pietre-Sante se reposoit pour l'explication des planches qu'il préparoit. Bientôt Pietre-Sante mourut lui-même, et l'entreprise avorta.
Tout incomplet qu'étoit l'ouvrage, le public ne le demandoit
pas avec moins d'instance, et François Bartoli, fils de Pietre-
Sante, lui en fit présent en 1706. M. de la Chausse voulut bien
suppléer, par ses savantes explications, à celles que le Bellori
devoit fournir. Les planches n'étoient qu'au nombre de vingt-
quatre; encore n'y avoit-il que les quatorze premières qui
représentassent des morceaux de peinture. Ce qui donnoit
une certaine consistance à ce livre, étoit une seconde édition
du tombeau des Nasons et seize planches nouvelles, servant
de supplément aux sépulcres antiques déjà publiés.

Je n'ai point vu l'édition du livre des peintures antiques
qu'on vient de renouveler à Rome depuis quelque temps. Je
n'ai pas même entendu dire qu'elle fût grossie d'augmenta-
tions fort considérables; mais, en quelque état qu'elle soit,
on s'apercevra toujours que c'est un ouvrage posthume, et
qui n'a pas, à beaucoup près, été conduit à son terme. Ce
n'est cependant pas la seule chose qu'on puisse y désirer; en
partant des descriptions mêmes de chaque peinture, on sent
naître le désir de voir comment les couleurs y étoient distri-
buées et quel effet il résultoit de leur union.

Le sieur George Turnebull, Anglois, paroît avoir été occupé de cette idée, lorsqu'il a publié à Londres, en 1740, les
cinquante planches qui terminent son *Traité de la peinture
ancienne*. Il en avoit trouvé les desseins dans cette collection
du docteur Mead, dont j'ai fait mention plus haut; le riche
cabinet du cardinal Alexandre Albani lui en avoit fourni plusieurs autres; il fit copier celles que les princes de la maison

Farnèse avoient fait transférer à Parme, lorsqu'on découvrit, il y a environ trente ans, dans leur jardin, sur le mont Palatin, une chambre de bains dépendante du palais des Césars, et il étoit encore entré dans quelques cabinets aussi célèbres, et en avoit tiré les plus belles peintures antiques qui y étoient conservées.

Quel succès ne devoit-il pas attendre d'une si ample et si utile moisson? De pareilles recherches ne lui permettoient pas de douter que le public éclairé applaudiroit à son zèle et lui sauroit gré de ses soins. Il crut cependant les devoir pousser encore plus loin. C'étoit trop peu pour lui d'avoir fait graver une première fois cette nombreuse suite de peintures antiques, en s'aidant de la méthode ordinaire, qui, comme tout le monde le sait, se contente d'exprimer les formes ou contours des choses, et de les faire paroître saillantes et de relief, au moyen d'hachures ou de traits combinés en différents sens, et selon que le demandent la perspective et la distribution des ombres et des lumières. L'auteur anglois a voulu accompagner les trois premières de ces peintures, chacune en particulier, d'une seconde planche simplement au trait, et où fussent désignées par des chiffres correspondant à une explication particulière, les couleurs de chaque objet conformément à la peinture originale.

L'expédient est ingénieux, on ne peut en disconvenir; il ne me semble point cependant suffisant encore. Il accorde trop, ce me semble, à l'imagination. C'est laisser à chacun la liberté de supposer des teintes, de les arranger et de les modifier à son gré, et, en n'admettant que ce procédé seul, il est constant qu'avec les mêmes couleurs et sans sortir des places qui leur sont assignées, il se fera des tableaux sans nombre, et dont aucun ne se ressemblera parfaitement. Il en est de cela comme de la description toute nue d'un ouvrage. Quelqu'exacte et quelque précise qu'elle soit, elle ne laisse

que des idées générales et vagues dans l'esprit de celui qui
n'a pas vu l'ouvrage même. Que plusieurs artistes entrepren-
nent de peindre un tableau semblable à celui dont on leur a
mis sous les yeux la seule description, il résultera autant de
compositions différentes qu'il y aura de personnes qui s'y
seront exercées.

J'ai senti cet inconvénient, et, voulant donner un ouvrage
qui fît mieux connoître la peinture antique dans toutes ses
parties, j'ai imaginé un moyen, différent de celui auquel le
sieur Turnebull avoit eu recours, et dont personne, à ce que
je crois, ne s'est servi jusqu'à présent. Je ne sais si je me
trompe, mais je pense qu'il est l'unique dont on puisse promettre quelque réussite.

Une suite fort curieuse de desseins coloriés, que le hasard
m'a fait tomber depuis peu entre les mains, m'en a fait naître la pensée, et m'a, pour ainsi dire, mis sur la voie. Pietre-
Sante Bartoli est constamment l'auteur de ces desseins; ils
sont exécutés avec tout le soin dont cet artiste étoit capable,
d'après des peintures antiques, et presque tous ont le mérite
de la nouveauté. J'aurois pu me contenter de les faire graver
tout simplement dans la manière ordinaire : la beauté des
compositions eût eu suffisamment de quoi plaire; mais,
frappé du plaisir que font aux véritables connoisseurs les estampes qu'on nomme *clair-obscurs*, et qui imitent si bien le
lavis des desseins, j'ai pensé que des estampes, coloriées dans
le même esprit que les peintures, produiroient une satisfaction plus complète, et, ce qui me touche davantage, je me
suis persuadé qu'il en résulteroit une augmentation de connoissances pour l'art.

J'ai donc fait graver des planches au simple trait, et ce
trait, gravé au miroir, en donnant la véritable position et le
contour juste de chaque objet, guidera les peintres à *gouazze*,
dont il sera nécessaire d'emprunter le ministère, et leur ser-

vira à poser chaque couleur à sa véritable place. Car voilà comme je l'entends; les estampes dont j'ai fait graver les planches doivent être coloriées conformément à mes desseins, et l'on se servira pour cela de couleurs à la gomme, qui seront couchées avec le pinceau sur le papier et qui imiteront, avec autant de fidélité qu'il sera possible, le travail de la peinture antique. Je prévois que cette opération, qui a ses difficultés et ses longueurs, ne sera pas du goût de tout le monde, qu'elle exigera des soins que peu de gens voudront se donner; j'ai même lieu de craindre qu'on en sera détourné par une dépense qui paroîtra peut-être un peu trop considérable; cependant il seroit malheureux de ne pas trouver dans toute l'Europe trente personnes assez curieuses et assez désintéressées pour entrer dans mes vues, et je ne puis m'imaginer qu'elles me manquent.

Je n'en demande pas davantage, et je suis bien aise de les informer de la pureté de mes intentions. Je désire qu'elles sachent que je ne travaille que pour ceux qui, comme moi, aiment les arts et s'occupent de leur avancement; que c'est pour eux seuls que j'ai fait la dépense des planches et de l'impression, qui n'est pas peu de chose, et que, pour ajouter à la valeur du présent que je leur en fais, je me suis déterminé à faire rompre les planches aussitôt que j'en aurai fait imprimer le petit nombre d'épreuves qui me sera nécessaire pour l'accomplissement de mon projet. Je les distribuerai sans acception de personne, et seulement à ceux qui me les demanderont avec promesse de les faire colorier d'après les originaux, et, pour leur en faciliter les moyens et rendre l'exécution plus commode, je déposerai mes desseins au cabinet du roi, qui veut bien ne les recevoir qu'à condition de les communiquer à ceux qui auront pris avec moi l'engagement que je leur impose.

J'ai des raisons pour croire que les trente-trois desseins

que j'ai fait graver ont fait autrefois partie d'un recueil plus nombreux : je n'ai pas été assez heureux pour rassembler la totalité ; mais c'est toujours beaucoup d'avoir fait une pareille découverte en France, et, quand elle ne serviroit qu'à sauver de l'oubli quelques peintures antiques qui ne le cèdent assurément à aucune des plus belles qui ont paru jusqu'ici, ce présent me paroît toujours digne du public. Si mon exemple pouvoit engager ceux de qui nous attendons la représentation de toutes les antiquités découvertes sous les ruines d'Herculanum, à nous donner de la même façon les morceaux de peinture qui y ont été trouvés, je m'estimerois heureux d'avoir rendu ce service à la peinture.

Au reste, je puis répondre de la fidélité du trait des planches que je donne. Deux amateurs distingués par leur goût et par leurs talents ont bien voulu, par amitié pour moi, se prêter à mes vues ; ils ont exécuté plus d'un tiers de ces morceaux ; leurs ouvrages ne sont nullement inférieurs à ceux des habiles graveurs de profession qui m'ont pareillement aidés dans l'exécution de cette petite entreprise.

Explication des peintures antiques contenues dans ce recueil,

PAR MARIETTE.

Avant que de faire la description des peintures antiques dont j'entreprends l'explication, je dois faire connoître les lieux dans lesquels on en a fait la découverte. Je vais donc parcourir et détailler, le mieux qu'il me sera possible, l'édifice qui nous a conservé celles par où commence ce recueil. Un plan général que j'en ai trouvé et qui marche à la tête de ces peintures m'en fournira les moyens.

Figure 1.

Plan d'un édifice qui faisoit partie des Thermes de Titus, et dont on fit la découverte au mois de juillet de l'année 1668, dans la partie de ces Thermes qui regarde le Colisée, et à la distance de 250 palmes romains de ce dernier monument. Ce bâtiment, qu'on estime être un ouvrage de Trajan ou d'Adrien, consistoit en plusieurs chambres (n°° 2, 5, 6, 7 et 8) étant à la suite l'une de l'autre sans aucune communication, et toutes égales en grandeur, c'est-à-dire de 23 palmes ou 16 pieds en tous sens. Leur ancien pavé subsistoit encore ; c'étoit un assemblage de carreaux de marbre de diverses couleurs, formant un compartiment régulier, dont on a un échantillon sur un des côtés du plan, avec un pareil échantillon des ornements mêlés de stuc et de peinture qui tapissoient la voûte de la chambre du fond (n° 2) : cette voûte étoit la seule qui fût demeurée entière, celles de toutes les autres chambres et de la plus grande partie du corridor voisin étoient tombées de vétusté.

On voyoit encore sur les murs de plusieurs de ces chambres, et singulièrement sur ceux des chambres (n°° 5 et 6) divers morceaux de peinture à fresque, dont quelques-uns seront donnés ensuite de ce plan. Chaque chambre étoit éclairée par une fenêtre percée dans le mur extérieur, et l'on y entroit par une porte qui faisoit face à la fenêtre et qui avoit son issue dans un long corridor voûté, de 16 palmes de largeur. Cette dernière pièce étoit décorée de fontaines pratiquées de distance en distance dans des niches alternativement carrées et circulaires, au fond desquelles étoient peints en mosaïque des monstres marins ; et ces fontaines étoient placées vis-à-vis la porte de chaque chambre et figuroient avec elle. Une semblable fontaine, mais plus vaste,

terminoit le même corridor, et l'on y voyoit représenté, pareillement en mosaïque, une figure d'Apollon, qu'a gravé
Pietre-Sante, et qui fait la seconde planche de son livre des
peintures antiques. Le surplus des murailles étoit anciennement couvert, à droite et à gauche, de peintures à fresque représentant des paysages, dont on apercevoit une portion encore assez bien conservée à l'endroit marqué (n° 4), et le pavé
de mosaïque étoit un assemblage de petits morceaux de verre
rangés près l'un de l'autre, que renfermoit une bordure formée par deux listels, l'un couleur de pourpre, et l'autre de
cinabre, ainsi qu'il est figuré sur un des côtés du plan. L'escalier n° 9, qui étoit appuyé en dehors contre le mur de face
de cet édifice, étoit destiné pour monter à un appartement
supérieur dont il ne subsistoit plus rien; il arriva même,
lorsqu'on déterra ce bâtiment, que le mur de face (n° 10)
écroula pendant une nuit, sans avoir laissé le temps de dessiner les ornements de stuc dont il étoit décoré extérieure-
ment.

PEINTURES DE LA CHAMBRE n° 5.

Figure 2.

On voit dans la première de ces peintures un jeune homme
au-devant d'un portique, peut-être celui d'un temple; il est
représenté nu, suivant l'usage des Grecs, qui ne figuroient
point autrement leurs héros; sa couronne montre qu'il a
remporté le prix dans quelques jeux, ou qu'il s'est signalé à
la guerre. Il est, outre cela, coiffé d'un morceau d'étoffe qui,
pour l'espèce et la couleur, est semblable à la draperie que
le même jeune homme porte, à la manière des combattants,
roulée autour de son bras gauche. Si l'on veut supposer que
c'est un gladiateur qui a changé d'état et qui vient en remercier les dieux dans leur demeure, cette coiffure sera le bonnet

qui, en l'affranchissant, lui aura été donné en signe de la liberté. Le long bâton qu'il tient de la main gauche sera, dans le même sens, le bâton appelé *Rudis*, qui portoit l'exemption de combattre, et la couronne sera composée de feuilles de lentisque, qui étoit la récompense du gladiateur victorieux.

Figure 3.

Une femme majestueusement drapée, portant un long sceptre et posant le doigt sur sa bouche, comme pour s'avertir elle-même, ainsi que ceux qui l'approchent, de garder le silence; ce qui seul peut faire imaginer que c'est une prêtresse. Cette peinture se trouvoit à gauche en entrant dans la même chambre que le précédent tableau, et la figure qui y est exprimée étoit pareillement appliquée sur un fond brun tout uni. Les anciens, qui aimoient les couleurs entières, se plaisoient à donner à leurs peintures de ces sortes de fonds : ils ne manquoient guère aussi de les environner d'un listel, assez ordinairement couleur de cinabre, qui leur servoit de cadre.

Figure 4.

Une jeune prêtresse couronnée de fleurs; ses bras sont ornés de bracelets d'or ; d'une main elle tient l'aspersoir, instrument usité dans les sacrifices et qui servoit à purifier les assistants, en les arrosant d'eau lustrale; de l'autre main elle porte une patère couverte de fruits. Pour mieux faire goûter son offrande à la divinité qu'elle sert et se la rendre favorable, elle a pénétré jusque dans la partie la plus reculée et la plus secrète du temple, appelée le *Sacellum*. Des colonnes d'ordre ionique couronnées par un architrave forment ici l'enceinte de ce lieu sacré, et, sur le linteau de la porte qui y donné entrée, ainsi que sur un lambris à hauteur d'appui qui sépare ce réduit d'avec le reste du temple, sont posées des lampes ardentes ; elles éclairent un lieu qui, toujours privé de lumière, en devenoit plus propre à imprimer le respect.

Figure 5.

Dans le nombre des explications qui se lisent sur le plan de l'édifice antique qui est à la tête de ce recueil, il s'en trouve une qui nous apprend que tout ce qui étoit peint dans la chambre n° 6 devoit se rapporter à la fable d'Adonis. Je comprends très-bien combien ce sentiment est susceptible de critique ; mais, comme il a été embrassé par M. de la Chausse dans sa *Description des peintures antiques* publiées par *Pietre-Sante*, le respect que j'ai attaché à tout ce qui vient de la part d'un antiquaire aussi éclairé fera que je ne m'en écarterai point. Je dirai donc avec lui que le beau jeune homme armé d'un thyrse et couronné de myrthe, qui, dans le premier de ces tableaux, se repose à l'ombre d'un pavillon, est l'amant de Vénus sous la figure de Bacchus. Je ferai pareillement remarquer que des deux bacchantes qui l'accompagnent, l'une joue d'une double flûte recourbée en manière de trompe, ce qui étoit fait pour augmenter le son, et l'autre, ayant les cheveux épars et portant un thyrse dépouillé des feuilles de pin, qui en couvrent ordinairement le fer, fait résonner l'espèce de tambour dont on faisoit usage dans les bacchanales ou orgies, et qui étoit appelé *crepitaculum*.

Figure 6.

Dans le second tableau, et c'est encore M. de la Chausse de qui j'emprunte cette explication, les trois Grâces se tiennent par la main, et, dansant en rond, elles célèbrent l'arrivée d'Adonis dans le monde. Cette peinture, de même que la précédente, ayant déjà été gravée et publiée par *Pietre-Sante* Bartoli dans son ouvrage intitulé : *Le Pitture antiche*, il semble qu'on auroit pu se dispenser de les faire paroître une seconde fois, ce qui est vrai dans la supposition que les premières copies étoient fidèles ; mais, comme il s'en faut beaucoup qu'elles ne le soient, que, faute d'attention, tous les objets y sont tournés dans un sens contraire aux tableaux, et que la description qu'on a fait de ces peintures manque pareillement d'exactitude et se trompe en plusieurs endroits dans l'indication des couleurs qui y ont été employées, l'on s'est cru obligé de les reproduire de nouveau. L'extrême précision avec laquelle on s'en acquitte laissera regretter sans doute qu'on n'ait pu donner de la même façon deux autres morceaux de peintures qui, dans le même lieu, représentoient la naissance d'Adonis et son départ pour la chasse fatale du sanglier qui doit couper le fil de ses jours ; mais on n'a pas été assez heureux pour les trouver dans la suite des desseins dont on fait part au public. Il faut se contenter, quant à présent, des estampes qu'en a publié *Pietre-Sante*, qui nous apprend que les quatre tableaux originaux se conservent à Rome dans le palais Massimi, où le cardinal Camille les fit transporter, avec la partie de mur sur lequel ils étoient peints, presque aussitôt qu'on en eût fait la découverte.

PEINTURES TROUVÉES DANS UN AUTRE ÉDIFICE DÉPENDANT DES THERMES DE TITUS.

Figure 7.

Cet édifice, qui étoit extrêmement orné, fut découvert en 1683 sous les décombres dont il étoit enveloppé de toutes parts. Il étoit voisin d'un grand réservoir qui fournissoit les eaux aux Thermes de Titus, et qu'on connoît sous le nom des *Sept salles*, et, par rapport à ce dernier bâtiment, il étoit assis, tirant vers l'occident. Le plan fait voir qu'il étoit de forme carrée, et qu'il avoit dans œuvre 78 palmes romains, ce qui revient à 54 de nos pieds-de-roi. C'étoit, dans sa première construction, un salon du genre de ceux que Vitruve nomme salle corinthienne, dont le milieu étoit séparé des galeries, qui régnoient au pourtour, par douze colonnes d'ordre corinthien. Ces colonnes, cannelées et isolées, avoient leur entablement qui profiloit tant du côté de la salle que du côté des galeries, et sur lequel venoit s'appuyer la retombée des plafonds formés en plein ceintre; mais il paroît que dans des siècles postérieurs la forme de cet édifice avoit été considérablement altérée. On y avoit ménagé des chambres aux quatre encoignures, et l'on avoit pour cela engagé dans des murailles postiches les colonnes qui, auparavant, étoient isolées. C'est ainsi que l'indique le plan que je produis, du moins pour la partie qui se présente à droite en entrant, et qui y est marqué du nombre 2. Les endroits, désignés par ces autres nombres 3, 4 et 5, sont ceux où l'on trouva des peintures que l'on donnera à part à la suite de ce plan. Celle qui ornoit anciennement le plafond au-dessus de la porte d'entrée (n° 6) ne subsistoit plus.

Figure 8.

Cette coupe donne la décoration intérieure du précédent édifice. On voit qu'il n'étoit éclairé que par une ouverture (n° 1) pratiquée au centre du plafond comme à la Rotonde, et l'inscription italienne, dont le dessein est accompagné, nous apprend que la terrasse, qui couvroit l'édifice et qui lui servoit de toit (n° 2), étoit pavée de petites pièces, apparemment de marbre, formant une mosaïque très-fine. La voûte en ca-

lotte (n° 3) étoit enrichie intérieurement de *grotesques* exécutées en mosaïque, ainsi qu'on pouvoit en juger par le peu
qui en restoit, car cette partie de l'édifice étoit en assez mauvais ordre, à la différence des plafonds de trois des bas-côtés
(n° 4), où subsistoit encore dans chaque milieu une composition d'ornements de fort bon goût, peinte à fresque, telle
qu'on la verra représentée dans la planche suivante. Des mar-.
bres rares, de diverses. couleurs (n° 5), mais dont la plus
grande partie paroissoit avoir déjà été arrachée lorsqu'on fit
la découverte de cet édifice, en incrustoient toutes les murailles. Les colonnes (n° 7) se montrent dans leur ancienne et
première position, c'est-à-dire isolées : elles ne paroissent
plus du côté n° 6, et à leur place sont les nouveaux murs, les
portes des chambres pratiquées aux encoignures, et de petits
pilastres, dont les chapiteaux, faits de pièces de rapport, re-
çoivent la retombée de l'archivolte des quatre grandes arcades qui, dans la dernière construction, partagent l'édifice, et
lui font avoir, par le plan, la forme de ce que nous appelons
une croix grecque.

Figure 9.

Compartiment d'ornements du genre de ceux auxquels on
a donné le nom de *grotesques*, et qui étoit à fresque dans le
plafond d'une des galeries du précédent édifice. C'étoit dans
celle qui fait face à l'entrée de la salle. Les plafonds des parties latérales ne différoient pas beaucoup de celui-ci par la
composition générale, et ne pouvoient varier que dans. les
détails. On voit au centre, dans une forme octogone, une.
figure ailée dont on trouvera la représentation plus en grand
dans le morceau suivant.

Figure 10.

La déesse Flore : elle voltige dans les airs et se pare d'une couronne de fleurs. Cette peinture, celle qui la suit, et une troisième dans laquelle M. de la Chausse a cru reconnoître l'apothéose de Faustine la jeune, et qui étoit dans le même lieu, sont encore du nombre de celles que *Pietre-Sante* a publiées dans son ouvrage des peintures antiques, mais avec les mêmes défauts qu'on a déjà fait observer.

Figure 11.

L'Aurore précédée d'une des Heures, et toutes deux portant des couronnes et les fleurs dont elles vont embellir la surface de la terre. L'ancien peintre a judicieusement vêtu ces figures d'étoffes fines et légèrement teintes de couleurs douces et changeantes. Ce sujet occupoit le milieu du plafond dans la partie marquée 3 sur le plan.

AUTRES PEINTURES DONT ÉTOIENT ORNÉS LES THERMES DE TITUS.

Figures 12, 13 *et* 14.

Ce morceau de peinture et les deux qui le suivent, et qui étoient à sa droite et à sa gauche, composoient ensemble une espèce de frise dans une des chambres des Thermes de Titus. Je n'ose assurer que ce fut dans l'édifice par où l'on a fait commencer ce recueil, quoique j'y voie quelque vraisemblance. Ce que je puis donner pour constant, c'est que la peinture étoit placée au-dessus de la porte d'entrée de la chambre qui en étoit décorée, et, pour en achever la description, j'ajouterai que dans la partie du milieu, à travers d'une ouverture précédée par un porche soutenu de colonnes, dont celles qui se présentent les premières sont cannelées en spirale, l'on remarque la déesse Bellone qui, appuyée sur son bouclier, le casque en tête et couronnée de lauriers, tend la main à une femme qui l'aborde en suppliante, et qui, tenant une branche d'olivier, représente sans doute la Paix, ou quelque province lasse de se voir désolée par la guerre.

Dans le tableau à gauche, marqué de la lettre A, Hercule se sépare de la déesse des combats, et part sur l'assurance qu'elle lui donne des plus heureux succès. Cette même ordonnance, représentée fort grossièrement sur un verre antique, a été rapportée par l'illustre sénateur Buonarruoti dans ses savantes observations sur des fragments de verres antiques, *pl.* 27, *p.* 184. Le savant antiquaire est persuadé que c'est Pallas introduisant Hercule dans le séjour des dieux.

La même déesse paroît assise dans le tableau à droite marqué B, et met une bourse entre les mains d'un athlète dont le bonnet annonce une origine phrygienne. Il a pour arme une espèce de javelot muni à son extrémité d'un harpon ou crochet, semblable à celui qu'on voit entre les mains de Persée sur quelques pierres gravées antiques, et qu'on croit être l'arme que les Grecs nommoient *harpé*. Ces deux derniers sujets se font voir à travers l'ouverture d'une porte, couronnée d'un fronton ceintré et revêtue de marbres précieux.

Figure 15.

Thésée, suivi d'un autre héros de la Grèce, combattant contre deux amazones, reconnoissables à la forme de leur bouclier et à l'habit court dont elles sont vêtues; il lance contre elles une balle de cuivre. Cette peinture, dont on ne peut trop admirer la belle ordonnance, a reparu en 1684, près du bâtiment des *Sept salles,* dans les ruines des thermes de Titus; et ne diroit-on pas qu'Annibal Carrache en avoit déjà eu connoissance? Car peut-on désirer plus de conformité qu'il y en a entre l'attitude de la première des deux amazones, qui darde un javelot, et la position du soldat auquel il a fait faire un semblable mouvement dans son tableau de Persée, de la galerie Farnèse? Il n'est point douteux que ce grand peintre a visité les thermes de Titus, et que, touché de l'excellence des peintures antiques qu'il y vit, il en a dessiné plusieurs. Il a donc pu entrer dans le souterrain qui renfermoit celle-ci, et, loin de lui vouloir faire un crime d'avoir profité de sa découverte, il n'en est, à mon avis, que plus estimable. Son bon choix fait l'éloge de son goût, et la beauté supérieure de l'attitude qu'il s'est appropriée montre en même temps de quelle utilité est, pour les artistes les plus consommés, l'étude de l'antique.

Figure 16.

Une femme attirant à elle un homme qu'elle tient par la main. Peut-être Vénus et Anchise. Le dessein marque que cette peinture étoit voisine d'une porte indiquée par la lettre G; mais, n'ayant pas le plan de l'édifice auquel cette lettre renvoyoit, l'on ne peut dire positivement en quel endroit des thermes de Titus ce morceau a été découvert.

PEINTURES QUI ONT ÉTÉ TROUVÉES A LA FIN DU SIÈCLE DERNIER DANS DES TOMBEAUX, EN FOUILLANT LE TERRAIN DE LA VIGNE CORSINI, HORS DE LA PORTE SAINT-PANCRACE A ROME.

Figure 17.

La décoration intérieure d'une de ces chambres sépulcrales, auxquelles la disposition des urnes funéraires dans des

niches à plusieurs étages, a fait donner anciennement le nom
de *columbarium.* Chaque famille un peu puissante avoit ordinairement la sienne. Les quatre faces de celle-ci présentoient une décoration uniforme. On a choisi celle où étoient
placées la porte (n° 1) par laquelle on descendoit autrefois
dans ce tombeau, et une petite fenêtre (n° 2) qui y faisoit entrer un très-foible jour, cette fenêtre étant au milieu de deux
génies et au-dessous d'un enlassement de ceps de vigne qui
étoient peints en cet endroit sur le mur, c'est-à-dire dans la
partie ceintrée la plus voisine de la voûte. Le surplus des
murs en contre-bas étoit divisé en trois parties, à peu près
égales, par un membre d'architecture, et par des bandes alternativement peintes en bleu et en cinabre. La plus élevée
étoit la plus enrichie; on y voyoit peints des vases et des
guirlandes de fleurs, et dans toutes les trois étoient creusées
dans le mur et arrangées symétriquement, à l'aplomb l'une
de l'autre, quatre rangées de niches (n° 3) en forme de cul
de four, renfermant chacune deux urnes cinéraires dont il ne
paroissoit que le couvercle; le surplus étant maçonné dans
le mur. Le nom des personnes auxquelles appartenoient les
cendres étoit écrit dans des cartels (n° 4) placés et peints au-
dessus de chaque niche; mais le temps avoit tellement effacé
ceux-ci qu'à peine en put-on lire quelques-uns. L'échelle qui
accompagne ce dessein sert à en mesurer toutes les parties,
et fait voir que cette chambre avoit en carré dix palmes et
demi, ou un peu plus de sept pieds. *Pietre-Sante* avoit déjà
présenté dans son livre des *Sepolcri antichi* (*pl.* 5) la même
décoration de chambre dans un autre aspect.

Figure 18.

Compartiment d'ornements, peints dans le plafond de la
précédente chambre sépulcrale. On y aperçoit au centre un

cheval ailé qui, dans la théologie des païens, étoit destiné à transporter les âmes au séjour des bienheureux. Ce plafond se trouve encore gravé par *Pietre-Sante Bartoli* dans l'ouvrage que je viens de citer (*pl.* 6), mais les proportions en sont différentes.

Figure 19.

'Grotesques peintes dans la partie ceintrée, appelée *lunette*, d'une des chambres sépulcrales de la vigne Corsini. Entre des guirlandes de fleurs et divers instruments de musique, des flûtes à plusieurs tuyaux, des cymbales et des tambours de bacchantes, paroît un petit tableau dans lequel deux aigles semblent veiller à la garde d'un vase rempli de nectar. *Pietre-Sante* a gravé cette composition dans la neuvième planche de son livre des Sépulcres antiques.

Figure 20.

L'intérieur d'une autre chambre sépulcrale, magnifiquement décorée, et qui fut déterrée au même endroit que les précédentes. Elle a été pareillement gravée et publiée par *Pietre-Sante* dans l'ouvrage cité ci-dessus (*pl.* 13), mais avec bien moins d'exactitude qu'on ne le fait ici, cet artiste n'ayant pas même eu la précaution de graver sa planche au miroir, afin qu'elle fît voir à l'impression les objets du même sens que dans l'original. Le sujet peint dans la partie ceintrée, ou *lunette*, représente une âme qui traverse le Cocyte, et qu'attendent d'autres âmes qui jouissent du bonheur de l'Elysée. On voit plus bas un grand sarcophage de marbre blanc, logé dans le mur et destiné à renfermer les cendres de celui qui avoit fait la dépense de ce monument. On peut croire que c'étoit un homme riche en terres et en biens de campagne, et que, pour se nourrir de cette douce idée, même dans le tombeau, il a voulu qu'on représentât, dans le tableau qui sert de couronnement à son sarcophage, le paysage et tous les animaux domestiques dont il est meublé, et dont il fut possesseur pendant sa vie. Le jeune homme et le vieillard qui sont aux côtés de cette peinture, et qui soutiennent au-dessus une guirlande de fleurs, font souvenir que la mort exerce son pouvoir sur tous les âges. L'on a dans le contour extérieur le profil de l'édifice, qui étoit revêtu de grands pilastres d'ordre corinthien, et l'on remarque dans l'épaisseur des murs le renfoncement des niches et comment y étoient maçonnées les urnes cinéraires. Ce tombeau étoit celui de P. ÆLIUS TROFIMUS, et devoit aussi servir aux familles de ses affranchis. C'est ce que dit l'inscription qu'on voit au pied du dessein, et qui est la même qu'on trouva placée au-dessus de la porte par laquelle on entroit dans ce sépulcre.

Figure 21.

Les peintures du plafond du précédent tombeau; elles sont d'un goût exquis, n'ont point encore été données, et serviront à compléter ce que *Pietre-Sante* a publié des tombeaux de la vigne Corsini dans son ouvrage des *Sepolcri antichi*. On sait que Mercure étoit chargé de conduire les âmes aux enfers; aussi occupe-t-il la principale place dans cette composition d'ornements. Les pavots qu'il tient sont une image du sommeil éternel dans lequel les hommes sont ensevelis après leur mort.

Figure 22.

Autre compartiment d'ornements peint dans le plafond d'une des chambres sépulcrales de la même vigne Corsini. Il a le même mérite que le précédent, celui de paroître pour la première fois et d'être agréablement composé.

PEINTURES DÉCOUVERTES SOUS LE PONTIFICAT D'ALEXANDRE VII,
DANS UN SOUTERRAIN AU JARDIN DES RELIGIEUX CAMALDULES
DE SAINT GRÉGOIRE, SUR LE MONT CELIO.

Figure 23.

Le plafond de cette chambre a cela de remarquable qu'on
y voit, dans cinq médaillons, et au milieu d'une assez riche
composition d'ornements, les portraits de toute la famille,
homme, femme et enfants, pour qui l'édifice a indubitable-
ment été construit. On ne le croit pas exécuté dans les meilleurs siècles. Les médaillons étoient environnés d'une bordure en relief et dorée, et l'on en trouve le profil dans un des
coins de la planche.

Figure 24.

Un jeune homme et sa compagne, assis sur une roche au
milieu de la mer, d'où ils regardent des enfants qui se jouent
dans les flots, et d'autres qui, montés dans des barques,
s'exercent à la pêche, ou font retentir l'air de leurs chants et
du son de leurs instruments. Le jeune homme, coiffé singulièrement, tient une coupe et une couronne de fleurs. C'est
peut-être Bacchus avec Ariadne dans l'île de Naxos. Cette
peinture, dont la forme est un demi-ceintre, occupoit la principale face de la chambre dont on vient de voir le plafond, et
se joignoit à la voûte.

Figure 25.

La naissance de Vénus. Cette déesse, parée des grâces de
la jeunesse, fend les flots qui l'ont vu naître. Des amours vol-

tigent autour d'elle, et des enfants sur le rivage célèbrent par leurs chants cet événement, et préparent des fleurs pour en semer les pas de la déesse. Ce tableau, plus petit que le précédent et de la même forme, occupoit une place dans là même chambre. On ne peut qu'être choqué de la disproportion des figures qui entrent dans sa composition, et de là l'on peut juger que la peinture étoit alors dans la décadence et approchoit de sa chute. Il y a apparence que ces morceaux de peinture sont ceux dont l'abbé du Bos fait mention dans ses *Réflexions critiques sur la poésie et sur la peinture*, t. I, p. 351, et qu'il avoit vus sur le mont Celio.

AUTRES PEINTURES TROUVÉES DANS ROME.

Figure 26.

Cet assemblage de trois tableaux peints sur la même muraille formoit une espèce de frise qui, posée sur un soubassement autrefois incrusté de marbres précieux, étoit encore couronnée, à la hauteur de neuf palmes prise de dessus le pavé de la chambre, par un bandeau de marbre, lequel étoit surmonté d'une astragale de même matière. Des trois tableaux, celui du milieu représente une prêtresse qui immole un bélier, et, dans ceux qui sont à droite et à gauche, un homme et une femme, nus et couchés sur des lits, tendent la main vers le ciel, ce qui, chez les anciens, étoit un acte d'invocation, et ce qui fait présumer en même temps que c'est pour eux que se fait le sacrifice. Ce morceau de peinture occupoit toute la façade d'une chambre qui fut découverte dans un jardin placé à main droite d'une rue qui conduit à Saint-Etienne-le-Rond. Les marbres rares dont elle étoit incrustée se trouvèrent répandus sur le pavé et mêlés avec d'autres décombres. La lettre E, qui se voit sur le dessein dont on donne la copie, semble être un indice de plusieurs autres peintures qui avoient été dessinées dans le même lieu, et je regrette fort de ne pouvoir point en donner l'explication ni la figure.

Figure 27.

Une vieille femme assise à terre et se reposant. Une quenouille qui est entre ses bras lui a fait donner le nom d'une des Parques. Ce fragment de peinture antique, qui, pour la manière, est tellement dans le style de Michel Ange qu'on le prendroit aisément pour une des productions de ce grand artiste, faisoit autrefois partie d'une composition d'ornements, à en juger par les arrachements de rinceaux et de feuillages qui sont demeurés dans le fond. Il fut découvert en 1656 sur le mont Celio, dans les ruines qu'on prétend avoir appartenu au palais de la famille des Laterani, et se conserve dans le palais Barberin. On en avoit déjà une représentation, mais fort imparfaite, dans un *Traité de la peinture des anciens*, écrit en anglois par George Turnebull, et imprimé à Londres en 1740.

Figure 28.

Le fragment d'une frise dans laquelle des enfants se jouent avec un rinceau d'ornement, qui, au lieu de fleurs, produit en quelques endroits des animaux et des figures fantastiques. L'exécution en est excellente, à ce qu'assurent ceux qui ont considéré dans le palais Farnèse cette peinture antique; elle y a été transférée des ruines de la ville Adrienne, et l'abbé du Bos en parle dans l'endroit de ses *Réflexions critiques*, où il fait l'énumération des peintures antiques qu'on voyoit à Rome dans le temps qu'il y étoit.

Figure 29.

Un autre fragment de frise dans laquelle sont représentées des femmes ailées ou des Victoires. Elles posent sur des fleurons en forme de plateau, d'où prennent naissance des rinceaux d'ornements de fort bon goût. Ce morceau de peinture, qui plaît dans sa noble simplicité, fut découvert en 1689 dans une vigne hors de la porte Saint-Sébastien, vis-à-vis de la chapelle qui a été construite à l'endroit où Jésus-Christ apparut à saint Pierre et lui prédit le genre de son martyre, et qui, pour cette raison, a retenu le nom de *Domine quo vadis.*

Figure 30.

La pompe d'un triomphe. Celui qui jouit ici de cet honneur suprême est monté dans un char attelé de deux chevaux richement harnachés et ayant sur la tête des aigrettes d'or. Il est revêtu de l'habit dont se paroient les triomphateurs; c'étoit une étoffe de pourpre brodée en or. On nommoit cette robe *toga picta*, et, si l'on est curieux de savoir plus particulièrement en quoi elle consistoit, je conseille de lire ce qu'en a écrit le sénateur Buonarruoti dans ses excellentes *Observations sur des fragments de verres antiques* (p. 247 et suiv.). Le triomphateur donne de la main droite un signal. Je ne doute point que ce ne soit celui d'une distribution de grains; elle me semble indiquée par les différentes mesures éparses à droite et à gauche du char, et que se disputent deux groupes d'hommes qui veulent se les approprier. Quatre cavaliers marchent sur les côtés du même char, et portent de longues trompes. Ce sujet intéressant le devient encore davantage par la façon dont il est agencé. Il occupe la partie supérieure d'un grand tapis d'étoffe verte rayée de jaune, qui paroît un ouvrage égyptien, la bande, ou ce qui sert de bordure au tapis, étant remplie de divinités de ce pays et de prêtres de la même nation, qui leur rendent un culte religieux.

Ce qui est écrit au bas du dessein nous avertit que cette peinture avoit son pendant, et que, pour en donner une représentation fidèle, il avoit fallu recourir à un autre dessein qu'avoit fait faire le commandeur Charles-Antoine dal Pozzo, dans le temps que l'ouvrage étoit plus en son entier, et avant que le cardinal Massimi eût fait enlever de dessus la muraille la partie qui représente le triomphe.

On auroit pu observer encore que cette peinture étoit un ouvrage de marbres de rapport; que dans celle qui en faisoit le pendant, l'enlèvement d'Hylas étoit représenté en place du triomphe; que l'une et l'autre entroient autrefois dans la décoration d'un ancien édifice converti en une église, aujourd'hui détruite, nommée Saint-André *in Barbara*, dans le voisinage de Sainte-Marie-Majeure, et que le palais où le cardinal Massimi les avoit fait transporter est le même qui, après avoir été occupé par le cardinal Nerli, l'est aujourd'hui par la famille Albani, aux Quatre-Fontaines. Tout cela se trouve rapporté dans le premier volume de l'ouvrage du Ciampini, intitulé : *Vetera monimenta*, avec une représentation fort mauvaise de ces deux anciennes peintures et une explication qui est particulière à cet auteur, et à laquelle je n'ai pas cru devoir me conformer.

Figure 31.

Un tableau en mosaïque, que l'écrit joint au dessein dit avoir été trouvé dans un jardin appelé *del Carciofalo*(1). Le

---

(1) C'est-à-dire de l'*Artichaut*.

combat du myrmillon et du rétiaire, et la victoire que l'un
de ces deux gladiateurs remporte sur son adversaire, y sont
représentés. Cette double action met deux sujets dans le
même tableau qui, comme l'on voit, se trouve partagé en
deux portions égales. Dans la première, un rétiaire nommé
KALENDIO, la tête découverte, et n'ayant pour toute défense
qu'un petit bouclier carré, posé sur le haut de l'épaule gauche, reconnoissable surtout au trident que le peintre a eu
soin de représenter auprès de ce gladiateur et qui étoit en
effet l'arme dont il se servoit, attaque vivement le myrmillon, et ce dernier, couvert de son large bouclier, le casque
en tête et l'épée à la main, s'avance avec fermeté, quoique
enveloppé de l'ample filet que le rétiaire a déjà jeté sur lui.

Chaque gladiateur avoit son nom de guerre, et le myrmillon est appelé ici ASTIANAX. Ils avoient aussi des maîtres
de qui ils dépendoient, qui les louoient et qui présidoient à
leurs combats. Le rétiaire est suivi du sien, qui, revêtu d'une
tunique singulière et une haste à la main, étend le bras droit,
et par ce geste excite les deux combattants à ne se point ménager.

La fin de leur combat est exprimée dans la seconde partie
du tableau. Le rétiaire, qui a changé d'arme, et qui n'a en
main qu'une courte épée, a reçu une blessure et est renversé
à terre, prêt à expirer; aussi l'inscription du tableau porte-
t-elle qu'Astianax est vainqueur : ASTIANAX VICIT, tandis
qu'à la suite du nom de l'autre gladiateur KALENDIO, on voit
la même note (1) qui étoit d'usage dans les jugements, et
qui, lorsqu'elle accompagnoit le nom d'un criminel, apprenoit qu'il étoit condamné à mort. C'est une lettre O traversée

---

(1) Cette note se rencontre encore sur quelques inscriptions funéraires rapportées par Gruter, et ce savant antiquaire ne lui donne
pas d'autre signification que la mienne.   (Note de Mariette.)

diagonalement par une ligne droite, qui répond au mot Oc-
CIDIT, il est mort, ou bien un Θ, première lettre du mot
Θάνατος, qui, chez les Grecs, étoit le nom de la mort, et c'est
dans ce sens qu'Ausone l'a employé et en a fait le jeu de sa
cent vingtième épigramme contenant une invective qui finit
par ce vers :

> *Tuumque nomen Θ sectilis signet.*
> Et qu'un théta tranchant soit le seing de ton nom.

Les deux gladiateurs, dans cette partie supérieure du tableau, sont accompagnés du maître auquel ils appartiennent,
et celui qui est derrière le rétiaire paroît être accouru pour
le secourir.

Cette peinture me paroît avoir été faite sur le modèle de
celles qu'on exposoit en public, lorsqu'il falloit annoncer au
peuple des combats de gladiateurs. C'est une mosaïque, et,
comme des personnes qui l'ont vue dans le palais Massimi
m'ont assuré que le travail en étoit médiocre, et même assez
grossier, je ne soupçonne pas, sans fondement qu'elle a pu
faire le pavé de quelque salle d'exercice ou d'escrime. La
bordure qui l'entoure vient encore à l'appui de ma conjecture : elle est d'un genre singulier, et dont il y a des exemples dans les pavés des anciens.

Figure 32.

Ce pavé de mosaïque a trente palmes ou vingt et un pieds
en tout sens, et, sur un fond composé de petits cubes de verre
blanc, l'on voit représentées Amphitrite et trois nymphes,
divers poissons et des amours tenant des tridents : toutes ces
différentes figures exprimées au moyen de l'assemblage de
petits morceaux de verre coloriés en noir.

Lorsque M. de la Chausse en donna l'explication dans le

livre des *Peintures antiques*, il faut croire qu'il n'étoit guidé que par l'estampe qu'en a gravé *Pietre-Sante*, et qui n'est pas autrement exacte; s'il eût vu le monument en original, il n'auroit pas manqué de faire observer le rond de porphyre qui est au centre, et qui, percé de huit trous dans les intervalles des rayons d'une étoile en bas-relief, servoit d'issue à l'eau qui pouvoit se répandre autrefois sur ce pavé. Car c'étoit, il n'est point douteux, celui d'une salle de bains. Ces trous conduisoient l'eau dans un puisard, et de là dans un aqueduc qui débouchoit dans les cloaques publics. La découverte qui se fit de ce superbe pavé fut accompagnée de celle de quantité de tuyaux qui n'eurent jamais d'autre destination que celle de conduire de l'eau dans cette chambre pour le besoin des personnes qui y prenoient le bain.

M. de la Chausse a cru que la chambre se remplissoit entièrement d'eau, et qu'elle devenoit alors un lieu propre à donner des leçons à ceux qui vouloient apprendre à nager; qu'elle faisoit partie de la piscine publique dont Cicéron fait mention dans une de ses lettres à Quintus, son frère, et, pour le mieux établir, il suppose que ce pavé a été trouvé près de la porte Saint-Sébastien, autrefois la porte *Capena*, et que c'étoit en cet endroit qu'étoit située la piscine publique. En quoi cet habile antiquaire me paroît se tromper d'autant plus manifestement que, dès le temps du grammairien Sextus Pompeius Festus, qui a vécu sous les premiers empereurs chrétiens, il ne restoit absolument plus rien de la piscine publique. Cet auteur nous apprend qu'elle étoit entièrement détruite et qu'on n'en parloit que par tradition. Ajoutez que ce morceau de mosaïque, déterré en 1670, n'a pas été découvert où M. de la Chausse voudroit le placer; il a été trouvé au pied du mont Celio, un peu au delà des ruines du grand cirque, dans le même jardin dit *del Carciofalo*, où étoit le pavé dont on vient de voir la représentation dans la précédente figure. Tous deux indiquent qu'il y avoit eu en cet endroit un lieu d'exercice et de bains. L'un n'alloit, en effet, presque jamais sans l'autre.

Figure 33.

Ce morceau d'antiquité n'a rien de commun avec la peinture antique; mais, comme il faisoit partie des desseins qu'on donnoit au public, on a cru, pour ne rien laisser perdre d'un si précieux recueil, devoir le faire pareillement graver. On y a la coupe d'une portion du mont Esquilin et des bâtiments souterrains qui y furent découverts en 1684, à l'occasion d'une nouvelle rue qui fut ouverte en ce temps-là sur la croupe de cette montagne, du côté qui regarde la petite place appelée *Suburra*, et voici en quoi ils consistoient :

1. Une chambre souterraine, en manière de tour voûtée, qui a servi de prison à saint Laurent, diacre de l'Eglise romaine et martyr. — 2. La fontaine dans laquelle le saint diacre baptisa saint Hyppolite. — 3. Escalier servant à descendre dans ladite prison. — 4. Corridor pratiqué sous terre, et qui conduit à la prison de saint Laurent. — 5. Terre-plain. — 6. Dessus du terrain étant au pied du mont Esquilin. — 7. Chambre souterraine dont tous les murs, et jusqu'à la voûte, se trouvent revêtus d'une mosaïque de coquilles et de morceaux de verre coloriés. — 8. Aqueduc antique. — 9. Portique au-devant de cet aqueduc, formé par un rang de colonnes doriques enduites de stuc sur un noyau de pierre de tévortin. — 10. Chambre adossée à l'aqueduc et prise dans le massif du terrain. Sa construction étoit de briques posées sur l'angle, ou diagonalement, ce que les anciens appeloient *opus reticulatum*, à cause de la ressemblance du parement d'une semblable muraille avec les mailles d'un filet. — 11. Portion du mont Esquilin aplanie pour la construction de nou-

velles maisons. — 12. Maisons nouvellement construites. — 13. Ouverture d'une nouvelle rue. — 14. Porte qui est dans l'église de Saint-Laurent *in fonte,* et qui aboutit à des degrés, et ensuite au corridor par lequel on arrive à la prison de saint Laurent. — 15. Porte antique revêtue de pierre de tévertin. Il y a apparence qu'elle donnoit entrée dans une chambre souterraine qui fut détruite lorsqu'on fit le corridor n° 4.

— En tête du recueil des dessins originaux, donnés au cabinet des estampes par M. de Caylus, se trouve ce titre : Desseins originaux, par Pietré-Sante Bartoli, de peintures antiques trouvées à Rome, lesquels M. le comte de Caylus a acquis, fait graver et fait casser les planches après le tirage de trente exemplaires, dont l'un a été donné par lui à la bibliothèque du roi, en 1764. Le discours préliminaire est de M. le comte de Caylus, l'explication des dessins par Mariette, celle du pavé en mosaïque de Palestine par M. l'abbé Barthelemy (1). Cette rare et magnifique édition a coûté plus de douze mille francs à M. le comte de Caylus, non compris les frais de l'enluminure de chaque exemplaire fait sous ses yeux, dont il avoit fixé le prix à trois cents livres, qui ont été payées par ceux à qui cet illustre bienfaiteur des lettres et des arts a fait présent de ce livre. *Enfin ce titre lui-même est précédé d'une feuille où M. Joly avoit mis le portrait du comte de Caylus ; la feuille a en haut un commencement de déchirure expliquée par cette note de M. Joly :* Remarque. Après avoir fait relier curieusement ce corps de desseins, il me dit en le lui montrant que j'avois trop bien habillé son livre ; puis, en le feuilletant, il aperçut son portrait que j'avois mis à la tête. M. de Caylus s'en fâcha si bien qu'il auroit continué de déchirer le feuillet, si je ne lui eusse ôté le volume des mains.

---

(1) Elle a été réimprimée dans ses œuvres. *(Ed.)*

Après les deux dissertations copiées à la main, et en tête des dessins se lit cette note de la main même de M. de Caylus : Ces 33 desseins, que j'ai trouvés par hasard dans Paris, sont de la main de Pietro-Santo Bartoli, et ont été faits d'après des peintures antiques trouvées à Rome, et qui ne subsistent plus. J'en ai fait graver le trait que j'ai donné à ceux qui ont bien voulu faire la dépense de le faire enluminer, et je puis assurer qu'il n'y en a que 30 exemplaires dans l'Europe, ayant pris soin de faire casser les planches après en avoir tiré ce nombre. — Je joins à ce recueil cinq nouveaux dessins que j'ai acquis depuis que les 30 exemplaires étoient distribués; ils ont le même objet et me paroissent mériter d'être également conservés.

A la fin se trouvent aussi ces deux notes : Les cinq desseins de peintures antiques qui suivent sont encore de la main de Pietre-Sante Bartoli; ils ne sont pas gravés dans l'édition singulière et rare des peintures que M. le comte de Caylus vient de donner, parce qu'il n'en a fait l'acquisition qu'après l'impression de son livre.

— Ce fut M. l'abbé Campion de Tersan qui indiqua ces cinq desseins à M. de Caylus, qui les joignit à ce présent recueil, après la rare impression qu'il venoit d'en faire faire; il s'étoit bien promis de les faire graver et de les ajouter dans son livre des *Antiquités*, mais sa mort a devancé ses intentions. Le sixième dessein est aussi de la main même de Pietre-Sante; il a été donné, depuis la mort de M. de Caylus, par un artiste habile et modeste qui s'est cru suffisamment récompensé que de coopérer à la générosité de ce seigneur qui, pour l'honneur des arts, avoit fait don au cabinet du roi de ces précieux dessins par lui commentés; son regret est celui de ce que le hasard ne lui ait fait tomber dans les mains que ce seul dessin de cette suite, pour en augmenter le recueil mss. du roi.

*Les trois premiers n'ont pas de légende. On lit sur le qua-
trième :* Pavimento del tempio di Bacco, fori di porta Vimi-
nale nella via Numentana a mano mancha à S. Costanza
consagrato da Alesandro IV, l'anno 1255, della nobil famiglia
de Conti. *Il faut ajouter aussi que Didot, en 1783, a réimprimé tout ce volume auquel il en a joint un second, également
composé de peintures antiques, et un troisième comprenant le
travail de l'abbé Rive sur la pyramide de Cestius. Le Cabinet
des estampes en possède un admirable exemplaire sur vélin.*

II

HISTOIRE DES GRAVEURS SUR PIERRES FINES.

Nous n'avons pas à donner ici le *Traité des pierres gravées* de
Mariette. Outre qu'il est bien connu, il ne se rapporte guère qu'à
l'antiquité dans l'étude de laquelle il a été dépassé par les travaux
de l'érudition moderne, et une partie ne se peut pas séparer des
planches ; mais nous en extrayons le travail distinct que Mariette y
a consacré aux graveurs sur pierres, qui ont travaillé du quinzième
au dix-huitième siècle. C'est le complément nécessaire des notes
de son *Abecedario*.

Il semble qu'il manqueroit quelque chose à l'histoire des
arts, si elle ne marchoit accompagnée de celle des artistes
qui s'y sont distingués. Étroitement liées l'une avec l'autre,
elles se prêtent un mutuel secours ; et je n'eus pas plutôt
entrepris d'écrire sur les pierres gravées, que je sentis la nécessité d'y joindre tout ce que je pourrois découvrir concernant les habiles gens qui ont mérité quelque réputation dans

l'exercice de la gravure en pierres fines. Je devois embrasser tous les siècles, et, après avoir parcouru l'antiquité, je me proposois de descendre dans les derniers temps ; je comptois nommer tous les grands artistes dont nous admirons les ouvrages ; j'aurois décrit leurs plus belles gravures, et j'aurois tâché, en faisant connoître les différentes manières, d'apprécier le mérite de chacun de ces hommes rares. Voilà le plan que je m'étois tracé ; mais, n'ayant absolument rien trouvé dans les auteurs, touchant les anciens graveurs qui ont illustré la Grèce, ou qui ont travaillé à Rome, au delà de ce que j'en ai dit dans le précédent traité, je suis contraint de me renfermer dans la seule histoire des artistes modernes qui ont paru depuis la renaissance des arts.

Quelques recherches que j'aie faites sur ce sujet, quelque exactitude que je me sois prescrite, il ne faut pas toutefois s'attendre à une histoire bien suivie ; les mémoires me manquent et ne me permettent pas d'entrer dans des détails, encore moins de remplir une infinité de vides qui se présenteront. Je ne puis m'aider que de ce que le Vasari a écrit autrefois, d'un petit nombre de faits que mes lectures m'ont fournis, de ce que M. le chevalier François Vettori a recueilli lui-même dans un ouvrage qui a paru à Rome en 1739 (1), et de quelques mémoires particuliers qui m'ont été communiqués. Cela ne fait pas un tout bien considérable ; mais, dans un exposé d'événements où l'imagination ne doit entrer pour rien, ne vaut-il pas mieux montrer de la disette que d'être abondant aux dépens de la vérité ?

Dioscoride, *Solon*, et ces autres artistes grecs du premier ordre, qui vinrent s'établir à Rome sous Auguste, y apportè-

---

(1) Il est intitulé : *Dissertatio glyptographica*, et j'en parlerai dans la *Bibliothèque dactyliographique* qui va suivre.

rent, comme on a vu, l'art de la gravure en pierres fines, et, s'unissant à cette foule de grands hommes, qui, dans tous les talents, travailloient à immortaliser cet heureux siècle et à lui faire disputer de célébrité avec celui d'Alexandre, ils firent revivre les *Appollonides*, les *Cronius* et les *Pyrgotèles*. Des Romains (1), ou plutôt les esclaves des personnes les plus qualifiées d'entre eux, furent bientôt associés à des travaux si recommandables; l'art qu'ils cultivoient acquit un grand crédit et se soutint dans un état florissant jusqu'au règne de Septime Sévère, et même jusques sous les Gordiens. M. de Thoms possédoit une tête d'Antonin Pie, excellemment gravée en relief par un Grec nommé *Maxalas*, et l'on a pu voir, dans la collection de M. Crozat (2), deux agates-onyx dont le travail étoit digne des meilleurs maîtres, et sur lesquelles étoient représentées en creux les têtes de Gordien le père et de Gordien le fils, surnommés d'Afrique.

Tous les règnes des empereurs ne furent pas cependant également féconds en habiles graveurs; on a remarqué que ceux où il se fit un plus grand nombre et de plus belles gravures, furent constamment ceux qui ont produit les médailles les plus parfaites; d'où l'on pourroit inférer que, comme il s'est vu dans ces derniers temps des graveurs en

---

(1) Il est fait mention dans le recueil des inscriptions de Gruter d'un Romain, nommé *Marcus Canuleius Zosimus*, qui excelloit dans l'art de la gravure, à laquelle on avait donné le nom de *Clodienne*, c'est-à-dire le nom de celui qui s'y étoit distingué le premier; mais cette espèce de gravure, dont on enrichissoit les vases d'argent, se faisoit au cisclet, ainsi que l'observe Pline, et par conséquent cet artiste, dont Pomponius Gauricus voudroit, ce semble, faire un graveur en creux, ne doit être considéré que sur le pied d'orfèvre pris à toute rigueur. Inscrip. Grut. DCXXXIX, 12. Plin., libr. XXXIV, c. ii, Pomp. Gaur. sub fine libri de claris sculptoribus.

(2) Elles sont indiquées dans la description sommaire des pierres gravées de M. Crozat, sous les n⁰ˢ 353 et 355.

pierres fines être en même temps graveurs de médailles, de
même chez les anciens ces deux professions, qui ont beaucoup
de rapport entre elles, ont pu souvent se trouver réunies
dans la même personne. Ce qui doit paroître singulier, c'est
qu'il n'y ait dans la langue latine aucun terme pour désigner
expressément les graveurs en pierres fines, tandis que les
autres artistes y sont tous distingués par des noms particuliers, ainsi qu'on peut le remarquer dans les écrits des anciens, et surtout dans les inscriptions. Ni le mot *Gemma-
rius* (1), ni celui de *Flaturarius sigillariaris* (2), qu'on lit
sur quelques marbres, ne peuvent s'entendre que d'un marchand de pierres précieuses, ou d'un metteur en œuvre qui
monte des cachets.

L'art de la gravure étoit cependant assez estimé dans Rome
pour mériter, autant qu'aucune autre profession, d'avoir un
nom, et, si on ne lui en connoît pas en latin, on doit supposer
qu'étant venu tard dans cette ville, et n'étant presque jamais
sorti d'entre les mains des Grecs, on y négligea de créer un
nom appellatif pour ceux qui l'exerçoient, peut-être même
leur conserva-t-on celui qu'ils avoient apporté de leur pays (3).
Le grec n'étoit point alors une langue étrangère pour les
Romains; tous ceux qui se piquoient de politesse affectoient
de le parler. Ou faudra-t-il dire que ces artistes ne firent
point un corps particulier, et que, confondus avec les orfévres, ils en prirent le nom en même temps qu'ils furent
agrégés à leur collége ou communauté? C'est le sentiment
vers lequel semble pencher M. Gori (4), et il le croit d'autant
plus probable que, dans les inscriptions qu'on a découvertes

(1) Apud Fabrettum, *Inscrip. antiq.*, c. xi, p. 39, n° 172.
(2) In Thes. Gruteri, p. DCXXXVIII, ii, 6.
(3) Leur nom grec étoit Δακτυλωγλυφοι.
(4) Columbar. libert. Liviæ August. à Gorio illustrat., p. 154.

depuis peu d'années dans la chambre sépulcrale des domestiques de l'impératrice Livie, on lit les noms d'*Agathopus* et d'*Epitynchanus*, deux de ses affranchis, et que les noms de ces deux artistes, qui prennent dans ces inscriptions la qualité d'orfévres, sont ceux de deux excellents graveurs, qui ont réellement vécu dans le même temps, je veux dire sous Auguste. Le premier est connu par une très-belle tête d'un illustre Romain, qu'on voit chez le grand-duc, et que quelques-uns ont cru être Pompée, et d'autres M. Brutus, le meurtrier de César; le second a exécuté en relief, dans le plus haut degré de perfection, une tête de Germanicus César, qui se conserve dans le cabinet de Strozzi (1), après avoir appartenu, ainsi que la précédente, à M. l'abbé Andreini, de Florence, si curieux de ces monuments antiques, et qui savoit si bien juger de leur valeur. Ce seroit assurément le plus grand des hasards s'il étoit possible qu'il se fût rencontré dans deux professions différentes quatre hommes contemporains, et portant des noms aussi semblables. On peut ajouter que saint Augustin, parlant des orfévres, les qualifie d'*insignitores gemmarum* (2), comme s'il eût voulu faire entendre que les pierres précieuses acquéroient un nouveau lustre entre leurs mains par l'excellence du travail dont ils les enrichissoient, et ce travail pouvoit fort bien être celui de la gravure.

Elle n'étoit point encore déchue de sa première splendeur, lorsque, le siége de l'empire ayant été transféré à Constantinople et les arts étant repassés en Grèce à la suite du prince, celui de la gravure n'éprouva pas un sort moins funeste que toutes les autres branches du dessein; il déclina peu à peu,

---

(1) Stosch. Gemm. ant. cœl. nom. insig., tab. v et xxxii, et in Mus. Florent., tom. II, tab. i, nº 2, et tab. ix, nº 1.
(2) Aug., de civ. Dei, lib. XXII, c. iv.

et il tomba enfin dans un entier dépérissement. La chute du bon goût suivit de fort près celle de l'empire romain. Des ouvriers grossiers et ignorants prirent la place des bons artistes, et semblèrent ne plus travailler que pour accélérer la ruine des beaux-arts. Ces gens sans talent avoient une idée si imparfaite du vrai beau, leurs yeux étoient tellement fermés sur les objets, même les plus simples, qu'ils se proposoient d'imiter, qu'ils ne pouvoient inspirer que du dégoût pour des ouvrages qu'ils présentoient sous une face si désavantageuse.

Cependant dans le temps même que ces ouvriers, je ne puis les appeler d'un autre nom, s'éloignoient à si grands pas de la perfection, le croiroit-on, ils se rendoient, sans qu'on y prît garde, utiles et même nécessaires à la postérité. On en conviendra, si l'on fait attention que ces artisans, en continuant d'opérer bien ou mal, perpétuoient les pratiques manuelles des anciens, pratiques dont la perte étoit sans cela inévitable, et n'auroit pu que bien difficilement se réparer. En effet, combien de travaux à essayer, combien de découvertes à faire, si jamais ces pratiques avoient disparu, et qu'on eût entrepris de les retrouver? D'ailleurs, pouvoit-on se promettre que celles qui auroient été nouvellement inventées vaudroient celles qu'on n'avoit plus? Pour ne point sortir de mon sujet, la gravure sur les pierres fines, une fois abandonnée, seroit bientôt devenue un objet de la plus difficile exécution, et peut-être même un art impraticable. Que les règles du dessein soient totalement oubliées, on peut supposer que tôt ou tard elles seront restituées dans leur pureté. L'imitation de la nature en est l'objet, et, la nature étant constante dans la formation de toutes ses productions, il ne faut, pour rétablir le mal, que rencontrer un génie sensible au beau; un sujet dont la mémoire soit heureuse, et qui saisisse et rende avec justesse ce qu'il voit. Mais il n'en est pas de même de la pratique des arts : elle consiste dans un certain exercice de la main, dans une suite d'opérations, dans l'emploi et la forme de quelques outils singuliers. Toutes ces choses paroissent simples et faciles à ceux qui sont dans un exercice et dans un usage actuel; mais, quand on les a perdues de vue, ces mêmes choses deviennent pour tous un secret, en quelque façon impénétrable.

Si une tradition non interrompue ne l'avoit enseigné, auroit-on imaginé, par exemple, que la gravure en pierres fines s'exécutoit sur le tour, que le fer seul ne pouvoit mordre sur la plupart de ces pierres, et qu'encore falloit-il pour les entamer que les outils fussent singulièrement configurés, et que le diamant, ce corps si dur, et auquel nulle autre pierre ne peut résister, fît plus de la moitié du travail? Pline l'avoit bien indiqué, et s'étoit expliqué avec sa précision et son exactitude ordinaire; mais c'étoit si laconiquement que, sans l'inspection des instruments, sans une connoissance particulière du mécanisme de l'art, on n'auroit pu profiter peut-être de ce que cet auteur avoit écrit, et il seroit resté inintelligible. Il est donc heureux que l'art de la gravure en pierres fines n'ait souffert aucune interruption, et qu'il y ait eu une succession suivie de graveurs qui se soient instruits les uns les autres, et qui se soient mis à la main les mêmes outils; et c'est avec regret que je me vois forcé de laisser dans l'oubli des hommes à qui nous sommes si redevables.

Ceux d'entre eux qui abandonnèrent la Grèce dans le quinzième siècle, et qui vinrent chercher un asile en Italie pour se soustraire à la tyrannie des Turcs leurs nouveaux maîtres, y firent paroître pour la première fois quelques ouvrages, qui, un peu moins informes que les gravures qui s'y faisoient journellement, servirent de prélude au renouvellement des arts qui se préparoit. Les pontificats de Martin V et de Paul II furent témoins de ces premiers essais. Mais

Laurent de Médicis, le plus grand protecteur que les arts aient rencontré, fut le principal moteur du grand changement qu'éprouva celui de la gravure. Sa passion pour les pierres gravées et pour les camées lui fit rechercher, ainsi que je l'ai déjà remarqué (1), les meilleurs graveurs. Il les rassembla auprès de sa personne, il leur distribua des ouvrages, il les anima par ses bienfaits, et l'art de la gravure en pierres fines commença ainsi à reprendre une nouvelle vie.

Il se trouva à Florence un jeune homme nommé *Jean*, qui montra un talent tout particulier pour la profession de l'art de la gravure en pierres fines. Laurent de Médicis le prit sous sa protection, le fit instruire, et le jeune disciple répondit si parfaitement aux vues de son illustre Mécène qu'en peu de tems ce qu'il grava en creux sur des cornalines effaça ce que ses maîtres avoient fait de mieux dans le même genre. Cette réussite fit regarder en Italie ce nouveau graveur comme le restaurateur de la gravure en pierres fines, et lui fit donner le nom de l'espèce d'ouvrage dans lequel il excelloit ; il fut appelé unanimement *Jean delle Corniuole*, ou *des Cornalines*. Entre une infinité de gravures de diverses grandeurs, qui sortirent de ses mains, l'on admira le portrait du fameux Savonarole, qui tenoit alors tout Florence étonné de la force et de la liberté de ses discours. Cet ouvrage fut estimé le chef-d'œuvre de *Jean delle Corniuole :* il étoit sur une assez grande cornaline.

D'un autre côté, l'on célébroit à Milan le portrait de Ludovic Sforce, surnommé le Maure (2), qu'un graveur de cette ville venoit de graver en creux sur un rubis-balais d'environ dix lignes de diamètre. C'étoit l'ouvrage d'un concurrent de

---

(1) *Supra*, pag. 75.
(2) Vasari, *Vite de pittori*, tome II, p. 291, édit. de Bologne.

Jean delle Corniuole. On le nommoit *Dominique de' Camei,* et ce surnom ne lui avoit certainement été donné que parce qu'on n'avoit point alors de meilleurs graveurs de reliefs sur des agates ou autres pierres fines.

Mais ces deux artistes furent bientôt surpassés par *Pierre-Marie,* de la ville de Pescia en Toscane (1), qui illustra le pontificat de Léon X. La cause de l'amélioration de son goût vint de l'étude constante qu'il fit des ouvrages des anciens, et peut-être aussi de ce qu'il eut le bonheur de vivre à Rome en même temps que Raphaël et Michel Ange.

Michelino eut le même avantage, aussi eut-il la même réputation ; il mettoit, à ce qu'on assure, beaucoup de délicatesse dans son travail.

L'art de la gravure en pierres fines s'étendoit dans toutes les parties de l'Italie, et la ville de Bologne, qui n'a presque jamais cessé de nourrir de grands artistes, eut aussi ses graveurs. L'Achillini, dans le songe énigmatique (2), qu'il intitula : *Viridario* (le verger), et dans lequel il fait passer en revue tous les hommes rares qui avoient illustré sa patrie, parle avec éloge de *Mathieu de' Benedetti,* dont le Masini, auteur exact, fait pareillement mention et dont il rapporte la mort au 26 août 1523 (3).

Le célèbre *François Francia,* autre Bolonnois, peintre et orfévre d'une grande réputation, gravoit aussi, à ce qu'on prétend, sur les pierres fines (4). Il est du moins certain qu'il

---

(1) Vasari, *Vite de pittori,* tome II, p. 291, édit. de Bologne.
(2) Achillini, *nel Viridario,* p. 188, v°.
— L'un de nous a donné récemment dans la *Revue universelle des arts* de Bruxelles, tome X, 1859, p. 463-7, la traduction entière du passage de ce poëme consacré aux artistes ; il en a déjà été question ici même dans une note de l'article Raimondi, IV, 255. (*Ed.*)
(3) Masini, *Bologn. perlustr.,* tome I, p. 633.
(4) *Dissert. glyptogr.,* p. 80.

excelloit à faire des médailles, et l'un conduit à l'autre. C'étoit encore dans le même temps et dans la même ville que vivoit *Marc-Attio Moretti*, autre graveur en pierres fines, cité par le Bumaldi sous l'année 1495 (1).

L'artiste *Marc-Attio Moretti* a été chanté par l'Achillini, et Jean-Baptiste Pio, son compatriote, l'invite dans une de ses élégies latines (2), imprimées à Bologne en 1509, à graver en creux le portrait de sa Chloris. Il en fait un homme merveilleux ; mais les poëtes ne se renferment pas toujours dans les bornes de la vérité.

Foppa, surnommé *le Caradosso*, orfèvre de Milan, établi à Rome, et qui a été, au rapport du Cellini (3), le plus excellent ciseleur de son temps, est mis par Pomponius Gauricus au rang des meilleurs graveurs qui vivoient sur la fin du quinzième siècle, ou au commencement du siècle suivant, et il lui donne pour adjoint *François Furnius*, de Bologne, au-

---

(1) *Minervalia Bonon.*, p. 245.
(2) Pierrheici fœcunde nepos, cui prisca Minerva
    Corpora in exiguo fingere dat lapide,
  Parcarumque colos parvo exerare lapillo,
    Qui mortem æternâ vivere ab arte facis,
  Si te fama juvat, merces si perpetis ævi,
    Si tua post cineres vivere cœla cupis,
  Chlorida mi viridem cœla : tamen aspice, ne dum
    In lapidem illa tuam sculpat imago animam,
  Quam comitant Paphiâ centum cum matre volucres
    Mellitisque premens morsibus ora vapor.

Dans le livre intitulé : *Elegidia J. B. Pii Bononiensis, Bononiæ,* 1509.

(3) Cellini, *Tratt. dell' Orif.*, c. v. On apprend au même endroit l'origine du nom de *Caradosso*, sobriquet injurieux, qui fut donné à notre artiste par un Espagnol, et dont il demeura cependant si bien en possession qu'on ne l'appela plus depuis autrement, et que son nom de famille *Foppa* en fut même presque oublié, car ce n'est que par hasard qu'il se retrouve dans une liste d'artistes, à la fin du *Traité de peinture* de Paul Lomasso.

tre orfèvre (1). Il les met dans la même classe que les Pyrgotèles, les Cronius et les Dioscorides; c'est dire trop.

Furnius est peut-être le même que *le Francia* (2), dont cet
auteur, qui n'est pas tout à fait exact, rapporte mal le nom,
comme il écrit mal le nom du Caradosso, qu'il appelle *Cha-*
rodoxus.

Il connoissoit un autre graveur qui, pour l'habileté et pour
la diversité des talents, étoit supérieur, s'il faut l'en croire, à
tous ses contemporains; il étoit tout à la fois peintre, sculpteur et graveur. Mais *Sévère de Ravenne* (3), cet homme si
universel, étoit l'ami particulier de Gauricus, et dès lors les
éloges qu'il reçoit me paroissent fort suspects.

Je n'ai pas d'ailleurs une extrême confiance dans les écri-

---

(1) Pomponius Gauricus, de sculp., Antuerp., 1528, sub fine.
(2) C'est un François, de Bologne, qui a le premier gravé des
caractères italiques. M. Panizzi, le savant conservateur du British
Museum, dans la brochure qu'il a consacrée à cette question, sous
ce titre : *Chi era Francesco di Bologna?* Londres, 1858, in-12, de
34 pages, tiré à 250, a très-bien prouvé que ce n'est autre que le
grand Francia, et il a confirmé, en la rappelant, la supposition de
Mariette que Francia et Furnius sont le même individu. (*Ed.*)
(3) On a plusieurs estampes gravées par un disciple de Marc-
Antoine, et marquées d'un S et d'un R enlacés, que les curieux
donnent à Silvestre de Ravenne, artiste dont il n'est pourtant fait
aucune mention dans le Vasari, ni ailleurs; cet écrivain, ainsi que
le Cellini dans son *Traité de l'orfévrerie*, ne parle que de Marc de
Ravenne, dont on connaît en effet des estampes avec son nom. Cependant la marque S. R. me paraîtrait favoriser l'opinion des curieux, et je ne serais pas trop éloigné de croire que le graveur qui
s'est servi de cette marque est le même que le Sévère de Ravenne,
cité par Pomponius Gauricus. Le temps dans lequel cet artiste vi-
vait cadre avec celui des estampes attribuées à Silvestre de Ravenne; Gauricus, dans les talents qu'il connaît à son ami, compte
celui de la gravure; *pictor, sculptor, cœlator*, voilà les qualités
qu'il lui donne. Il ne reste de difficulté que sur le nom de baptême,
mais on a pu aisément confondre *Silvestre* avec *Sévère*, qui, si ma
supposition avait lieu, serait le vrai nom du graveur, disciple de
Marc-Antoine, qui jusqu'à présent n'a pas été bien connu. (Cf. IV,
339-41.)

vains qui parlent sur des matières dont ils n'ont qu'une connoissance superficielle, et c'est ce qui me fait soupçonner de
l'erreur dans l'endroit où Camille Léonardo (1), auteur d'un
Traité sur les pierres précieuses, fait mention de quatre graveurs qu'il met au-dessus de tous les autres artistes de la
même profession qui fleurissoient de son temps en Italie.
Jean-Marie de Mantoue, qu'il place à Rome, ne peut être que
Pierre-Marie de Pescia, dont j'ai déjà fait mention, et qui effectivement exérçoit alors l'art de la gravure dans Rome avec
succès. *François Nichini*, de Ferrare, établi à Venise, sera
sans doute le même que *Louis Anichini*, Ferrarois, qui,
comme on le verra bientôt, avoit son atelier à Venise. Je n'ai
trouvé en aucun autre endroit le nom de *Léonard*, qui demeuroit à Milan. Notre auteur auroit-il eu en vue *Léonard
de Vinci*, homme universel, et qui, ayant voulu goûter de
tous les arts, se sera peut-être encore exercé sur celui-ci?
Pour *Jacques Tagliacarne*, de Gênes, je m'en rapporte au Soprani (2), qui, sur la foi de notre écrivain, l'a mis sans difficulté au rang des artistes génois dont il a écrit la vie. Le
Soprani voudroit même persuader que plusieurs portraits de
Génois illustres du seizième siècle, qu'on trouve gravés sur
des pierres fines, et qui, par un usage établi alors à Gênes, —
servoient de sceau à ceux qui les avoient fait faire, sont l'ouvrage du *Tagliacarne* dont il parle avantageusement. Mais
n'entre-t-il pas dans ses louanges quelque peu de cet esprit
de parti, dont il est assez difficile de se garantir quand il s'agit
de dire du bien de ses compatriotes?

On pourroit reprocher à Sandrart un défaut de partialité,
lorsque, entrainé par une certaine passion pour ses compa-

---

(1) Leonardi *Specul. lapid.*, l. III, c. 11.
(2) Sopr., *Vit. de' pitt. genov.*, p. 20.

triotes, il nous représente *Henri Engelhart* (1), qu'il nomme en un autre endroit *Daniel,* comme le meilleur graveur en creux de son siècle. Albert Durer, concitoyen et ami de cet artiste, en faisoit, dit-il, un cas singulier ; cependant, au rapport même de Sandrart, tout le mérite de ce graveur consistoit à graver des armoiries pour des cachets, et ce talent, quoi qu'il en dise, est assez mince.

Au reste, tous ceux que j'ai nommés jusqu'à présent n'avoient fait que dégrossir l'art de la gravure. Il étoit réservé à *Jean Bernardi,* né à Castel-Bolognèse (2), ville de la Romagne, dont il prit le nom, d'ouvrir une nouvelle voie, et d'enseigner aux graveurs modernes à se rendre dans leurs ouvrages de dignes imitateurs de ceux des anciens. Cet habile homme fut employé dans sa jeunesse par Alfonse, duc de Ferrare, qui, entre autres choses, lui fit graver, sur un assez grand morceau de cristal de roche, l'attaque du fort de la Bastie, où ce prince fut blessé dangereusement, et cette gravure commença la réputation de celui qui l'avoit exécutée. La même main qui l'avoit produite fit aussi le portrait du même Alfonse, pour être frappé en médaille ; car, dans le même temps que *Jean de Castel-Bolognèse* gravoit en creux sur des pierres fines, il gravoit aussi des poinçons pour des médailles ; ce qui lui étoit commun avec presque tous les autres graveurs en creux qui vivoient alors.

Paul Jove, qui aimoit à favoriser les gens de talent, persuada à celui-ci de venir à Rome ; il le fit connoître aux cardinaux Hippolyte de Médicis et Jean Salviati, qui se déclarèrent ses protecteurs, et qui lui ménagèrent un accès auprès du pape Clément VII. *Jean de Castel-Bolognèse* fit pour ce

---

(1) Sandrart, *Academia picturæ erud.*, p. 219 et 343.
(2) Vasari, t. I, p. 291.

souverain pontife plusieurs médailles (1) dont la beauté a
arraché des louanges à Cellini (2), si peu accoutumé à en
donner, surtout à ceux qui, comme notre graveur, devenoient
ses concurrents. Ce dernier grava encore pour le pape plusieurs pierres fines, et les récompenses qu'il en reçut furent
proportionnées à l'excellence de ses rares productions; il obtint l'office de massier de Sa Sainteté. Charles-Quint ne témoigna pas moins de satisfaction des ouvrages que lui présenta
notre artiste, lorsque cet empereur vint à Bologne pour y
recevoir la couronne impériale; il lui fit compter cent pistoles
pour avoir fait sa médaille, et il voulut l'engager à le suivre
en Espagne; mais, attaché par inclination, autant que par reconnoissance, au cardinal Hippolyte de Médicis, l'habile graveur ne put se résoudre à quitter Rome. On a vu dans le
traité précédent (3) combien ce cardinal le considéroit (4).
Après sa mort, arrivée en 1535, *Jean* entra au service du cardinal Alexandre Farnèse, petit-fils du pape Paul III, et il fit
par son ordre un grand nombre de gravures, principalement
sur des tables de cristal, car il travailloit avec beaucoup de
facilité. On employoit ces dernières gravures dans des ouvrages d'orfévrerie, et j'ai déjà fait mention de quelques-unes (5),
qui furent exécutées par notre artiste. Je ne parlerai plus que
de celles qui enrichissoient cette croix et ces deux beaux chandeliers d'argent, qu'on m'assure être encore dans l'église Saint-
Pierre au Vatican, à laquelle le même cardinal Farnèse en fit

---

(1) Voyez celle où ce graveur a représenté Joseph qui se fait reconnaître à ses frères, dans le livre du père Bonnani, *Numismata
Rom. pont.*, p. 185, n° 6.
(2) *Vita di Benv. Cellini*, p. 89.
(3) Le *Traité des pierres gravées*, par Mariette. (*Ed.*)
(4) Maffei, *Verona illustrata*, édit. in-8°, t. III, p. 500.
(5) Vasari, dans la Vie de *Valerio Vicentini*, t. III, édit. de Bologne.

un présent digne de sa magnificence. Entre autres ornements, on y voyoit, sur le pied de chacun, trois gravures de forme ronde, représentant diverses actions de la vie de Jésus-Christ, et je juge, par un dessin très-terminé que j'ai dans ma collection, et dont le sujet est une résurrection du Lazare, que Perin del Vague fut consulté et que ce fut cet excellent peintre qui donna les dessins de ces gravures.

On voudra bien me dispenser de décrire tous les autres ouvrages de *Jean de Castel-Bolognèse*; le détail en seroit long et pourroit devenir ennuyeux. Je ne crois pas cependant devoir passer sous silence deux morceaux considérables qui furent encore gravés sur des cristaux pour le cardinal Hippolyte de Médicis. L'un représentoit Titius, auquel un vautour déchire le cœur; l'autre, la chute de Phaëton, tous deux d'après des dessins qui avoient été faits par Michel Ange (1). Il n'y eut qu'une seule voix sur la perfection de ces deux gravures, et ceux qui ont vu, il n'y a pas fort longtemps, la première entre les mains de M. Léon Strozzi à Rome, en ont parlé comme d'une pièce accomplie (2).

Il y a apparence que *Jean de Castel-Bolognèse* ne fut occupé que pour le cardinal Farnèse, dès le moment qu'il lui fut attaché; car le Vasari ne décrit depuis ce temps-là aucune de ses gravures, qu'il n'ajoute que cet ouvrage a été fait pour ce prince de l'Église. Ce fut encore pour lui que *Jean* grava

---

(1) Ces deux desseins furent faits, ainsi que l'a écrit le Vasari, pour Thomas de' Cavalieri, gentilhomme romain, grand partisan de Michel Ange, et qui avait lui-même quelque teinture de dessin. J'ai entre les mains une première esquisse de celui de la chute de Phaëton, au bas de laquelle on lit, écrit de la propre main de Michel Ange : « Sr Tomao, se questo scizzo no vi piace, ditelo a Urbino, affin che io abbi tempo d'averne facto un altro, come vi promessi, e se vi piace e vogliate che io lo finisca, ancora ditelo. » Cet Urbino était le serviteur et l'homme de confiance de Michel Ange.

(2) Maffei, *Gem. ant. fig.*, t. IV, p. 151.

le portrait de Marguerite d'Autriche, fille de Charles V, et épouse d'Octave Farnèse, duc de Parme, après l'avoir été en premières noces d'Alexandre de Médicis, duc de Florence. On ne peut point douter qu'il ne redoublât ses efforts pour s'y surpasser, puisqu'il travailloit en concurrence avec *Valerio Vicentini*, autre habile graveur, qui va bientôt paroître sur la scène; aussi eut-il le bonheur de plaire au cardinal, qui, ne mettant plus de bornes à ses bienfaits, procura à notre graveur les moyens de passer tranquillement et commodément le reste de ses jours. Il se retira alors à Faenza, dans la Romagne, et il y fit bâtir une belle maison dans laquelle il avoit la satisfaction de recevoir son bienfaiteur toutes les fois qu'il venoit dans ces quartiers-là. Il avoit meublé cette habitation d'excellents tableaux qui faisoient ses délices. On y voyoit, entre autres, ce merveilleux tableau de Titien, connu sous le nom des Ages de l'homme (1). Enfin *Jean de Castel-Bolognèse*, comblé d'honneurs et de biens, étant parvenu à l'âge de soixante ans, expira dans le sein de sa famille, le jour de la Pentecôte de l'an 1555.

Pendant que le cardinal Farnèse répandoit ses largesses sur Jean de Castel-Bolognèse, François Ier prodiguoit les siennes à un autre graveur italien, qu'il avoit attiré en France et qui ne s'en rendoit pas moins digne. *Mathieu del Nassaro*, c'étoit le nom de cet artiste, étoit né à Vérone (2). Il avoit témoigné dès sa jeunesse autant de goût pour la musique que pour le dessein; car, en même temps qu'il apprenoit à graver en creux auprès de *Nicolas Avanzi* et de *Galeas Mondella*, tous

---

(1) Vasari, *Vita di Tiziano*, t. III, p. 223, édit. de Bologne.
(2) Vasari, *Vit. di Valerio Vicentini*, t. II, p. 293. Il en est fréquemment question dans les *Comptes des rois de France*. Voir Laborde, *Renaissance des arts*, I, 1re partie, p. 386, et 2e partie, p. 943-8. (*Ed.*)

deux ses compatriotes et tous deux excellents maîtres, il prenoit des leçons de deux autres Véronois, fameux musiciens, domestiques du marquis de Mantoue, et, ce qui est assez rare, il acquéroit des connoissances supérieures dans ces deux arts.

Les maîtres qu'il avoit choisis n'eurent rien de caché pour leur élève. *Mondella* dessinoit correctement ; *Avanzi* s'étoit fait un grand nom dans Rome, par la beauté de ses camées et de ses cornalines. Une de ses gravures, représentant la Nativité de Notre-Seigneur sur un lapis, mérita d'être recherchée par Isabelle de Gonzague, duchesse d'Urbin (1), à qui Raphaël dut le commencement de sa fortune, ce qui fait suffisamment l'éloge du goût de cette princesse et celui de l'ouvrage. Avec de si bons guides, de la persévérance et d'heureuses dispositions, *Mathieu del Nassaro* pouvoit-il manquer de devenir lui-même un excellent graveur ? Lorsqu'il se crut assez fort, il entreprit de graver, sur un très-beau morceau de jaspe-sanguin, un Christ descendu de la croix, et il eut l'adresse de disposer ses figures de façon que les taches rouges qui se trouvoient dans la pierre servoient à exprimer le sang qui couloit des plaies du Christ ; nouveauté qu'Isabelle d'Est, marquise de Mantoue, trouva tellement à son gré que cette princesse n'épargna rien pour se procurer cette gravure.

L'accueil que François Ier faisoit à tous les habiles gens, et surtout aux artistes qui se distinguoient dans leur profession,

---

(1) Elle étoit veuve de Guy-Ubalde de Montéfeltro, duc d'Urbin, mort en 1508, et le mariage qu'elle avoit fait de sa nièce avec François-Marie de la Rovère, neveu du pape Jules II, joint à son rare mérite, l'avoit mise en très-grande considération auprès de ce souverain pontife. Voyez Sébastien Serlio dans son épître à Alphonse d'Avalos, marquis del Guast, à la tête de son quatrième livre d'architecture.

engagea *Matthieu del Nassaro* à passer en France. Il y porta
plusieurs de ses ouvrages qu'il présenta au roi; il eut aussi
l'honneur de jouer du luth devant ce prince, et François Ier,
qui se connoissoit en mérite, lui assigna d'abord une pension,
dans l'espérance qu'il pourroit retenir à son service un homme
si estimable. Il n'y eut alors aucun courtisan qui, à l'imitation du maître, ne fît des caresses à notre graveur, et qui ne
témoignât de l'empressement pour avoir des morceaux de sa
main; mais ce qui l'occupa le plus, furent des camées de
toute espèce : c'étoit un ornement de mode, et qui entroit
dans toutes les parures. On prisa beaucoup une tête de Dé-
janire, qu'il grava en relief sur une très-belle agate, que le
Vasari nomme une calcédoine. L'industrieux artiste s'étoit
trouvé entre les mains une pierre singulièrement teinte de
différentes couleurs, et il s'en étoit habilement servi pour
exprimer, dans leurs couleurs naturelles, les chairs, les cheveux, la peau de lion qui tenoit lieu de coiffure à cette tête,
et, ce qui va paroître plus heureux, une veine rouge qui traversoit accidentellement la pierre avoit été adaptée si à propos
sur le revers de la peau de lion, que cette peau sembloit fraî-
chement écorchée.

Le roi, qui mit ce camée dans son cabinet, fit faire par le
même artiste un magnifique oratoire, que ce prince portoit
avec lui dans ses campagnes, et qui étoit orné d'un grand
nombre de gravures en pierres fines, et de figures de relief,
ou en basse-taille, ciselées en or. Il lui ordonna aussi des
cartons pour des tapisseries, que *Matthieu* eut la commission
de faire exécuter sous ses yeux en Flandres. C'est une preuve
qu'il n'étoit pas mauvais dessinateur et qu'il étoit doué de
quelque génie. Aussi ses gravures sur des cristaux eurent-
elles dans la suite une si grande réputation qu'on s'empres-
soit de toutes parts pour en avoir des empreintes, et l'on en
prisoit surtout une où Vénus étoit représentée avec l'Amour

vu par le dos. Tant d'heureux talents étoient relevés par des qualités encore plus estimables. Des sentiments nobles et généreux, une humeur douce et sociable, un cœur tendre et bienfaisant, de l'enjouement dans l'esprit, faisoient désirer dans les meilleures sociétés celui envers qui la nature s'étoit montrée si libérale, en même temps qu'il recherchoit lui-même la compagnie des gens de mérite. Il y avoit entre notre graveur et Paul-Emile, l'historien, des liaisons étroites; la maison du premier étoit ouverte à tous les Italiens qui venoient à Paris, et, ce qui ne laisse aucune équivoque sur l'excellent caractère de *Matthieu*, Benvenuto Cellini, fameux sculpteur florentin, cet homme si caustique, si féroce et si altier, qui ne pardonnoit rien et qui continuellement étoit en altercation avec les gens de sa profession, vivoit en bonne intelligence avec celui-ci et en disoit même du bien (1).

Notre habile artiste aimoit à faire des largesses de ses ouvrages; mais, comme il ne faut rien dissimuler, peut-être entroit-il un peu trop de bonne opinion de lui-même dans le motif qui le faisoit agir, car le plus souvent il ne les donnoit que dans l'appréhension qu'on ne les payât pas tout ce qu'il croyoit qu'ils valoient. Il lui arriva même un jour de briser un camée de grand prix, de dépit de ce qu'un seigneur, qui lui en faisoit une offre trop modique, ne vouloit pas l'accepter en présent.

Les changements, que la perte de la bataille de Pavie, suivie de la prise du roi, apporta en France dans les affaires, déterminèrent *Matthieu* à repasser à Vérone. Il y retournoit avec une fortune honnête et il comptoit jouir tranquillement du fruit de ses travaux; il s'y étoit même déjà formé une habitation suivant son goût, dans une situation singulière, à l'en-

----

(1) *Vita di Benvenuto Cellini*, p. 220.

rée d'une carrière, sur la croupe d'une montagne, en belle vue, et il l'avoit ornée de tableaux flamands et d'autres meubles qu'il avoit apportés de France; lorsque François Ier, ayant recouvré sa liberté (1), dépêcha aussitôt un exprès à *Matthieu*, avec ordre de revenir. Il obéit; et le prince, le voulant fixer pour toujours, non-seulement le fit payer de tout ce qui pouvoit lui être dû de ses appointements, mais lui accorda encore l'emploi de graveur général de ses monnoies. Établi avantageusement, marié avec une Françoise, et ne devant plus craindre d'être obligé de retourner dans le lieu de sa naissance, notre graveur n'eut désormais d'autres soins que de mériter de nouveaux bienfaits par de nouveaux chefs-d'œuvre, et ne s'occupa plus qu'à former, parmi les François, des élèves qui fussent en état de perpétuer dans le royaume l'art qu'il y avoit fait connoître. Tel fut l'objet de ses travaux jusqu'à la fin du règne de François Ier; car il ne survécut que peu de temps le prince son bienfaiteur, mort en 1547.

Si je m'étois aperçu plutôt des lettres initiales qui se voient sur une sardoine du cabinet du roi, représentant une bataille (2), et qui apprennent que c'est un ouvrage de *Matthieu del Nassaro*, je me serois encore plus répandu que je ne l'ai fait sur les louanges de cet artiste; car il falloit être armé d'un grand courage pour avoir entrepris et porté à sa perfection un travail aussi long et aussi difficile que celui-là. D'un autre côté, l'examen du portrait de François Ier, qui est dans le même cabinet et que je regarde encore comme une pro-

---

(1) En 1526.
(2) On en trouvera l'estampe et la description, sous le n° 107, dans le recueil des pierres gravées du roi, qui accompagne ce traité, et l'on verra aussi dans ce même recueil, sur la fin, le portrait de François Ier.

duction du *Nassaro*, m'auroit fait remarquer que, s'il y a
quelque chose à reprendre dans la manière de ce graveur,
c'est le trop de sécheresse; défaut qui vient souvent d'un
excès d'attention à finir un ouvrage et à vouloir paroître n'y
avoir rien négligé, et qui, par conséquent, est plus excusable
que l'indécision et une touche trop molle et trop incertaine.

Un autre artiste originaire de Vérone, comme *Matthieu
del Nassaro*, jouissoit aussi pour lors d'une grande réputation. Il se nommoit *Jean-Jacques Caraglio*, ou, comme on
l'appelle plus communément, *Caralius* (1). Sa première profession fut de graver sur le cuivre. Comme il dessinoit assez
correctement, et qu'il manioit le burin avec plus de légèreté
que les autres graveurs italiens, ses contemporains, les estampes dont il enrichit le public furent estimées, et elles sont
encore recherchées. Il en a fait d'après Raphaël, le Parmesan,
le Rosso, Titien, Perin del Vague, et d'après d'autres grands
maîtres; et assurément il ne pouvoit choisir de plus solides
appuis pour se soutenir et faire passer son nom à la postérité.
Il se dégoûta cependant de ce travail; tout noble qu'il étoit,
il le regardoit au-dessous de lui; il crut qu'il s'attireroit plus
de considération s'il s'occupoit à graver des camées, ou à
graver en creux sur des pierres fines. Il s'y exerça et il y
réussit; il fit des médailles avec un égal succès; il se donna
aussi pour architecte, et Sigismond Ier, roi de Pologno, le
demanda. *Caralius* se rendit auprès de ce prince; on voit par
les lettres de l'Aretin (2) qu'il y étoit en 1539, puisqu'il avoit
déjà envoyé de ce pays-là, à ce fameux satyrique, deux de
ses médailles en présent, où sur l'une il avoit exprimé le
portrait de Bonne Sforce, reine de Pologne, et sur l'autre

---

(1) Vasari, t. III, p. 320. (Cf. cet *Abecedario*, I, 303-4.)
(2) *Lettere di P. Aret.*, t. II, p. 90.

celui d'Alexandre Pesente, de Vérone, l'un des principaux officiers de cette princesse. Le Vasari dit que *Caralius* fut comblé d'honneurs et de récompenses dans cette cour, et, lorsqu'il faisoit paroître en 1568 la seconde édition de ses *Vies des peintres*, il nous apprend que cet artiste avoit fait remettre plusieurs sommes dans l'État de Parme, son dessein étant de retourner en Italie et de finir ses jours, déjà fort avancés, au milieu de ses amis et de ses élèves.

On ne sait point s'il exécuta son projet; mais, s'il eût pris ce parti plutôt, il auroit trouvé à Vicence un graveur plus occupé lui seul que ne l'avoit peut-être jamais été aucun artiste de la même profession. *Valerio Vicentini*, dont le vrai nom est *Valerio de' Belli*, natif de Vicence, étoit cet artiste si employé (1). C'étoit un très-grand praticien, et il n'est point douteux que ses gravures auroient pu aller de pair avec celles des plus excellents hommes de l'antiquité, si la finesse du dessein et ce feu que produit un beau génie eussent égalé la propreté et la dextérité qui faisoient valoir son travail et le rendoient admirable. Ce qu'on ne peut du moins lui reprocher, c'est d'avoir entrepris au delà de ses forces, ou d'avoir puisé dans de mauvaises sources; car non-seulement il eut cette attention de ne produire presque jamais rien qui fût entièrement de son génie, mais ses ouvrages furent toujours ou d'après des gravures antiques, ou d'après de bons desseins d'excellents maîtres modernes (2). C'étoit, pour un homme qui pouvoit manquer d'invention, le moyen de ne se point égarer, et *Valerio*, en pratiquant cette méthode, remplit les cabinets d'une prodigieuse quantité de morceaux cu-

---

(1) Vasari, t. II, p. 295.
(2) Le texte du Vasari porte : *Si valse de disigni da lui*, mais c'est une faute d'impression, il faut lire *d'altri*.

rieux et estimables. La gravure en creux et celle en relief
l'occupèrent alternativement; toutes les espèces de pierres
fines passèrent sous son touret; mais, obligé de se prêter au
goût dominant, on le vit s'exercer le plus souvent sur des
cristaux. Il grava aussi des poinçons pour des médailles modernes, et il fit encore un plus grand nombre de copies de
médailles antiques.

Tant de travaux accompagnés du plus heureux succès ne
pouvoient manquer d'exciter l'émulation; aussi vit-on un
grand nombre d'artistes se consacrer au même talent et travailler à l'envi à qui le mettroit plus en honneur. Avant le
funeste sac de Rome, cette ville étoit, pour ainsi dire, peu-
plée de graveurs, que la réputation de Valerio y avoit attirés
de toutes parts, et notre artiste, qui en étoit regardé comme
le chef, fut employé pendant longtemps à graver pour le pape
Clément VII. Ce souverain pontife ne se borna pas à lui avoir
fait faire ce beau coffret de cristal de roche dont j'ai donné
ci-devant (*Traité des pierres gravées*, p. 82) la description (1),
et dont Sa Sainteté fit présent à François Ier; ce même pape
lui fit encore exécuter une magnifique croix, et plusieurs
beaux vases aussi de cristal, qui, joints à d'autres vases de
pierres précieuses qui avoient été rassemblés autrefois par
Laurent de Médicis, furent donnés par le saint père à l'église
de Saint-Laurent, de Florence, pour servir de reliquaires.
Valerio passa dans la suite au service de Paul III; il travailla

---

(1) Valerio reçut pour récompense de son travail deux mille
écus d'or. — Cette merveilleuse cassette se trouve aujourd'hui dans
la galerie de Florence. Voyez la note des éditeurs du Vasari de Florence, IX, 1853, p. 246. Il faut d'ailleurs voir toutes leurs notes
sur cet article du Vasari, p. 236-255, et le *Catalogue du cabinet des
médailles*, publié par M. Chabouillet; ces deux nouvelles sources
d'informations sont un commentaire perpétuel de l'essai de Mariette. (*Ed.*)

pour le cardinal Farnèse et pour quantité d'autres personnes de distinction. Je ne finirois point si j'entreprenois de faire l'énumération de tout ce qui est sorti des mains de cet habile homme, car aucun graveur n'a été aussi laborieux ni plus expéditif que lui, comme il n'y en a certainement point eu qui ait été plus curieux de bien faire. Les empreintes de ses gravures servirent pendant longtemps de modèles aux principaux artistes; on ne rencontroit autre chose dans les ateliers des orfévres.

Sur la fin de sa vie, *Valerio* s'étoit retiré dans sa patrie, et, jouissant d'une fortune assez considérable, il y menoit des jours infiniment heureux; car, ne connoissant de plaisir que celui qu'on goûte dans le travail et dans la possession des belles choses, qui pouvoit mieux se satisfaire que lui sur ces deux articles? Sa collection de tableaux, de sculptures antiques, de desseins, de modèles, de tout ce qui peut contribuer à nourrir le goût, étoit très-ample, et telle qu'on pouvoit l'attendre d'un connoisseur éclairé, qui n'y avoit rien épargné; et, d'un autre côté, les années ne lui avoient rien fait perdre de sa première vigueur. A l'âge de soixante-dix-huit ans, il conduisoit l'outil avec la même délicatesse et la même fermeté de main qu'il auroit pu faire dans toute sa force. Ce ne fut que lorsque la vue et les autres organes nécessaires pour opérer lui manquèrent, qu'il cessa de travailler et de vivre en 1546. Il avoit, outre cela, la satisfaction de voir fleurir les arts dans sa propre famille; il avoit enseigné à sa fille celui de la gravure, et elle s'y distinguoit. Il avoit un fils nommé *Elio de' Belli*, qui avoit un goût décidé pour l'architecture, et qui a mérité que le Palladio, si bon juge en cette matière, en fît une mention honorable dans la préface de son *Livre d'architecture*, imprimé en 1570.

Plusieurs graveurs succédèrent en Italie à ceux dont je viens de faire l'histoire, et ne se rendirent pas moins recom-

mandables. Le *Marmita*, (1) après, avoir, exercé pendant
quelque temps, la peinture à Parme, se mit sur les rangs ; il
grava, sur les pierres fines, et, prenant pour ses modèles les
ouvrages des anciens, il produisit plusieurs morceaux intéressants. Mais ce qui contribua le plus à sa gloire, fut d'avoir
instruit dans sa même profession un fils nommé *Louis*, que
le cardinal Jean Salviati prit à son service, et qui se distingua
dans Rome, par son habileté dans un temps où l'on n'y souf-
froit rien de médiocre. On prisa beaucoup un de ses camées
représentant une tête de Socrate. Malheureusement son extrême adresse à contrefaire les médailles antiques le mit dans
une aisance qui le détourna d'un premier travail qui lui auroit été beaucoup plus honorable. Il est étonnant combien il
y avoit alors en Italie de ces faussaires. C'est que les curieux
de médailles se multiplioient, et qu'il falloit continuellement
quelque chose de nouveau pour aiguiser leur goût.

Dominique di Polo, Florentin, étoit encore un graveur de
médailles (2), et peut-être augmentoit-il le nombre des fabricateurs de médailles fausses. Il fut disciple de *Jean delle
Corniuole*, et l'on assure qu'il se distingua, comme son maître, dans l'art de graver en creux. Il mourut dans sa patrie,
âgé de soixante-cinq ans. C'est tout ce que j'ai pu découvrir
sur son compte.

Le Vasari (3) parle d'un jeune Florentin qui avoit été le
compagnon d'étude de François Salviati, peintre renommé,
et ce jeune homme, ajoute-t-il, devint lui-même dans la suite
un habile artiste. Il le nomme *Nanni di Prospero delle Corniuole*. Le surnom de cet artiste indique sûrement un gra-

---

(1) Vasari, t. II, p. 296.
(2) Vasari, t. II, p. 295.
(3) Vasari, *Vita di Fr. Salviati*, t. III, p. 78.

veur de cornalines; mais est-ce *Nanni*, c'est-à-dire *Jean*, est-ce *Prosper*, son père, qui l'étoit? C'est ce qu'on ne sauroit bien décider; car la façon dont le Vasari s'énonce forme une équivoque; on est en doute si c'est au père ou au fils que le surnom appartient. Du reste, l'éclaircissement de cette difficulté n'est pas fort important, et je ne me fais à moi-même la question, dont je comprends mieux que personne le peu d'utilité, que pour faire voir que je ne veux rien laisser échapper.

J'aime beaucoup mieux m'étendre sur les louanges de deux artistes illustres, qui, si l'on s'en rapporte au jugement du même Vasari (1) et à celui du célèbre Pierre Arétin (2), ont en Italie porté l'art de la gravure au plus haut degré de perfection auquel il pouvoit atteindre : leurs ouvrages éclipsèrent ceux de tous les autres modernes, de ceux même qui s'étoient fait un plus grand nom. Le premier, *Louis Anichini*, étoit de Ferrare, et vivoit à Venise. Il y travailloit aux médailles, et, lorsqu'il gravoit sur les pierres fines, il mettoit dans sa touche une extrême délicatesse et beaucoup de précision. Plus les ouvrages qui sortoient de ses mains étoient petits, plus il y avoit d'âme; c'étoient autant de chefs-d'œuvre inimitables.

Alexandre Cesari (3), surnommé le Grec (sans doute parce qu'il étoit né en Grèce), étoit cependant supérieur encore à cet habile homme, car il joignoit à la beauté de l'exécution les grâces et la noblesse du dessein. Il fut pendant longtemps employé dans Rome, non-seulement à graver toutes sortes

---

(1) Vasari, t. II, p. 296.
(2) *Lettere del Aretino*, t. IV, p. 181.
(3) Il est nommé Alexandre Cesati dans la première édition des *Vies des peintres* du Vasari, imprimée chez le Torrentin en 1550, part. 3, p. 863.

de sujets sur des pierres fines, mais encore aux coins des
médailles des papes ; il n'est pas surprenant qu'il fît ceux-ci
dans la plus grande perfection, puisque, étant dans l'occasion
fréquente de contrefaire les médailles antiques (1), il avoit été
obligé d'en étudier la manière et de se l'approprier, autant
qu'il étoit possible, afin d'en imposer plus facilement. Michel
Ange, ayant vu la médaille qu'il avoit faite du pape Paul III,
dont le revers représente Alexandre le Grand prosterné aux
pieds du souverain pontife des juifs (2), s'écria que l'art ne
pouvoit aller plus loin et qu'il étoit même à craindre qu'il ne
rétrogradât.

Mais de quelles expressions se seroit donc servi ce grand
sculpteur, si on lui eût montré cet admirable portrait de
Henri II, roi de France, gravé en basse-taille sur une cornaline, lequel étoit dans le cabinet de M. Crozat (3). Ne seroit-il
pas convenu que l'antique ne fournit rien de plus accompli ?
Il a fallu beaucoup d'art pour faire paroître saillant un ouvrage qui par lui-même est extrêmement plat ; aussi le graveur, content de son travail, n'a pas craint de s'en avouer
l'auteur en mettant au revers de cet excellent morceau son
nom, ainsi écrit en grec : ΑΛΕΞΑΝΔΡΟΣ ΕΠΟΙΕΙ.

Il est à présumer que les portraits de Pierre-Louis Farnèse,
duc de Castro, d'Octave son fils, duc de Parme, et du cardinal Alexandre Farnèse, dont le Vasari fait mention, étoient

---

(1) *Discorsi di Enea Vico sopra le med. ant.*, p. 67.
(2) On trouvera dans le 1er volume du livre du P. Bonanni, intitulé : *Numismata pontif. rom.*, la représentation de cette médaille ; elle fait partie de celles qui ont été frappées sous le pontificat du pape Paul III, p. 199, n° 33.
(3) Le Vasari cite un portrait de Henri II, qui avoit été fait, à ce
qu'il dit, par *Alexandre Cesari*, pour le cardinal Farnèse, et dont
il fait un grand éloge ; mais ce ne peut être celui-ci, car il ajoute
que la gravure étoit en creux et que la cornaline n'étoit guère plus
grande qu'une de nos pièces de douze sols.

travaillés avec le même soin et le même bon goût. L'exécution de ce dernier offroit du nouveau ; la tête de relief étoit,
en or, sur un fond ou champ d'argent. Je suis encore persuadé que le Vasari ne dit rien de trop dans l'éloge qu'il fait
de trois camées gravés par cet excellent artiste, dont l'un
représentoit un enfant, un autre un lion, et le troisième une
femme nue. Mais son chef-d'œuvre, au rapport du même
écrivain, a été un camée représentant la tête de Phocion
l'Athénien. M. Zanetti, mon ami, entre les mains duquel ce
camée est actuellement à Venise, m'assure qu'on ne peut rien
voir de plus exquis, et l'approbation d'un aussi bon connoisseur, et qui possède tant de belles choses, est pour moi d'un
grand poids.

Les morceaux de remarque des gravures modernes furent,
comme l'on voit, presque toujours des camées, et je pense
avoir suffisamment fait connoître le motif qui les faisoit or-
donner. Je vais encore en décrire un qui fut universellement
applaudi lorsqu'il parut. Il ne s'en étoit point exécuté depuis
les anciens d'un aussi grand volume, ni chargé d'autant
d'ouvrage. *Jean-Antoine de' Rossi*, Milanois, mais qui, autant
que je le puis conjecturer, étoit établi à Florence, y avoit représenté, dans un espace d'environ sept pouces de diamètre,
les portraits jusqu'aux genoux de Cosme Ier, grand-duc de
Toscane, de la duchesse Eléonore de Tolède, son épouse, et
de tous les princes et princes et princesses, leurs enfants. Le
Vasari (1), qui avoit vu ce camée, l'annonce comme un morceau rare, qui avoit décidé de la réputation du maître, déjà
recommandable par quantité d'autres ouvrages de gravure.

Gaspard et *Jérôme Misuroni*, ainsi que *Jacques de Trezzo* (2),

___

(1) Vasari, t. II, p. 297.
(2) Dans la même page (t. II, p. 297) le Vasari nomme cet artiste

tous trois Milanois, ont encore gravé en creux et en relief sur
des pierres fines; mais ils furent plus particulièrement occupés à former des vases et d'autres semblables précieux bijoux de jaspe et d'agate. Ils avoient acquis beaucoup d'expérience dans ce genre de travail, et ce fut, suivant toutes
les apparences, ce qui détermina Philippe II à appeler en
Espagne *Jacques de Trezzo,* qui avoit d'ailleurs le talent de
graver des portraits et de les rendre extrêmement ressemblants (1). Ce prince, voulant faire de l'Escurial une des merveilles du monde, avoit résolu de placer sur le maître autel
de l'église de ce monastère un magnifique tabernacle. Colonnes, bases, chapiteaux, entablement, tous les membres
d'architecture qui entroient dans sa composition devoient
être d'agates, de jaspes et d'autres pierres fines, et, ce qui a
paru digne de remarque à ceux qui en ont fait la description,
l'Espagne seule avoit fourni tous ces précieux matériaux. Il
ne restoit plus, pour le mettre en œuvre, que de rencontrer
un artiste patient, adroit et intelligent. *Trezzo,* qui réunissoit
toutes ces parties, fut choisi et vint à bout de ce travail dans
l'espace de sept années, et quiconque connoît le génie de la
nation espagnole conviendra que notre graveur ne pouvoit
pas prétendre à un plus grand honneur que celui qu'il reçut,

Cosme, et un peu plus bas, *Jacques,* et il fait voyager *Cosme* en
Espagne; mais c'est une inattention de sa part. Il est certain que
le graveur employé par Philippe II se nommait *Jacques.* Il est encore fait mention de *Trezzo* dans le discours d'Enéas Vicus sur les
médailles antiques, et il y est mis au nombre des fabricateurs de
fausses médailles.

(1) J'ai dans mon cabinet un beau portrait de Philippe II, roi
d'Espagne, gravé en relief sur une calcédoine. Si c'est un ouvrage
de *Jacques de Trezzo,* ainsi qu'il y a tout lieu de le présumer, il
faut convenir que cet artiste mérite justement les louanges que le
Vasari lui donne.

lorsque son ouvrage fut achevé. Une inscription latine (1), très-succincte, de la composition d'Arias Montanus, gravée sur le socle du tabernacle, dans l'endroit le plus apparent, ne contient presque que le nom du roi et celui de *Jacques de Trezzo*, rangés sur la même ligne.

Les médailles que *Jacques de Trezzo* a gravées sur ses propres modèles font un homme plus extraordinaire que les plus belles copies qu'il a pu faire d'après l'antique ; je n'en citerai qu'une seule : c'est celle qui porte son nom avec la date de 1578, et qui représente le portrait de Jean de Herréra, architecte de Philippe II, roi d'Espagne, qui, ayant succédé à Jean-Baptiste de Tolède dans la conduite du fameux bâtiment de l'Escurial, en a publié les plans et les élévations, avec une description imprimée à Madrid en 1589, qui est un ouvrage rare et curieux.

On a voulu attribuer à cet artiste l'invention de la gravure sur le diamant ; on a dit qu'il avoit osé le premier tâter cette matière qui paroissoit indomptable, et qui jusqu'alors avoit résisté à toutes sortes d'outils, qu'il l'avoit forcée de se prêter à un travail dont on ne l'auroit pas cru susceptible ; mais ceux qui l'ont avancé (2) se trompoient ; cette découverte est due à *Clément Birague*, jeune Milanois, qui vivoit à la cour de Philippe II en même temps que *Jacques de Trezzo*, et qui cultivoit le même talent. Il grava sur une de ces pierres précieuses le portrait de dom Carlos, Infant d'Espagne, que cet infortuné prince avoit dessein d'envoyer comme un gage de son amour à l'archiduchesse Anne, fille de l'empereur Maxi-

---

(1) *Jesu Christo, sacerdoti ac victimæ, Philippus II. Rex D. opus Jacobi Trecii Mediolanensis totum Hispano e lapide.* Descripcion del Escorial por Fr. de los Santos, p. 27.

(2) Gorlée et M. le baron de Stosch, dans les préfaces qu'ils ont mis à la tête de leurs ouvrages sur les pierres gravées.

milien II, qu'on lui destinoit pour épouse; et sur un autre diamant, le même artiste exprima les armes d'Espagne pour servir de cachet au même prince. Le témoignage de Clusius, savant botaniste (1), qui avoit connu le graveur à Madrid, dans son voyage d'Espagne, en 1564, joint à celui de Paul Lomazzo (2), autre contemporain de *Birague*, et même son compatriote, ne laisse aucun doute sur la vérité du fait. Il est moins certain que le travail de ces deux gravures fût bien parfait; et qu'on n'allègue point pour excuse la qualité de la matière. Pourquoi l'employer si elle n'y étoit pas propre? Y a-t-il un si grand mérite à former des difficultés qu'on sait ne pouvoir vaincre? Quoi qu'il en soit, puisque j'ai résolu de ne rien omettre de tout ce qui peut avoir rapport au sujet que je traite, je ferai encore mention, d'après Paul Lomazzo (3), de *François Tortorino*, graveur de camées, et de *Julien Taverna*, qui, comme le précédent, étoit Milanois et gravoit comme lui sur le cristal; et je me servirai de cette occasion pour remarquer que Milan n'a jamais cessé de nourrir des artistes experts dans la taille du cristal de roche, et qu'encore aujourd'hui ceux qui y exercent cette profession y excellent.

Je ne prétends pas toutefois confondre avec ces simples lapidaires, dont le métier est purement mécanique, *Annibal Fontana*, de Milan, mort dans cette ville en 1587, âgé de quarante-sept ans (4). Ce grand homme s'est fait admirer toutes les fois que sont sorties de ses mains des gravures sur les pierres fines, tant en creux qu'en relief. Guillaume, élec-

---

(1) *Lettre de Clusius*, dans la nouvelle traduction française de l'histoire de M. de Thou, t. XV, p. 321.
(2) Lomazzo, *Idea del tempio della pittura*, p. 152.
(3) Lomazzo, *Tratt. della pittura*, p. 687 et 689.
(4) Torre, *Ritratto di Milano*, p. 74.

teur de Bavière, prince extrêmement curieux, lui fit faire aussi plusieurs ouvrages sur le cristal, et entre autres une cassette qui étoit enrichie de gravures, et pour laquelle il lui fit compter six mille écus. Raphaël Borghini a décrit dans son excellent *Traité de peinture* (1) les différents sujets qu'il y avoit représentées : ils étoient tous de sa composition; et l'habile artiste y fit voir qu'il étoit pourvu d'un grand fonds de dessein; aussi ne quitta-t-il la gravure que pour devenir tout à coup un sculpteur du premier ordre (2).

En voici un autre qui s'est élevé en tenant une route bien différente. *Philippe Santa-Croce*, surnommé *Pippo*, avoit une main des plus légères. Il tailloit, sur des noyaux de prunes (3) et de cerises, de petits bas-reliefs composés de plusieurs figures, qui devenoient presque imperceptibles à la vue et qui n'en étoient pas moins dans toutes leurs proportions. Les plus foibles talents, quand ils sont conduits par le génie, méritent de la considération; celui-ci plut à divers amateurs, et il inspira à celui qui en étoit en possession la hardiesse de graver de la même manière sur les pierres fines. Le Soprani (4), auteur des *Vies des peintres et autres artistes génois*, assure que ce fut avec beaucoup de succès, et l'on a remarqué

---

(1) *Riposo del Borghini*, p. 461, édit. de 1730.

(2) On estime beaucoup les statues et les bas-reliefs de marbre qu'il a faits en concurrence d'Astoldo Lorenzi, sculpteur florentin, et dont il a enrichi le portail de l'église de Notre-Dame de Saint-Celse à Milan, dans laquelle *Fontana* a été inhumé.

(3) Le merveilleux chapelet, sculpté de cette manière, que possède la princesse Czartoriska dans les joyaux de la couronne de Pologne, serait-il son ouvrage? Si notre souvenir, déjà bien ancien, ne nous trompe pas; il y aurait, d'un côté, des têtes, de l'autre des sujets, et, dans cette infinie petitesse, on ne sait ce qu'on doit le plus admirer, de l'adresse patiente, de la beauté du style, et souvent même de la grandeur du caractère. (ÉD.)

(4) Soprani, *Vite de' pittori genov.*, p. 303.

en effet que tous ceux que la nature avoit destinés à quelques professions s'étoient toujours montrés des hommes singuliers. *Pippo* n'étoit qu'un simple berger qui s'amusoit là sculpter des morceaux de bois, lorsque le comte Philippin Doria le rencontra dans le duché d'Urbin. Ce seigneur, touché des dispositions naturelles qu'il lui voyoit, le prit avec lui, le conduisit à Rome, lui fit apprendre à dessiner, et, continuant de l'honorer de sa protection, il le fit venir à Gênes, où cet artiste s'établit et fut père de plusieurs enfants, tous sculpteurs.

L'exactitude que je me suis prescrite ne me permet pas de passer sous silence *Antoine Dordoni,* de Busetto, petite ville de l'État de Parme, mort à Rome en 1584, âgé de cinquante-six ans. Je me suis proposé de ne laisser échapper aucun graveur, et de plus celui-ci tenoit, dit-on (1), le premier rang entre les graveurs en pierres fines de son temps; mais il est vrai que je n'en ai d'autre garant que son épitaphe, qu'on lit dans l'église de Sainte-Marie d'ell Ara Celi à Rome (2), et ces artistes sur lesquels il primoit étoient-ils bien excellents? On n'en peut rien dire, puisqu'on ne les connoît pas. Cette épitaphe m'en rappelle une autre, qui est pareillement à Rome

---

(1) *Dissert. glyptogr.*, p. 84.

(2) · D. O. M.

  Antonio Dordonio, Nicolai filio,
  E civitate Buxeti, viro probo,
  Ac in incidendis et sculpendis imaginibus
    In omni Gemmarum,
  Lapidumque pretiosorum genere
    Eximio atque primario;
  Qui, cùm annum ageret ætatis suæ LVI.
    Ad superos rediit
  XVIII, kal. maij MDLXXXIII.
  Silvia Poppia usufructuaria
    Viro suo bene merenti P.

dans l'église de Saint-Pierre in Montorio (1). Elle fait mention
d'un *Flaminius Natalis*, mort à Rome en 1596, âgé de cin-
quante-cinq ans, avec la réputation d'un très-bon graveur
d'armoiries pour des cachets. Je soupçonne qu'il étoit Liégeois et parent de Michel Natalis, célèbre graveur au burin,
dont le père, contemporain de Flaminius, étoit graveur des
monnoies du prince de Liége, électeur de Cologne (IV,40),
et, si cela est, il n'avoit pas eu besoin, pour se déterminer
au parti qu'il avoit embrassé, de chercher des exemples
hors de sa famille.

La gravure sembloit cependant s'éclipser en Italie, et, si
elle étoit cultivée en Allemagne par un plus grand nombre
d'artistes, elle n'en étoit pas moins dans un état de langueur
et de dépérissement. L'empereur Rodolphe II, qui régnoit,
protégeoit les arts ; il étoit fort curieux de tous les ouvrages
qui se peuvent faire par le moyen de la gravure en pierres
fines, et il avoit rassemblé, pour cet effet, auprès de sa personne ce qu'il y avoit de plus habiles gens, qui travailloient
continuellement sous ses ordres. En falloit-il davantage pour
faire fleurir l'art de la gravure ? Mais il est des temps où ni
les caresses, ni les récompenses ne peuvent rien contre un
mauvais goût qui domine, et qui, malheureusement, n'est
que trop accrédité. Les graveurs se multiplioient, et les excellents maîtres devenoient plus rares. Je n'ai vu aucunes
pierres gravées faites par les artistes qui étoient au service de
l'empereur Rodolphe. On m'a bien montré dans le trésor à

---

(1)   D. O. M.

Flaminio Natali
Insigni insigniorum effectori...
Anno 1596, ætatis 55,
Diem suum clausit.

(*Dissert. glyptogr.*, p. 85.)

Vienne une infinité de vases et d'autres bijoux de jaspe,
d'agate, de cristal, et d'autres matières encore plus précieuses,
qu'ils ont exécutés, et dont on ne peut se lasser d'admirer la
hardiesse du travail. Il semble qu'on se soit attaché à rechercher tout ce qui pouvoit en rendre l'exécution difficile, mais
c'est presque toujours aux dépens des belles formes ; on s'est
épuisé pour en imaginer de bizarres, qui tiennent au gothique. qui ont de quoi révolter quiconque a une idée du beau,
et qui l'aime.

Les deux graveurs qui étoient le plus occupés à ces ouvrages, et qui étoient estimés les meilleurs, étoient *Gaspard
Lehman* et *Miseron* (1). Le premier, valet de chambre de
l'Empereur, jouissoit du privilége exclusif de graver sur le
verre, en considération de ce qu'il avoit découvert des machines et un nouveau genre d'opérer. qui simplifioient l'exécution, et au moyen desquels la matière se trouvoit susceptible d'une infinité de travaux qu'on n'auroit pas osé tenter
auparavant. C'est apparemment la même pratique qui s'est
conservée dans les fabriques de Bohême, d'où il sort des ouvrages de verre si artistement gravés. *Miseron*, que je crois
originaire de Milan et de la même famille que les deux *Misuroni*, dont j'ai parlé un peu plus haut, fut anobli et obtint la
garde des curiosités de Sa Majesté Impériale. *Denis Miseron*,
son fils, lui succéda dans ses talents et dans son poste, et travailla pour l'empereur Matthias, qui lui fit faire de grands
ouvrages pour en orner les galeries de Prague et de Vienne.
Cette famille, fertile en graveurs, produisit encore *Ferdinand-
Eusèbe*, seigneur de Lisom, fils de *Denis Miseron*, que l'empereur Léopold confirma dans tous les titres et les charges de
ses ancêtres, et en qui l'on ne reconnoît presque d'autre mé-

---

(1) Sandrart, *Acad. picturæ erud.*, p. 343.

rite que son exactitude à remplir les devoirs de son emploi.

On a un portrait de *Christophe Schwaiger*, gravé en 1600 par Luc Kilian, d'après le tableau de Jean Van Ach, et, dans les vers latins qui se lisent au bas de cette estampe, cet artiste, qui étoit mort depuis peu de temps, âgé de soixante-huit ans, est comparé à Pyrgotèles pour son habileté à graver en creux des cachets sur des pierres fines. Dominique Custos, en exposant les motifs qui l'engagèrent à publier ce portrait, dit que l'amitié y eut la principale part, et, comme il avoit sa demeure à Ausbourg, on pourroit en inférer que *Schwaiger* y étoit pareillement établi. Mais tant qu'on n'aura point vu de ses ouvrages, on pourra craindre que les louanges qu'on lui donne ne soient outrées.

Après avoir fait de l'Allemagne le théâtre de la gravure dans le dix-septième siècle, on sera sans doute étonné de m'entendre nommer un si petit nombre de graveurs allemands; mais le silence que je vais garder sur les artistes qui ont dû avoir vécu en Italie dans le même siècle doit paroître encore plus surprenant, car je ne pourrai pas faire mention d'un seul. Ce n'est pas que je croie que, pendant un si long espace de temps, ce pays, si fécond en artistes, ait été entièrement dépourvu de graveurs. Cette belle cornaline, montée en bague, qu'on conserve dans le palais Borghèse à Rome (1), et sur laquelle est admirablement bien gravé le portrait du pape Paul V, de profil, me démentiroit; elle semble même prouver qu'il devoit y avoir alors d'assez bons maîtres en Italie; mais les écrivains du temps ont négligé d'en parler, et les faits qui ne sont pas confiés à l'histoire tombent bientôt dans l'oubli.

Je doute fort qu'aucun des graveurs italiens que j'ai cités

---

(1) *Dissert. glypt.*, p. 86

eût pu soutenir le parallèle de notre *Coldoré*. Cet excellent homme fleurissoit en France sur la fin du seizième siècle, et il a vécu jusque sous le règne de Louis XIII. Henri IV, qui l'honoroit d'une protection particulière, le fit beaucoup travailler. Il a gravé le portrait de ce grand prince une infinité de fois, tantôt en creux, tantôt en relief, toujours avec une finesse d'outil sans égale, et toujours avec le même succès pour la ressemblance. Jusqu'à présent il ne m'est passé par les mains aucune pierre gravée où il y eût des figures entières, et qu'on pût dire certainement être de *Coldoré;* mais je n'imagine pas qu'un homme qui a fait des portraits aussi achevés que les siens ait pu manquer de réussir dans des sujets plus composés, lorsqu'il a eu occasion d'en graver. Je suis très-persuadé que, si l'on en rencontroit, et il doit y en avoir, on y admireroit le même esprit, la même élégance, la même justesse de contour, et la même pureté de travail que dans les simples têtes qu'a gravées le même artiste. Et qu'on ne me dise pas que je me laisse prévenir, et qu'un amour aveugle de la patrie m'emporte trop loin; les étrangers sont encore moins réservés que je ne le suis, toutes les fois qu'il s'agit de faire l'éloge de cet habile graveur. Les Anglois même, si indifférents pour les productions de nos artistes, ne peuvent s'empêcher d'estimer les siennes; ils recherchent ses gravures avec un empressement dont, à notre honte, on ne voit que peu d'exemples parmi nous. J'ajouterai qu'on tient pour constant que la réputation de *Coldoré* le fit appeler en Angleterre par la reine Elisabeth, et cette opinion n'est pas sans fondement, car on a vu dans le cabinet de M. Crozat, que monseigneur le duc d'Orléans a joint au sien (1), un por-

---

(1) Ce camée est indiqué dans la description sommaire des pierres gravées du cabinet de M. Crozat, sous le n° 1226.

trait de cette princesse, élégamment gravé en relief sur une agate-onyx, qui certainement ne peut avoir été fait que par *Coldoré*; on reconnoît aisément dans ce bel ouvrage la délicatesse de sa touche.

Si *JuliendeFo ntenay*, nommé dans les lettres patentes du roi du 22 décembre 1608, portant priviléges en faveur des artistes logés sous la grande galerie du Louvre, et que le roi Henri IV qualifie de son valet de chambre et de son graveur en pierres précieuses, a été véritablement l'émule de *Coldoré*, il doit paroître assez surprenant qu'on ne montre aucun de ses ouvrages, et que son nom même soit resté dans l'oubli. Mais j'ai un certain pressentiment que ce graveur et *Coldoré* ne sont qu'un même homme présenté sous deux noms différents. Il n'est guère possible que la chose puisse être autrement : seroit-il probable qu'un prince qui savoit si bien distinguer le mérite et le récompenser partout où il le trouvoit, eût accordé sa protection à un artiste médiocre et sans nom, qu'il lui eût assigné un logement dans son palais, distinction réservée à l'élite des plus habiles artistes, en tout genre, qui vivoient alors, et qui, pour me servir des propres termes employés dans les lettres patentes, étoient *les maîtres les plus suffisants, tant de peinture, sculpture, orfèvrerie, horlogerie, insculpture en pierres, qu'autres excellents arts*; qu'enfin *Julien de Fontenay*, dont on ne produit rien, eût obtenu cette grâce, en qualité de graveur en pierres fines, vis-à-vis et au préjudice de l'inimitable Coldoré, qui jouissoit de toute sa réputation, qui étoit connu, employé et estimé du prince? Je n'y vois guère d'apparence.

On aura de la peine à me persuader que la qualité de valet de chambre de Sa Majesté avoit pu ménager à *Fontenay* la faveur de son maître, et couvrir en quelque façon son incapacité; au contraire, la supériorité dans son art étoit pour ors un acheminement à cette place de confiance; c'étoit à ce

titre que Bunel, peintre du roi Henri IV, et tant d'autres artistes avoient obtenu le même honneur. Je dis plus, s'il y
avoit eu deux graveurs en pierres fines, tous deux se distinguant dans leur art sous le règne de Henri IV, il devroit,
dans le nombre de portraits que nous avons de ce prince,
s'en trouver de deux mains différentes, car l'un et l'autre
artistes ont dû en graver, cela n'est pas douteux ; cependant,
au jugement des meilleurs connoisseurs, tous ceux de ces
portraits que nous voyons paroissent du même maître ; ils
sont travaillés dans la même manière ; c'est dans tous le
même faire et le même caractère. De là je continue d'inférer
que d'un seul homme on en a fait deux ; et, si l'on me demande pourquoi *Coldoré* est nommé *Julien de Fontenay* dans
les lettres patentes de Sa Majesté, je pourrai répondre que,
dans un acte public, on ne devoit pas le désigner autrement
que par ses véritables noms, c'est à-dire son nom de baptême et celui de sa famille, mais que, plus connu sous un
sobriquet qui étoit passé en usage, on continua de l'appeler
dans le monde *Coldoré*, et que ce sobriquet, ayant prévalu, a
fait disparoître le nom de famille. C'est ainsi que le Primatice, peintre fameux, que François Iᵉʳ avoit attiré en France,
n'eut pendant sa vie, et même longtemps après sa mort,
d'autre nom que *Bologna*, qui étoit celui de la ville de sa
naissance, et que Marc Duval, peintre de Charles IX, ne fut
jamais appelé par son maître autrement que *le Sourd*, au
rapport de La Croix du Maine (1). S'il étoit besoin d'exemples, il me seroit aisé d'en produire d'autres encore. On a
vu plus haut un orfèvre et graveur célèbre, nommé *Foppa*,
être dépouillé malgré lui de son propre nom, et obligé de

---

(1) Dans sa Bibliothèque, p. 406.

recevoir en place un sobriquet qui n'étoit rien moins que flatteur.

Je ne rechercherai point ce qui peut avoir fait donner à notre artiste celui de *Coldoré* ; quelqu'un moins timide pourroit dire que plusieurs chaînes d'or qui le décoroient, et qu'il portoit pendues au cou, avoit pu occasionner la plaisanterie, et il est vrai que ceux qui se distinguoient dans leur talent, autant que *Coldoré* faisoit dans le sien, recevoient alors fréquemment de ces marques d'honneur, de la part des princes ou des grands seigneurs qu'ils servoient (1). Mais je suis très-éloigné d'admettre de semblables conjectures, et j'abandonne volontiers celle que je viens tâcher de rendre vraisemblable à ceux qui, plus heureux que moi, pourront quelque jour, à la faveur de nouvelles découvertes, débrouiller l'histoire de nos graveurs françois, qui est pour moi enveloppée de ténèbres trop épaisses (2).

J'ai vu chez M. Crozat un portrait du cardinal de Richelieu, gravé en relief sur un grenat syrien (3); il est de profil, finement dessiné et d'une exécution parfaite; mais je ne sais à qui donner ce bel ouvrage; le travail m'en a paru un peu trop sec pour être de *Coldoré*, et d'ailleurs je doute que ce

---

(1) Du temps d'Henri III et d'Henri IV, les chaînes d'or étaient les présents ou la récompense la plus ordinaire des artistes et gens à talents. Dans un livre singulier, qui est à la bibliothèque du roi et qui est intitulé : *Compositions de rhétorique de M. Dom Arlequin*, ce comédien italien, Savoyard de nation, dit dans son patois à Henri IV, à qui le livre est dédié :

.... Ah, sacra Majesté,
Fais-moi donner tout astheure pour streina
La medaglia attachée à una grossa chaina.

(2) Coldoré ou Codoré s'appelait Olivier, et ne peut être le même que Julien de Fontenay, qui est venu après lui. Voir sur ce point les *Archives, Documents*, III, p. 39–41. (*E.*)

(3) Voyez dans la description sommaire des pierres gravées du cabinet de M. Crozat, n° 938.

graveur ait été témoin de la grande puissance de ce cardinal qui, dans ce portrait, me paroît un homme de quarante ans au moins. Comment peut-on, dans son propre pays et dans des temps si voisins, être si peu instruit de ce qui regarde ses propres artistes? On ne peut encore rien dire de certain sur l'auteur de cet excellent portrait du cardinal Mazarin, exécuté en relief sur une agate-onyx, qui est dans le Cabinet du roi, et qui est tellement dans les principes de Warin, à qui nos médailles et nos monnoies sont redevables de leur beauté, que, s'il étoit possible que Warin eût gravé sur des pierres fines, je n'hésiterois pas de mettre ce portrait sur son compte. En vérité, nos pères ne sont guère excusables d'avoir été si peu attentifs à nous transmettre la mémoire de nos habiles artistes.

A peine sait-on quelque chose d'un graveur nommé *Maurice,* qui, étant sorti des Pays-Bas, sa patrie, vint s'établir à Rouen sous le règne de Louis XIII. C'étoit cependant, au rapport de quelques personnes capables d'en juger, un bon graveur, et dont le fils, né à Rouen, et encore plus habile que le père, duquel il étoit disciple, doit avoir mis au jour une grande quantité de beaux ouvrages, puisqu'il n'est mort qu'en 1732, âgé de quatre-vingts ans. Il s'étoit retiré à la Haye, pour cause de religion, car il étoit né, comme son père, dans la religion protestante. Paris fut pendant longtemps le lieu de sa résidence, et il y eut pour concurrent *Jean-Baptiste Certain,* né dans cette ville, où il vit encore.

Ce dernier avoit une assez bonne main: Après avoir osé faire une copie de la bacchanale du roi, connue sous le nom de cachet de Michel-Ange, et s'être assez bien tiré d'un travail aussi difficile, on pouvoit espérer qu'il tiendroit rang avec les meilleurs graveurs; mais, les occasions de s'exercer sur des sujets importants lui ayant manqué plutôt que les talents, il n'a pu surmonter un obstacle qui s'opposera toujours à l'avancement des arts, et il n'a point été connu autant qu'il l'auroit pu être.

Quittons les graveurs françois, sur lesquels je ne puis m'étendre autant que je le voudrois; et repassons en Italie. Nous trouverons à Florence le *Bergognone*, excellent graveur de cachets, qui étoit logé chez le grand-duc, et qui travailloit pour ce prince vers l'année 1670(1). Il y étoit, à ce qu'on assure, fort considéré, et, si le nom qu'il portoit peut conduire à quelque induction, on peut croire qu'il étoit né dans le duché ou le comté de Bourgogne, ou au moins qu'il en étoit originaire. Allons plus loin, et nous trouverons encore dans Rome *Adoni* (2), qui a eu de la vogue dans le commencement du même siècle. Il étoit principalement occupé à graver en relief des mains jointes en signe de foi. Il en avoit un grand débit; c'étoit un présent que se faisoient les nouveaux mariés; mais si ce graveur n'a fait que de ces bagatelles, méritoit-il qu'on songeât seulement à lui?

Aussi suis-je persuadé qu'un graveur de médailles, nommé *Rey*, qui vivoit à Rome il y a environ une cinquantaine d'années, devoit y être dans une bien plus grande estime, car on dit que cet artiste a gravé avec beaucoup de goût toutes sortes de sujets sur les pierres fines (3). On cite comme de très-beaux morceaux le portrait de dom Charles Albani, frère du pape Clément XI, gravé sur une émeraude, et le cachet du marquis de Castel-San-Vito, l'un et l'autre exécutés par ce maître habile; mais je n'ose prononcer sur le mérite d'un homme dont je n'ai vu aucune production.

Flavius Sirlet se préparoit alors cette réputation brillante,

---

(1) *Columb. libert. Liv. Aug. à Gorio illustr.*, p. 155.
(2) *Dissert. glyptogr.*, p. 89.
(3) *Dissert. glyptogr.*, p. 90.

et si justement méritée, dont il a joui dans Rome jusqu'à sa
mort arrivée le 15 août 1737 (1). Il étoit orfèvre et graveur
en pierres fines, et il se prétendoit issu de la même famille
que le cardinal Guillaume *Sirlet*, qui a joué un si grand rôle
dans l'Église ; mais cet honneur, dans quelque point de vue
qu'on l'envisage, n'ajoute rien, selon moi, à la gloire que
cet artiste s'est procurée lui-même par l'excellence de ses ouvrages. On ne connoît presque aucun graveur moderne qui
l'égale pour la finesse de la touche, ni dont le travail approche davantage de celui des Grecs. Il a beaucoup gravé, et,
dans un assez grand nombre de portraits de sa main, celui
de Carle Maratte, que lui a fait exécuter Augustin Masuccio,
élève de ce grand peintre, a mérité qu'on en fît un éloge
particulier, tant en considération du sujet que par rapport à
la perfection de la gravure même. Il est cependant un autre
genre de gravures qui fait encore plus d'honneur à *Sirlet*, et
dans lequel il me paroît avoir remporté le prix ; c'est lorsqu'il nous a donné sur des pierres fines les représentations
en petit des plus belles statues antiques qui sont à Rome. Il
a gravé de cette sorte l'Hercule de Farnèse, l'Apollon de Belvedere, le Bacchus assis sur une panthère de la galerie Justi-
nienne, dont il a fait un Mercure, en lui mettant à la main
un caducée, le Caracalla de celle du palais Farnèse. Toutes
ces figures sont bien dessinées et touchées avec autant d'art
que de délicatesse. Le groupe du Laòcoon est son chef-d'œuvre, et c'est un de ses derniers ouvrages. Il est sur une améthyste, et milord duc de Beaufort l'a fait passer en Angleterre. On y lit ces deux lettres grecques ΦΣ, qui sont les
premières lettres du nom du graveur, car lorsque cet artiste
mettoit son nom sur les pierres qu'il gravoit, il empruntoit

---

(1) *Dissert. glyptogr.*, p. 92.

presque toujours les caractères grecs, comme s'il eût prétendu s'associer aux anciens sculpteurs grecs et partager la gloire de ceux dont il imitoit les rares productions. La gravure avec laquelle il a terminé sa carrière est sur une cornaline qui est entre les mains de M. le chevalier Vettori, et, plus on se sent animé, en la regardant, de la même joie que montre sur son visage un faune couronné de lierre, qui y est représenté, plus on est prêt à verser des larmes sur la perte de l'habile artiste, auteur d'un si bel ouvrage. Deux fils de *Sirlet* ont suivi la même profession que leur père : l'un se nomme *François*, et le second s'appeloit *Raimond*. Ce dernier a survécu son père fort peu de temps ; l'autre exerce son talent dans Rome, et tâche de se faire estimer autant qu'il est possible au fils d'un homme très-célèbre.

Celui qui se distingue le plus aujourd'hui dans cette ville, et dont la réputation est fort grande, même hors de son pays, est le chevalier *Charles Costanzi*. Son père, qui vit encore, et qui se nomme *Jean*, est lui-même un bon graveur. C'est lui qui, au rapport de M. le baron de Stosch (1), a gravé sur un diamant cette tête de Néron, qui a appartenu à M. le prieur Vaini. Ce qui paroîtra cependant un peu surprenant, le fils réclame cette gravure et prétend que c'est son ouvrage. Il est peu important d'éclaircir la vérité du fait ; mais il n'est pas moins certain que *Charles Costanzi* étoit fort en état d'exécuter une telle gravure, et qu'il peut même faire encore mieux. Une Léda et une tête d'Antinous, qu'il assure avoir pareillement gravées sur des diamants, pour le roi de Portugal, sont les garants qu'il produit, et avec lesquels il ne

_____

(1) M. le baron de Stosch, dans sa préface à la tête de son Recueil de pierres gravées antiques sur lesquelles les graveurs ont mis leurs noms, p. xvii.

doit point craindre qu'on le soupçonne d'en vouloir imposer. J'en ai vu des empreintes; on m'en a fait voir encore de plusieurs autres de ses gravures, et, s'il m'est permis d'en dire mon sentiment, j'y trouve un homme qui possède son art dans un haut degré de perfection. Son travail, sans être ni trop sec, ni trop léché, est recherché; il dessine avec assez de justesse; ses portraits me paroissent gravés de chair, et fort ressemblants. Je ne crois pas qu'on puisse faire en gravure en creux quelque chose de mieux que celui du cardinal Georges Spinola, qui est sur une agate-onyx, quoiqu'on veuille me persuader que le portrait du prétendant et celui du cardinal René Imperiali, qui ont été gravés par le même artiste, ne le cèdent point au premier.

Je n'entreprendrai point de parler de toutes les autres gravures de cet habile homme; elles sont répandues dans toute l'Europe et elles font son éloge beaucoup mieux que je ne le pourrois faire. Je ne dois pas cependant omettre que, lorsqu'il a voulu copier des pierres gravées antiques, il y a très-bien réussi, et l'on prétend que personne, entre les modernes, n'a aussi bien gravé que lui la tête d'Antinous, ce qui est cause qu'on la lui a fait répéter une infinité de fois. Ses copies en ont souvent imposé, même à des connoisseurs qui prétendoient être fort clairvoyants; et tel est l'effet qu'a produit cette belle copie de la Méduse, dont l'original, admirablement gravé par *Solon*, est dans le cabinet de Strozzi, et qui fut exécutée en 1729 pour M. le cardinal de Polignac. Combien de gens y ont été trompés au premier coup d'œil? Il est vrai que, pour mieux séduire, la copie a été faite sur une calcédoine précisément de même grandeur et de même couleur que l'original, et que tout, jusqu'au nom de l'ancien graveur, est copié dans la plus grande exactitude.

Au reste, le sieur *Costanzi* ne doit pas se plaindre que son mérite n'ait pas été reconnu : l'ordre de Christ et celui de

Saint-Jean de Latran lui ont été conférés par le pape Benoît XIII. Il a été nommé par les conservateurs du peuple
romain pour, en qualité de page gentilhomme, être du cor-
tége de Sa Sainteté le pape Benoît XIV, lors de sa prise de
possession de Saint-Jean de Latran, en 1740. Il est chef de
quartier dans Rome; aucun des honneurs auxquels il pouvoit aspirer ne lui a échappé, et il est à présumer qu'on s'est
étudié à flatter son goût. Il est né à Naples au mois d'août
de l'année 1703; mais, quoiqu'il ait pris naissance dans
cette ville, il s'est toujours regardé comme Romain, parce
qu'il n'a point cessé de demeurer à Rome, où il a un frère
nommé *Thomas*, qui, moins habile que son aîné, ne laisse
pas d'être fort occupé et de graver avec succès sur les pierres
fines.

Le frère du chevalier *Costanzi* est mort à Rome en 1747.
Pour lui, il continue de graver avec le même succès et les
mêmes applaudissements. Un de ses derniers ouvrages est le
portrait de l'impératrice-reine de Hongrie, qu'il a gravé sur
un très-grand saphir oriental. Cette gravure avoit été précédée d'une autre, qui, au rapport de l'auteur même, est supérieure à tout ce qu'il a jamais fait; deux années et demie
d'un travail assidu y ont à peine suffi, et la matière est une
émeraude de prix, de sept lignes d'épaisseur, et qui, dans le
plus grand diamètre de l'ovale, porte deux pouces. Sur une
des faces est gravé le portrait du pape régnant, et sur le revers les têtes de saint Pierre et de saint Paul. Ce morceau
singulier, fait par ordre du cardinal Lanti, étoit destiné pour
l'agrafe de la chape dont Sa Sainteté se revêt dans les jours
de solennité; mais le saint père, après s'en être servi une
seule fois, a jugé à propos de le placer dans le trésor de
Saint-Pétrone à Boulogne, où il fait l'admiration des curieux.

Dominique Landi travaille pareillement à Rome, et c'est

encore, au rapport de M. Vettori (1), un des meilleurs graveurs de cette grande ville. Le marquis de Fuentes, ambassadeur de Portugal auprès du saint-siége, lui a fait graver en 1716 le buste d'Auguste sur une calcédoine, et, en 1720, il a exécuté sur une émeraude le portrait de M. Nicolas Duodo, ambassadeur de la république de Venise à Rome. On voit aussi de lui deux pierres plus grandes que celles qu'on a coutume de porter en bague, sur l'une desquelles sont les têtes de Trajan et de Plotine, de Marciana et de Matidia, en regard; et on voit sur l'autre celles de Septime Sévère, de Julia Domna, de Geta et de Caracalla (2). Il faut croire que ce sont là ses meilleurs ouvrages, puisque M. Vettori les cite par distinction.

Dominique Landi est né à Lucques; c'est un très-bon graveur, s'il fait toujours aussi bien que ce que j'en connois, qui est un portrait d'homme ayant les cheveux courts et frisés à l'antique, dont j'ai le soufre.

Antoine Pikler, établi à Naples depuis une vingtaine d'années, est né à Brixen dans le Tyrol. Je n'ai vu de cet artiste que quelques foibles copies de gravures antiques (3).

Jérôme Rosi, de Livourne, est surnommé *il Livournese*.

Godefroid Graafti, Allemand, que la difficulté de prononcer son nom fait appeler dans Rome *il Tedesco*.

Laurent Natter, de Nuremberg, travailloit dans Rome il y a quelques années, où il a même paru avec éclat. On vante

---

(1) *Dissert. glyptogr.*, p. 90.

(2) Ces deux pierres gravées ont été faites pour D. Michel-Ange Corsi, abbé de la congrégation du mont Olivet.

(3) Il eut pour fils le fameux Jean Pikler. On peut voir sur le père *Memorie degli intagliatori moderni in pietre dure*, Livourne, 1743, p. 149, et sur le fils la biographie spéciale publiée à Rome en 1792, par J. G. de Rossi, et traduite dans le *Magasin encyclopédique* de Millin, 3ᵉ année, tome III, p. 472. (*Éd.*)

beaucoup la copie qu'il a faite en petit de la tête de Julia,
fille de Titus, dont l'original, gravé par Evodus, est dans le
trésor de l'abbaye royale de Saint-Denis en France; mais il
me semble qu'on doit faire encore plus de cas du portrait
du cardinal Alexandre Albani, qu'il a gravé, puisqu'il n'en
partage la gloire avec personne, et que d'ailleurs c'est un
morceau qui, en quelque temps que ce soit, méritera d'être
regardé comme une très-belle chose (1). M. l'abbé de Ro-
thelin avoit apporté de Rome une tête de jeune homme
gravée sur une améthyste, et je sais que cette gravure étoit
fort estimée en Italie. Je conviens aussi qu'elle est exécutée
avec soin, mais, comme la propreté dans le travail n'est pas
ce qui me touche le plus, j'avoue que je la priserois davantage si le graveur, un peu moins froid, avoit mis plus de
légèreté dans sa touche et plus de finesse dans son dessein.
Cela n'empêche pas cependant qu'on ne doive le regretter,
s'il est vrai, ce qu'on m'a dit, qu'il soit passé d'Angleterre
en Perse, attiré par Thamas-Kouli-Kan; car c'est un artiste
de moins, et l'on ne répare pas aisément la perte d'un homme,
qui se distingue, ou qui commence même à se signaler dans
son talent.

Marc Tuscher, compatriote de *Laurent Natter*, n'a pas été,
à beaucoup près, si loin dans l'art de la gravure en pierres
fines. Etant à Rome en 1733, il a gravé son propre portrait,
accompagné de son nom MARKOC, écrit en grec, et il a pu
faire encore quelques autres gravures; mais je ne crois pas
qu'elles s'étendent beaucoup, et je puis dire avec quelque
certitude que ce qu'il a gravé n'est pas fort précieux. Du
reste, c'est un artiste industrieux, ainsi que le sont presque
tous les Allemands. Il a peint sur un éventail, pour la reine

---

(1) Il y a écrit son nom en grec : ΝΑΤΤΕΡ ΕΠΟΙΕΙ.

de Hongrie, la vue de la ville de Florence, dans une précision qui a de quoi étonner, et les antiquaires réclament un autre ouvrage que le même artiste avoit commencé à graver à Florence, et qui a été interrompu à l'occasion d'un voyage que M. *Tuscher* a fait en Angleterre, en 1741, suivi d'un autre en Danemarck, où j'apprends que le roi l'a pris à son service. C'étoit une suite de planches qui devoient comprendre toutes les médailles de la Sicile et de la grande Grèce, et je ne crois pas me tromper; l'essai que j'en ai vu surpasse, pour l'exactitude, tout ce qu'on a publié jusqu'ici en fait de médailles.

Christophe Dorsch, ce laborieux artiste qui a, pour ainsi parler, inondé le monde de ses gravures, naquit à Nuremberg le 10 juillet 1676, et il est mort dans sa patrie le 17 octobre 1732. Après avoir appris à graver en creux chez son père, il parcourut l'Allemagne dans sa jeunesse pour se fortifier. C'étoit choisir une assez mauvaise école, et l'on ne s'aperçut que trop dans la suite du peu de profit qu'il y avoit fait, car, quoique *Dorsch* ait été estimé dans son pays, on ne le regardera jamais comme un graveur de beaucoup de goût. C'étoit plutôt un praticien, plus occupé de multiplier ses gravures que de les perfectionner. Ces suites nombreuses de portraits des papes, des empereurs, des rois de France et de tant d'autres souverains, la plus grande partie faits d'imagination, qui remplissent le cabinet du sieur Ebermayer, et qui ne peuvent tout au plus être regardées que comme d'assez mauvaises tables chronologiques, donnent-elles une grande idée du discernement de ce graveur? Est-on plus content de toutes ces copies qu'il s'est avisé de faire des plus belles gravures antiques, et peut-on lui pardonner de les avoir défigurées toutes, en les changeant de formes et en les traduisant dans sa propre manière? Encore useroit-on d'indulgence si cette manière avoit quelque chose de piquant; mais elle ne présente rien que de trivial, rien qui plaise et

qui soit capable de faire naître le sentiment. De deux filles
que cet artiste a laissées, et à qui il avoit appris à graver, la
plus habile, qui se nomme *Susanne-Marie*, a épousé M. Preis-
ler, peintre de Nuremberg, dont les deux frères, surtout le
plus jeune, que nous avons vu à Paris, gravent en taille-
douce avec réputation.

Le sieur *Philippe-Christophe de Becker*, qui est regardé
aujourd'hui comme le meilleur graveur en pierres fines de
l'Allemagne, ne doit sans doute la sienne qu'à l'attention
qu'il a eue de se renfermer dans des bornes plus étroites que
Christophe Dorsch. Il a fait moins d'ouvrages, mais il s'est
attaché à les finir davantage, et il a fait voir une dextérité
singulière toutes les fois qu'il a eu à graver, sur des pierres
fines, des armoiries, et surtout celles des princes d'Allemagne, qui sont toujours chargées d'un grand nombre de pièces
de blason, et qui sont par conséquent d'une très difficile exécution, car il y faut former une infinité de traits droits et
parallèles pour en exprimer les émaux, ce que l'outil monté
sur le touret ne fait qu'avec bien de la peine, et presque jamais avec netteté ni bien droit. J'en ai vu plusieurs qui m'ont
étonné ; je ne crois pas qu'il soit possible de prononcer quelque chose de plus net ni de plus délié. Le cachet du duc de
Liria est, dit-on, le morceau d'honneur de notre artiste. Je
ne puis dire s'il a aussi parfaitement réussi à graver des figures ; je n'en ai point vu de sa façon. Je n'ignore pas cependant qu'il a fait quelques ouvrages de relief, qu'il a gravé
des poinçons pour des médailles, et exécuté sur des pierres
fines les portraits de l'empereur Charles VI et de l'impératrice son épouse, de même que celui du prince Eugène de
Savoie, sur un jaspe ; mais, si tous ces morceaux ne sont pas
d'un meilleur goût que les cartouches et les autres ornements
qui accompagnent ses armoiries, on ne doit pas se former
une grande idée de la façon de dessiner de cet artiste.

De Becker, né à Coblentz, dans l'Electorat de Trèves, vers l'année 1675, travailloit seulement d'orfévrerie lorsqu'il arriva à Vienne. Il y fit connoissance avec le sieur *Seidlitz*, qui étoit en réputation de bien graver en creux. Celui-ci lui enseigna son art, et de *Becker* s'étant trouvé de la disposition à y réussir, il en a fait depuis sa principale occupation. Il a été successivement graveur de médailles des deux derniers empereurs de la maison d'Autriche, et Charles VI, en considération de ses talents, lui a accordé des lettres de noblesse. Il avoit déjà reçu les plus grandes marques de distinction à la cour de Russie, lorsqu'il s'y rendit, du consentement de l'empereur Joseph, pour y graver le sceau du czar Pierre Iᵉʳ et rétablir la monnoie de ce prince, qui avoit été fort négligée, car, étant venu présenter ses ouvrages au czar dans le temps qu'il étoit prêt à se mettre à table, ce monarque ordonna qu'on mît un couvert pour de *Becker* et le fit manger avec lui. Quel sujet d'encouragement pour les arts que de se voir ainsi accueillis et caressés par de grands princes! (J'apprens que *Philippe-Christophe de Becker* est mort à Vienne, en Autriche, dès le 8 mai 1743.)

Depuis peu de temps le sieur *Jean-Conrad Müller*, qui veut marcher sur les traces du sieur de *Becker*, et qui grave, comme lui, avec propreté des armoiries pour des cachets sur des cailloux du Rhin et sur toutes autres sortes de pierres fines, est venu s'établir à Paris. Il a quitté Strasbourg, lieu de sa naissance, où *Conrad Müller*, son père, qui y est mort en 1733, a exercé pendant une longue suite d'années la même profession. Ce dernier avoit eu pour maître, à Nuremberg, *Spanenberger*, assez bon graveur, mais dont les talents ont été étouffés par une conduite de vie trop bizarre et trop peu régulière. Il étoit de Fürth, et son disciple de Lauffen, deux petites villes voisines de Nuremberg.

Combien de graveurs j'aurois à faire passer ici en revue,

si j'entreprenois de nommer tous ceux qu'a produit l'Angleterre; mais, comme la plus grande partie de ces artistes est
demeurée fort au-dessous du médiocre, je ne m'étendrai que
sur *Charles Christian*, ou, comme il est nommé au bas de
son portrait gravé en manière noire par de Witt, *Charles-
Chrétien Reisen*. C'est le seul, en effet, dont l'Angleterre
puisse se faire honneur. Le père de *Christian* étoit Danois,
et il étoit lui-même un graveur assez estimé. Etant passé à
Londres à la suite du roi Guillaume, auquel il étoit attaché,
il prit un établissement dans cette ville et enseigna son art à
son fils. Mais le fils surpassa le père, et si, faisant abstraction
du goût, l'on fait cas de la propreté du travail, cet artiste a
certainement mérité une des premières places parmi les graveurs en creux sur les pierres fines. Il n'avoit qu'environ
quarante ans lorsqu'il mourut vers l'année 1725, et cependant combien n'a-t-il pas fait d'ouvrages? Aussi faut-il avouer
que pour la facilité peu de graveurs lui sont comparables. Je
connois de lui un portrait de Charles XII, roi de Suède, vu
de trois quarts, qui est gravé tout à fait dans les bons principes. Mais dans ce portrait, ainsi que dans toutes les autres
gravures de Christian, il me semble qu'il manque une certaine finesse dans la touche, dont seront toujours dépourvus
les ouvrages qui seront faits trop à la hâte.

Entre les élèves que *Charles Christian*, graveur anglois, a
formés, on met au rang des plus habiles un nommé *Claus*,
qui est mort fou en 1739, et dont je ne puis rien dire.

Smart, élève de *Charles Christian*, graveur anglois, a été
vu à Paris en 1722.

Seaton, originaire d'Ecosse et élève de *Charles Christian*,
est aujourd'hui le premier graveur de Londres. Il travailloit
avec une célérité qui dut étonner ceux qui le virent opérer
dans le temps qu'il demeuroit dans cette ville; un seul jour
lui suffisoit souvent pour graver plusieurs têtes qui ne pa-

roissoient pourtant point trop négligées. Une des meilleures
qu'il fit pendant son séjour à Paris fut celle de Monime d'après
l'antique ; aussi y avoit-il apporté plus d'attention qu'il
n'avoit coutume d'en donner à ses ouvrages ordinaires. On
dit que c'est à quoi *Seaton* s'applique davantage ; il n'est occupé qu'à mettre dans ses gravures un grand fini. Mais que
devient un travail si léché ? Il demeure sans force et sans esprit, et d'un froid qui glace. Le graveur dira peut-être qu'il
se conforme à la volonté des personnes qui s'adressent à lui,
et que, s'il eût agi autrement, le portrait qu'il a fait de M. Pope,
celui d'Inigo Jones, ce fameux architecte que les Anglois
font marcher de pair avec le Palladio, et celui du chevalier
Jean Newton, qui seul lui a été payé vingt-cinq guinées, n'auroient pas été si favorablement reçus ; mais je ne croirai jamais qu'on pense ainsi dans un pays où l'on s'est toujours
piqué d'aimer les belles choses et de les rechercher, et où
l'on est persuadé, comme partout ailleurs, que les ouvrages
sans âme ne peuvent plaire qu'à ceux qui sont nés sans goût.

Je ne puis mieux terminer cette histoire que par l'éloge de
deux graveurs à la gloire desquels je dois d'autant plus m'in-
téresser, que je les connois et les estime, qu'ils sont François
et qu'ils font l'un et l'autre honneur à la nation.

M. François-Julien *Barier* (1), graveur ordinaire du roi
en pierres fines, est devenu graveur plus par goût que par
étude, et tout homme que la nature forme ainsi est sûr de
réussir dans la profession qu'il embrasse. Le père de M. Barier ne pensoit à faire de son fils qu'un orfèvre et un peintre
en émail, comme il l'étoit lui-même ; mais le fils, né in-

---

(1) Lorsque j'écrivais ceci, M. Barier vivoit encore. Il est mort
depuis, le 12 mai 1746, âgé de soixante-six ans. Il étoit né à Paris,
le 4 janvier 1680.

dustrieux, a cru devoir aller plus loin. Il a appris de lui-
même à graver en creux, ainsi qu'en relief, sur les pierres
fines, et il a fait dans l'un et l'autre genre des ouvrages qui
ont assuré sa réputation. On voit de lui des têtes, des figures,
des animaux, des compositions travaillées avec grand soin.
Il a aussi gravé d'après nature quelques portraits, tels que
ceux du feu marquis Rangoni, envoyé de Modène à la cour
de France, et de M. de Fontenelle, qui ont été fort goûtés.
M. Barier s'étoit tellement rendu le maître de son outil qu'on
l'a vu graver des figures presque imperceptibles, et cependant très-distinctes. Il en a quelquefois enrichi le corps de
certains petits vases qu'il a gravé en creux sur des cornalines, ou sur d'autres pierres fines, avec une propreté et une
délicatesse qu'on pouvoit dire être à lui. Heureux s'il eût eu
une plus parfaite connoissance du dessin, car c'est ce qui lui
manquoit, et ce qui semble avoir été dans presque tous les
temps la pierre d'achoppement des graveurs.

M. *Jacques Guay* ne doit point craindre d'essuyer un pareil
reproche : il dessine et il modèle bien, et, persuadé que de là
dépend le succès de ses gravures, il étudie continuellement,
afin de devenir encore meilleur dessinateur. Né à Marseille,
où il n'avoit connu d'autre profession que la jouaillerie, il
ne songea à devenir graveur que lorsqu'étant venu à Paris,
et y ayant reçu d'utiles leçons de M. Boucher, l'un de nos
meilleurs peintres, il se sentit tout à coup appelé à ce bel
art. La vue des pierres fines gravées de M. Crozat acheva de
l'y déterminer et de lui enfler le courage : il fit alors quelques essais qui furent presque autant de preuves de son habileté. Plusieurs morceaux qu'il grava lui méritèrent des
louanges; mais ces éloges n'aveuglèrent point celui qui auroit été en droit de se plaindre si on les lui eût refusés; ils
ne servirent qu'à faire naître en lui un plus grand désir de se
perfectionner et de visiter pour cela l'Italie. Il ne tarda pas à

entreprendre ce voyage, dont il comprenoit l'importance. Il passa à Florence en 1742, il y examina avec attention toutes les pierres gravées du Grand-Duc; il vint à Rome, où le roi lui avoit accordé un logement dans le palais de l'Académie, et, mettant les moments à profit, il partagea son temps de façon qu'il en donnoit une partie à visiter les cabinets, et employoit l'autre à travailler. L'esprit rempli des belles choses qu'il avoit vues, il cherchoit à se les approprier et à embellir sa manière, ne laissant aucun intervalle entre l'examen et l'opération. C'est ainsi que tout homme curieux de s'instruire doit faire ses observations et tenir des notes de ce qui le frappe le plus dans les merveilleux ouvrages qu'il contemple et qu'il étudie. M. *Guay* copia pour lors quelques têtes antiques, et il grava sur une cornaline cette belle tête d'Antinous qu'il nous a fait voir à son retour. On y remarque combien il a eu à cœur d'imiter la finesse du travail des Grecs, d'entrer comme eux dans les détails et d'éviter la sécheresse. On s'aperçoit aussi qu'il avoit sous les yeux un excellent modèle : c'étoit cette admirable statue, qui de la galerie du cardinal Alexandre Albani est passée dans celle du Capitole, et qui, depuis environ trente ans qu'elle a été découverte, auroit presque fait oublier la statue du même Antinous à *Belvedere*, si celle-ci n'avoit le privilége d'avoir paru la première et d'avoir toujours été regardée, avec raison, comme la règle des proportions d'un beau jeune homme.

Ce que M. *Guay* a gravé depuis qu'il nous a été rendu est une nouvelle preuve du fruit qu'il a retiré de son voyage, et l'on juge, par l'extrême précision et la netteté des touches de plusieurs gravures qu'il vient de terminer, qu'il est résolu de vaincre les grandes difficultés de l'art. Outre la ressemblance, qui est ordinairement parfaite dans ses portraits, on y trouve de la vie : celui de M. Crébillon le père est parlant. Quelques enfants, quelques figures de femmes qu'il a représentées, sont remplis de grâces et ont la souplesse de la chair. Et quel est le graveur qui, depuis les anciens, a jeté dans son travail autant d'esprit que celui qu'il a mis sur une cornaline où il a exprimé en petit, sur le dessein de M. Bouchardon, le triomphe de Fontenoy? Le roi vient de couronner des talents si rares; il a accordé à M. *Guay* le titre de son graveur en pierres fines, qu'avoit le sieur *Barier*, et le logement que ce dernier occupoit aux galeries du Louvre, et l'Académie royale de peinture et de sculpture, souscrivant au choix du monarque, lui a fait l'honneur de l'admettre dans son corps.

Mon dessein n'est pas de faire connoître toutes les gravures de M. *Guay*, il est si laborieux que j'aurois peine à le suivre dans le cours de ses opérations; mais comment pourrai-je me refuser à la satisfaction de parler du beau morceau qu'il a fait pour sa réception à l'Académie de peinture et de sculpture? Je suis trop vivement touché des soins que je lui ai vu prendre pour se signaler en cette occasion et mériter la place honorable qui lui étoit destinée; j'aime aussi à lui voir traiter un sujet qui interprète des sentiments vifs et respectueux de l'Académie, nous montre le génie du dessein à qui Apollon fait part de ses lauriers, ou, pour parler un langage moins allégorique, le roi qui fait à l'Académie l'honneur de s'en déclarer le protecteur, événement qui sera inscrit dans les fastes de notre illustre monarque au même rang que ses plus brillants exploits, et qui, dans l'ordre des ouvrages de M. *Guay*, est déjà placé entre le triomphe de Fontenoy et la victoire de Lansfelt. Cette dernière gravure, faite d'après la médaille, a été très-bien reçue, et elle nous laisse envisager une histoire du roi en pierres gravées, qui deviendra la chose du monde la plus neuve et la plus intéressante.

III

Description abrégée de l'église de Saint-Pierre de Rome, et de la représentation de l'intérieur de cette église, donnée à Paris dans la salle des machines des Tuileries, aux mois de mars et d'avril de l'année 1738, par le sieur Servandoni, architecte et peintre, de l'Académie royale de peinture. A Paris, chez la veuve Pissot, quai de Conti, à la descente du Pont-Neuf, à la Croix d'or. 1738. Avec permission.

L'église de Saint-Pierre de Rome est, du consentement de toutes les nations, le plus grand et le plus superbe édifice qui ait été construit jusqu'à présent. Ce monument est digne de la capitale du monde. L'on n'a presque point cessé de travailler depuis plus de deux siècles à son embellissement. Des artistes du premier ordre, et tels qu'il ne faut peut-être plus espérer d'en revoir de semblables, se sont efforcés d'y donner des preuves de leur habileté; l'on y a prodigué la dépense; aussi ce monument, lui seul, attire continuellement à Rome un nombre prodigieux d'étrangers, dont la curiosité se trouve toujours pleinement satisfaite.

Comme il n'est pas permis à tout le monde d'entreprendre un semblable voyage, on a tâché d'y suppléer jusqu'ici par d'amples descriptions, des plans, des élévations et des vues gravées de l'église de Saint-Pierre. En les donnant au public, non-seulement on a eu dessein de faire connoître cet édifice à ceux qui ne pouvoient avoir l'avantage d'en admirer de près les beautés; mais l'on a voulu aussi en conserver la mémoire à ceux qui en ont jugé par eux-mêmes.

Ce moyen (il faut cependant l'avouer) ne remplit ces vues qu'assez imparfaitement, et ne fournit qu'une idée bien foible de la grandeur de ce vaste et superbe temple. Tous ceux qui l'avoient étudié sur les plans, ou dans les descriptions, ont été obligés d'en prendre une autre idée lorsqu'ils se sont trouvés sur le lieu; car (ce qui n'arrive jamais à tout autre édifice) plus on voit celui-ci de près, plus il paroît immense, et plus l'on y reconnoît de véritables beautés. Il est toujours arrivé à ceux qui le considéroient pour la première fois de ne le pas trouver aussi vaste qu'à la seconde vue, ce qui provient autant de la justesse des proportions et de l'harmonie générale qui règne dans toutes ses parties, que de l'extrême richesse de ces mêmes parties qui demandent à être examinées en détail.

L'on ne craint point d'assurer que voilà à peu près l'idée qu'on doit avoir de l'église de Saint-Pierre, et c'est ce qui a fait imaginer au sieur Servandoni, de l'Académie royale de peinture, que ce seroit rendre un service important au public, et flatter le goût du siècle, plus que jamais admirateur des beaux-arts, que de lui donner une représentation exacte de l'intérieur de cet auguste temple dans un assez grand volume pour transporter (s'il est permis de le dire) les spectateurs dans l'église même de Saint-Pierre.

Le sieur Servandoni a saisi cette occasion d'autant plus volontiers que, le public ayant rendu quelque justice aux décorations et aux perspectives qu'il a mises ci-devant sous ses yeux, il a été bien aise de lui faire connoître jusqu'où cet art pouvoit être porté.

Sa Majesté, ayant eu égard à sa très humble prière, a bien

voulu lui permettre de se servir, pour cette grande entreprise, de la salle des machines des Tuileries; c'est une des plus vastes salles de l'Europe, puisqu'elle a 250 pieds de long sur 72 de large, et 100 de hauteur. Rien ne convenoit mieux au dessein du sieur Servandoni. Il a donc peint dans cette salle tout l'intérieur de l'église de Saint-Pierre, dans le point de vue qui se présente à ceux qui entrent dans ce temple par la principale porte du milieu. Tout le monde conviendra que l'on n'a point encore vu dans Paris rien de semblable en ce genre, ni peut-être dans aucune autre ville, car, dans cette représentation, l'église de Saint-Pierre a réellement 70 pieds sous voûte et 45 pieds de base ou largeur à son entrée. La partie qui s'éloigne se trouve dégradée, suivant les règles de la perspective, de manière que tout y paroît dans sa véritable proportion, et que l'église semble avoir sa véritable longueur. Chaque objet y est exprimé dans le plus grand détail, et colorié avec une si grande intelligence que dans sa distance l'on pourroit croire que l'objet est véritablement de relief.

Pour rendre la chose plus trompeuse, l'on a tenu en effet plusieurs parties de relief, et, pour faire paroître l'église dans toute son immensité, l'on a distribué avec art une quantité de figures dont la comparaison sert merveilleusement, et comme d'une échelle géométrale, pour faire juger de la grandeur de l'église. Au reste, ces peintures sont éclairées par une grande quantité de lumières si bien disposées que le tout paroît un tableau parfaitement bien entendu de clair-obscur.

Le point de vue que le sieur Servandoni a choisi est, sans contredit, le plus avantageux; c'est celui d'où l'on peut embrasser une plus grande quantité d'objets, et avec moins de confusion; car, dès l'entrée de l'église, l'on aperçoit le magnifique baldaquin placé sous le milieu du dôme, et plus

loin le grand autel de la chaire de Saint-Pierre, qui termine
si heureusement cette église, et qu'on peut regarder, en fait
de composition, comme le plus grand effort de l'esprit hu-
main. L'on découvre une portion assez considérable de l'intérieur du dôme pour faire juger de sa décoration entière.
L'on voit toute la grande nef, qui, sous une apparence de
simplicité, renferme une magnificence qu'on ne trouve point
ailleurs. Ce qu'on découvre des deux nefs des bas côtés laisse
apercevoir quelques-uns des autels, dont la décoration est
uniforme, et quelques tombeaux qui annoncent les autres
monuments de ce genre, qui font une des principales magni-
ficences de cette superbe église.

L'on auroit bien souhaité pouvoir exposer tous ces chefs-
d'œuvre sous les yeux des spectateurs, mais, n'ayant aujour-
d'hui dessein que de faire voir l'église de Saint-Pierre de
Rome, telle qu'elle se présente à ceux qui y entrent, l'on est
contraint de se renfermer dans les objets qui se découvrent
de ce beau point de vue.

Une des principales attentions qu'a eu le sieur Servandoni
dans cette occasion a été la précision des mesures. Il les avoit
prises autrefois lui-même sur les lieux pour son étude particulière, et il pouvoit se flatter de les avoir recueillies avec
justesse; cependant, pour n'avoir rien à se reprocher de ce
côté-là, il a encore consulté tout ce qui a paru jusqu'à présent sur le même sujet. Il a eu continuellement devant les
yeux les plans et les élévations que le R. P. Bonanni, jésuite,
et le cavalier Charles Fontana, l'un des architectes de Saint-
Pierre, ont insérés dans les descriptions historiques de cette
église qu'ils ont fait imprimer à Rome, le premier en 1696,
et le second en 1694, en deux grands volumes in-folio, qui
sont généralement estimés des connoisseurs. Il a confronté
les dimensions de l'un avec celles de l'autre; il y a rapporté
les siennes, et il s'est assuré de la vérité des unes et des au-

tres, par la comparaison qu'il en a faite avec celles que lui a fournies M. Franque, architecte et pensionnaire du roi en son Académie royale de Rome. Cet architecte, aidé de plusieurs de ses compagnons d'étude dans la même Académie, les a prises lui-même depuis peu sur les lieux, partie à partie, en sorte que ceux qui se piquent de l'exactitude la plus scrupuleuse peuvent être assurés que la représentation qu'on leur donne a le mérite d'être extrêmement précise.

Le sieur Servandoni n'a pas été moins exact dans la représentation des peintures, des sculptures, des marbres, des dorures, des compartiments de la voûte et du pavé, et généralement de tout ce qui entre dans la décoration de ce grand vaisseau. Il a eu l'avantage, pour retrouver les couleurs des marbres et l'effet des ornements, de se servir d'un tableau que M. le cardinal de Polignac a bien voulu lui confier, et que cette Éminence a fait faire à Rome dans l'église de Saint-Pierre même, par le sieur Jean-Paul Panini (1), un des plus habiles peintres de l'Italie, et qui n'a rien oublié pour en faire un chef-d'œuvre.

Telle est la conduite que le sieur Servandoni a tenue dans cette entreprise, heureux si les soins et les dépenses considérables qu'il a été obligé de faire pour la conduire à sa perfection peuvent lui mériter l'approbation du public, qui, en l'honorant de son suffrage, lui fera naître par la suite d'autres idées capables de nourrir son goût et de satisfaire sa curiosité.

Le premier dessein du sieur Servandoni étoit d'exposer seulement le détail de ses opérations; mais des personnes éclairées, aux avis desquelles il ne peut se refuser, lui ayant fait entendre qu'il seroit à propos, pour une plus grande in-

---

(1) Le sieur Servandoni est son élève. (Ce tableau est au Louvre.)

telligence du bâtiment de l'église de Saint-Pierre, d'en donner un plan géométral, il s'est soumis à leur décision. L'on verra sur ce plan, par le moyen des renvois, les places qu'occupent les monuments qui méritent le plus de considération, et, comme l'historique d'un édifice aussi important ne peut aussi manquer de plaire aux gens de goût, il s'est encore déterminé à le donner le plus succinctement qu'il lui a été possible.

L'église de Saint-Pierre du Vatican n'étoit, dans son origine, qu'une petite chapelle souterraine, que le pape saint Anaclet avoit fait construire au pied du mont Vatican, près du cirque de Néron, à l'endroit où le corps de saint Pierre avoit été enseveli par ses disciples.

L'empereur Constantin le Grand, ayant embrassé le christianisme, ne crut pas pouvoir donner de plus grandes preuves de sa foi et de son attachement au saint-siége, qu'en faisant édifier sur le tombeau de saint Pierre une magnifique basilique, qu'il enrichit de divers présents. Les princes qui lui succédèrent imitèrent à l'envi son exemple, de sorte que, dans la suite des temps, cette basilique devint la plus riche de l'univers. Elle étoit composée de cinq nefs formant une croix latine, lesquelles étoient séparées par quatre rangs de colonnes de granit et de marbre, dont cet empereur avoit dépouillé différents temples ; ce sont les mêmes qui, ayant été transportées depuis dans la nouvelle église, en font aujourd'hui un des principaux ornements.

Cette basilique subsista pendant près d'onze siècles ; mais, comme elle menaçoit une ruine prochaine sous le pontificat de Nicolas V, on pensa dès lors à la réédifier : ce projet cependant ne commença à avoir son exécution que sous Jules II. Ce pape, pour qui les plus grandes entreprises n'avoient rien d'effrayant, résolut de rebâtir l'église de Saint-Pierre suivant le modèle de Bramante Lazari, le plus fameux architecte de son temps. La première pierre en fut posée en 1506, et cet ouvrage fut continué, quoique lentement, sous les papes Léon X et Clément VII, qui y employèrent successivement le fameux Raphaël d'Urbin, le Sangallo et Balthasar de Sienne. Ces architectes s'occupèrent cependant plutôt à donner de nouvelles idées qu'à la construction de l'église. On ne commença à y travailler sérieusement, et à suivre un plan arrêté, que lorsque le pape Paul III eut confié, en 1546, la conduite de cette importante fabrique au célèbre Michel-Ange Buonaroti. Ce rare génie joignoit à une grande justesse d'esprit le goût le plus pur et le plus exquis. Il composa un plan qui, débarrassé de toutes les petites parties que les autres architectes avoient introduites dans ceux qu'ils avoient proposés, croyant par là les enrichir, rendoit l'exécution du sien beaucoup plus facile et d'une moindre dépense, en même temps que, par sa vaste étendue, et par l'élégante proportion et le choix judicieux de tous les membres d'architecture qu'il y employoit, cet édifice acquéroit un caractère sublime qui lui convenoit si bien.

La première pensée de Michel-Ange étoit de donner à cette église le plan d'une croix grecque. Toutes les nefs devoient être d'une même longueur, et le dôme devoit se rencontrer dans le centre, accompagné seulement de quatre autres dômes ou coupoles moins grandes. Pendant toute la vie de ce grand architecte, le bâtiment de Saint-Pierre fut suivi avec assez d'ardeur, mais ce ne fut qu'après sa mort que le dôme fut construit sur ses mémoires, et en suivant de point en point le modèle qu'il en avoit laissé. Le cavalier Dominique Fontana en eut la conduite. L'on sera frappé d'étonnement quand on fera réflexion qu'on n'avoit point tenté jusqu'alors de construire un dôme qui se soutînt en l'air sur des pendentifs; ceux qui avoient été faits précédemment portoient tous de fonds, et il s'en falloit beaucoup qu'ils eussent la capacité de celui-ci, qui a le même diamètre que le temple antique du Panthéon, ou, comme on l'appelle aujourd'hui, la Rotonde; mais Michel-Ange, supérieur à tous les architectes, pouvoit sans risque entreprendre ce qui eût fait trembler tous les autres, et, ce qui met le comble à son éloge, il avoit si bien prévu tous les cas, ses mesures étoient si bien prises, qu'il n'y eût qu'à suivre ce qu'il avoit tracé, et l'ouvrage fut conduit à sa perfection. Pour donner une idée de ce fameux dôme, il suffit de remarquer que la boule de bronze qui le termine peut contenir dans son intérieur jusqu'à vingt personnes.

On a déjà fait remarquer que, suivant le projet de Michel-Ange, l'église de Saint-Pierre devoit figurer une croix grecque; le pape Paul V, ayant jugé que si cette église avoit la figure d'une croix latine elle deviendroit plus majestueuse et qu'elle contiendroit une plus grande quantité de peuple, eut recours à Charles Maderne, architecte, qui donna les plans de cette augmentation, consistant en trois chapelles de chaque côté, éclairées par autant de coupoles ovales. Cet architecte bâtit aussi le portail de l'église, décoré d'un ordre corinthien, dont les colonnes ont plus de huit pieds de diamètre, et le termina en 1612. Ce portail donne entrée dans un porche qui précède l'église, et qui annonce merveilleusement bien la grandeur et la majesté de ce temple.

Toutes les avenues qui y conduisent contribuent beaucoup à le faire paroître majestueux. La grande et immense place qui est devant est environnée d'une colonnade circulaire, du dessein du cavalier Jean-Laurent Bernin. L'on y compte 256 colonnes d'ordre dorique, et cette colonnade a pour centre un obélisque antique de 108 pieds de haut. Il servoit autrefois d'ornement au cirque de Néron, d'où le pape Sixte V le fit transporter en ce lieu, en 1586, avec des dépenses incroyables, et le cavalier Dominique Fontana, en conduisant une entreprise si périlleuse, et qui n'avoit point encore été tentée, donna les preuves de sa grande habileté dans les mécaniques. Deux fontaines qui jettent de grosses gerbes ornent encore cette place, qui a été pavée en partie de marbre sous le pontificat de Benoît XIII.

Tous les dehors de l'église de Saint-Pierre sont revêtus de pierres de tevertin, et enrichis de grands pilastres d'ordre corinthien, entre lesquels sont des fenêtres et des niches qui font un tout ensemble d'une si élégante proportion que ceux qui aiment la belle architecture ne peuvent se lasser d'admirer cette partie de l'église, qui est entièrement du dessein de Michel-Ange.

Quand l'on entre dans l'église par le principal portail, l'on trouve, comme on l'a déjà observé, un magnifique porche, aux deux extrémités duquel sont deux grands colosses de marbre, représentant l'un la figure équestre de l'empereur Constantin, exécutée par le cavalier Bernin, et à l'extrémité opposée celle de l'empereur Charlemagne, également à cheval, de la main de Cornachini, Florentin, et qui a été placée en ce lieu sous le pontificat de Benoît XIII.

Les voûtes de ce porche sont ornées par des compartiments de stuc dorés, et tous les murs, aussi bien que le pavé, sont presque entièrement revêtus de marbre; c'est de la loge qui se trouve au-dessus que le pape a coutume, en certaines occasions, de donner sa bénédiction au peuple, et c'est encore de là qu'on annonce publiquement l'élection des nouveaux papes.

Du vestibule, qu'on vient de décrire, l'on entre dans l'église par trois grandes portes, car la quatrième, qui donne dans un des bas côtés à droite, est toujours murée et ne s'ouvre que dans les temps de jubilé; on la nomme la porte Sainte.

L'on trouve d'abord une grande nef qui a 571 pieds de longueur sur 81 pieds 2 pouces de largeur dans œuvre, et depuis le pavé jusqu'à la clef de la voûte 144 pieds; elle est percée à droite et à gauche de quatre grandes arcades qui donnent entrée dans les bas côtés, et les jambages de ces arcades sont décorés par de grands pilastres d'ordre corinthien, qui s'élèvent jusqu'à hauteur de 78 pieds. Ils soutiennent un grand entablement, qui règne dans tout le pourtour de l'église et qui reçoit les retombées de la voûte, éclairée par de grands vitraux et enrichie de compartiments de stuc dorés. Les niches qui sont entre les pilastres sont destinées à recevoir les statues en marbre des saints fondateurs d'ordre, et il y en a déjà plusieurs de placées (1).

Il a été résolu que tout l'intérieur de Saint-Pierre seroit incrusté de marbre; les embrasures des arcades de la nef en sont déjà revêtues, et l'on y a de plus introduit des figures d'anges en bas-relief, qui portent les médaillons des papes illustres par leur sainteté. La nef conduit au dôme, qui a 132 pieds de diamètre et 311 pieds d'élévation, en comptant du pavé jusqu'à l'ouverture de la lanterne, car, si l'on compte depuis ce même pavé jusqu'au sommet de la croix, ce dôme a 410 pieds 10 pouces d'élévation. La calotte, de même que les pendentifs, sont enrichis de peintures en mosaïque, et le tambour, qui est percé de seize fenêtres qui éclairent, autant qu'il est nécessaire, l'intérieur du dôme, est décoré de pilastres corinthiens accouplés. On lit, dans la frise de l'entablement sur lequel posent ces pilastres, cette inscription latine en très-gros caractère : *Tu es Petrus et super hanc petram ædificabo ecclesiam meam, tibi dabo claves regni cœlorum.*

C'est presque au centre de ce dôme qu'est placé, sur la con-

---

(1) Dans la représentation, l'on a ajouté celles qui manquent pour conserver la simétrie.

fession de Saint-Pierre (1) le riche baldaquin de bronze doré, que le pape Urbain VIII fit exécuter sur les desseins du cavalier Bernin. Cette composition ingénieuse, dont cet artiste a le mérite de l'invention, a 88 pieds de hauteur depuis le socle jusqu'au faîte du couronnement; elle consiste en quatre colonnes torses isolées, et d'ordre composite, dont le fût est richement orné de branches de laurier et d'enfants, modelés par François le Flamand. Ces colonnes portent chacune leur entablement, qui se lie par le moyen d'une campana d'un goût nouveau et pittoresque. Elles soutiennent quatre grandes figures d'anges, et toute la composition se termine par un amortissement en consoles qui portent sur une croix. L'autel, sur lequel le pape seul a droit de célébrer les saints mystères, ou un cardinal auquel il en donne la permission, est sous ce baldaquin; sa plus grande richesse consiste dans son heureuse disposition, car il n'est ordinairement paré que d'une croix et de six grands chandeliers.

Les quatre grandes niches, qui occupent les principales faces des quatre piliers du dôme, contribuent beaucoup à rendre cette partie de l'église de Saint-Pierre extrêmement riche; on y voit dans chacune des figures colossales de marbre blanc, qui attirent l'admiration des connoisseurs, surtout celle de saint André, sculptée par François le Quesnoi, dit le Flamand; les autres représentent saint Longin par le Bernin, sainte Véronique par François Mocchi, et sainte Hélène par André Bolgi. Au-dessus de ces niches sont placés des balcons ou tribunes dans lesquelles on conserve plusieurs reliques précieuses, et l'on descend, par des escaliers pratiqués au-dessous de ces mêmes niches, dans les souterrains de

(1) On appelle ainsi l'autel bâti sur le tombeau de ce saint apôtre dans la partie souterraine de l'église.

l'église, qui, dans une vaste étendue, renferment quantité de monuments singuliers. C'est un reste de l'ancienne basilique que l'on a conservé par respect en construisant la nouvelle église.

Quand on est sous le dôme, l'église se partage en trois branches qui se croisent. Les deux latérales se terminent en demi portions de cercle, et la troisième, qui est une continuation de la grande nef et qui finit pareillement en portion de cercle, fait le fond de l'église, ou ce que les Italiens appellent la tribune. Cette partie de l'église dans laquelle le pape, assisté du sacré collége, tient chapelle, lorsque Sa Sainteté officie dans Saint-Pierre, est l'endroit le plus remarquable de ce superbe édifice; la vue y est agréablement arrêtée par le magnifique autel construit sur les desseins du célèbre cavalier Bernin. Le fameux Annibal Carache avoit désigné longtemps auparavant cette place comme un lieu propre à exercer le génie d'un habile homme, et le jeune Bernin, qui l'accompagnoit alors, avoit toujours été occupé de cette idée. Il ne faut donc pas s'étonner qu'il y ait si parfaitement réussi, lui qui d'ailleurs étoit doué d'un si heureux génie. Un grand piédestal, revêtu de marbres antiques précieux, haut de 12 pieds, et sur les faces duquel sont les armes en bronze du pape Alexandre VII, qui a fait exécuter ce beau morceau, sert de base à quatre figures colossales de bronze doré; elles ont chacune 15 pieds de proportion, et représentent saint Jean-Chrisostôme, saint Athanase, saint Augustin et saint Ambroise. La chaire de Saint-Pierre, qui fait le principal objet de cette composition, est enchassée dans une autre magnifique chaire de bronze doré, et ces quatre saints docteurs de l'Église la portent en l'air. L'on voit au-dessus un grand vitrail dont le Bernin a su profiter pour y représenter l'Esprit saint, qui, du milieu d'une gloire lumineuse, paroît venir se reposer sur ce trône du prince des apôtres. Il faut avoir ad-

miré de près cette grande machine pour en bien connoître
toute la magnificence. Elle est placée au milieu de deux
grandes niches occupées par deux morceaux de sculpture,
qui dans leur genre ne sont pas moins merveilleux; celui du
côté de l'Évangile est le tombeau du pape Paul III, de la
maison Farnèse. Le dessein passe pour être de Michel-Ange,
et l'exécution des statues, tant du pape en bronze que des
deux figures de marbre couchées, est de Guillaume de la
Porte. Le Bernin a donné vis-à-vis de nouvelles preuves de
la richesse de son génie dans le tombeau du pape Urbain VIII,
son bienfaiteur : l'on ne sait ce que l'on doit le plus y admirer, ou la beauté de l'invention, ou la finesse de l'exécution, qui fait perdre au marbre sa dureté et lui fait prendre
la mollesse de la chair.

Ces deux tombeaux ne sont pas les seuls qu'on admire
dans l'église de Saint-Pierre; il y en a plusieurs autres d'une
égale magnificence et qui sont répandus en différents endroits. Un des principaux est celui du pape, Alexandre VII,
qui ne fait pas moins d'honneur au génie du cavalier Bernin,
qu'aucun de ses autres ouvrages. La place étoit ingrate; il
étoit obligé de poser ce tombeau au-dessus d'une porte ; rien
de plus gênant que cette situation, et cependant rien de plus
naturel que sa composition. La statue du pape à genoux sur
un piédestal est placée au-dessus de la porte dans une niche
enfoncée ; au pied sont quatre statues de marbre qui expri-
ment ses vertus, et, ce qui est fort ingénieux et qui fait merveilleusement au sujet, la Mort, à demi couverte d'un grand
rideau qu'elle a levé de devant l'ouverture de la porte, semble annoncer avec regret au pontife qu'il faut mourir.

Les autres tombeaux du pape Grégoire XIII, par le cavalier Camille Ru coni, de Léon XI, par l'Algarde, de Clément X,
par Hercule Ferrara, d'Innocent XI, par Monot, sculpteur
françois, sur le dessein de Carle Marate, d'Alexandre VIII,

dont on admire avec raison le beau bas-relief exécuté par Ange de Rossi, et enfin celui de la comtesse Mathilde, par le Bernin, méritent une attention singulière.

S'il falloit décrire, ou même seulement rapporter tout ce que l'église de Saint-Pierre renferme de rare, un volume entier suffiroit à peine; nous avons d'ailleurs annoncé cette explication comme un abrégé; cependant nous ne pouvons passer sous silence la chapelle des fonts baptismaux. Elle a été décorée de marbres précieux sous le pontificat d'Innocent XII, et l'on y voit au milieu une magnifique cuve de porphire ornée de bronzes dorés, qui précédemment avoit servi de tombeau à l'empereur Othon II. La chapelle du saint Sacrement est encore d'une grande richesse; son tabernacle, entièrement revêtu de lapis et d'ornements de bronze doré, placé au milieu de deux figures d'anges, aussi de bronze, en acte d'adoration, est d'une composition neuve et tout à fait heureuse; on en doit encore l'invention au cavalier Bernin.

Celle où les chanoines de Saint-Pierre célèbrent l'office est placée vis-à-vis, et l'on y admire sur l'autel un groupe de marbre blanc, de Michel-Ange, représentant la sainte Vierge considérant le corps mort de son fils étendu sur ses genoux. Ce morceau est extrêmement fier et savant; il a commencé dans Rome la réputation de ce grand sculpteur.

Il nous reste à parler des peintures qui décorent l'église de Saint-Pierre. Elles sont des meilleurs maîtres, mais ce qui les rend plus singulières, c'est la manière dont elles sont exécutées. Presque toutes le sont en mosaïque, et l'on juge combien cette seule partie de la décoration de Saint-Pierre a occasionné de dépenses par le temps prodigieux que demande cette espèce de peinture, qui ne se fait, comme l'on sait, que par l'assemblage d'un nombre prodigieux de très-petits morceaux de verre, de cuivre et de plomb coloriés appliqués sur un mastic, et dont la surface étant ensuite polie forme un tableau qui ne craint point les injures du temps. Tout autre genre de peinture ne pouvoit pas subsister dans cette église. L'épaisseur de ses murailles, la quantité de marbres qu'elle renferme, son étendue, sa situation même au pied d'une colline, y entretiennent une fraîcheur qui fait périr en peu de temps les tableaux même peints à l'huile; on n'en a que trop fait la malheureuse expérience. C'est donc ce qui a engagé à avoir recours à la peinture en mosaïque, qui ne craint point l'humidité. Toutes les peintures des six coupoles (1) qui éclairent les bas côtés, les pendentifs des quatre dômes qui accompagnent le grand et les principaux tableaux des autels, sont déjà exécutés de cette façon, et l'on travaille sans discontinuer à mettre ce qui reste dans le même état. Les tableaux des autels qui méritent le plus de considération sont : le martyre de saint Sébastien, du Dominiquain, la sainte Petronille, du Guerchin, saint Pierre marchant sur les eaux, du Lanfranc, le Boiteux guéri, du Civoli, la chute de Simon le magicien, du Vanni, saint Jérôme instruisant ses disciples, du Mucian, le martyre de saint Erasme, du Poussin, la présentation de la Vierge au temple, du Romanelle, Ananie frappé de mort, du Pomerange, saint Grégoire le Grand opérant un miracle, d'André Sacchi, le tableau de la chapelle des chanoines, de Simon Vouet, et celui de la chapelle du saint Sacrement, de Pierre de Cortonne. L'on peut mettre à la suite des tableaux ce grand et merveilleux bas-relief de marbre de l'Algarde, placé sur un des autels, et dans lequel est représenté saint Léon qui vient au-devant d'Attila.

Il y a quelques grandes fêtes dans l'année, telles, par exemple, que celle de saint Pierre, et lorsqu'on fait des ca-

---

(1) Elles ont été peintes d'après les cartons de Pierre de Cortonne, du Cyre, de Carle Maratte et de Benedetto Luti.

nonisations de saints, pour lesquelles on décore l'église d'une
façon qui lui est particulière. Tout le nud des murs, le corps
des pilastres, la frise de l'entablement; tout en un mot, à
l'exception des parties qui portent une saillie, se trouve ta-
pissé avec des bandes de damas cramoisi faites pour les
places, et enrichies de galons et de crespines d'or. Cette décoration, jointe à un nombre prodigieux de lumières distri-
buées avec art, rend dans ces occasions l'intérieur de Saint-
Pierre d'une magnificence dont rien n'approche : l'on assure
que toutes les fois qu'on décore ainsi l'église pour les cano-
nisations, il en coûte à la fabrique 300,000 livres.

Une autre merveille qui étonne tous ceux qui ont examiné
cette église, c'est le grand nombre de chambres pratiquées
dans les épaisseurs des murs, ou placées sur les voûtes, sans
que la décoration extérieure en souffre la moindre altéra-
tion; les corridors qui servent de dégagements et les escaliers qui conduisent dans les parties supérieures, dans le
nombre desquels il y en a de si ingénieux qu'on peut faire
monter sans peine jusque sur les toits des bêtes de somme;
c'est enfin l'appareil des pierres et la solidité de la maçon-
nerie qui fait que rien n'a remué jusqu'à présent; mais ces
beautés ne sont pas susceptibles d'une description, et ne sont
bien intéressantes que pour ceux qui peuvent en faire la discussion sur le lieu même.

Nous terminerons cette description abrégée de l'église de
Saint-Pierre par la comparaison des mesures de ce grand
édifice avec celles de l'église cathédrale de Paris et du dôme
des Invalides, ce qui contribuera plus que tout le reste à en
faire comprendre l'immensité. Les tours de l'église de Notre-
Dame de Paris ont 33 toises d'élévation; le dôme des Invalides jusqu'à la croix en a 50, et l'église de Saint-Pierre a,
du pavé jusqu'à la croix placée sur le dôme, 68 toises 2 pieds
10 pouces..

L'église de Saint-Pierre a, depuis le portail jusqu'à l'extrémité du chevet en dehors, 110 toises 1 pied 8 pouces de
longueur, et dans la plus grande largeur de la croisée, y
compris les épaisseurs des murs, 76 toises 4 pieds; celle de
Notre-Dame n'a que 68 toises 4 pieds de longueur, et de largeur 28 toises, y compris les murs.

Le portail de l'église de Saint-Pierre a 59 toises 4 pieds
d'étendue; celui de Notre-Dame n'a que 23 toises.

Le diamètre du dôme des Invalides est de 15 toises 2 pieds;
celui de Saint-Pierre est de 25 toises, l'un et l'autre pris en
dehors.

IV

Lettre de M. M*** à un ami de province, au sujet de la nou-
velle fontaine de la rue de Grenelle, au faubourg Saint-
Germain des Prés.

Monsieur,

Vous avez raison de vous plaindre. Je me souviens parfaitement de l'engagement que je pris avec vous, lorsqu'on
commençoit à jeter les fondements de la magnifique fontaine de la rue de Grenelle, au faubourg Saint-Germain; je
vous promis de vous entretenir de cet édifice aussitôt qu'il
seroit achevé. Je vous avoue donc que je suis en faute. Il y
a quatre à cinq mois que j'aurois dû vous écrire, et que mes
foibles éloges devoient se mêler aux applaudissements que

tout !Paris s'est empressé de donner à ce superbe monument. Mais, sans chercher à m'excuser, je vous dirai tout simplement que depuis ce temps-là j'ai été tellement occupé de la chose même dont je devois vous rendre compte, que je n'ai presque plus pensé à la parole que je vous avois donnée. Cela est fort mal, et il ne faut pas moins que toute votre indulgence pour me le pardonner. J'ose cependant vous assurer que vous n'y perdrez rien. Plus j'ai examiné avec une attention méditée toutes les parties qui composent ce bel assemblage d'architecture et de sculpture, plus je crois être en état de vous en fournir une description fidèle. Je ferai du moins tous mes efforts pour entrer, autant que vous pouvez l'attendre de moi, dans l'esprit de l'homme excellent qui a produit un si rare chef-d'œuvre.

Vous êtes déjà instruit que cette fontaine est située dans la rue de Grenelle, assez près de l'endroit où cette rue se croise avec celle du Bac. Comme vous n'ignorez pas qu'il ne se trouvoit aucune fontaine publique dans tout ce grand quartier, aujourd'hui si peuplé, vous comprenez aussi combien il étoit nécessaire qu'on y en bâtit une; mais peut-être que les raisons qui ont déterminé sur le choix de la place qu'elle occupe vous sont inconnues. Vous ne savez peut-être pas que ci-devant c'étoit un terrain vague, appartenant aux religieuses récollettes, dont on pouvoit faire aisément l'acquisition, au lieu que partout ailleurs la même acquisition eût souffert de très-grandes difficultés. J'ai cru devoir vous faire en passant cette observation; elle servira de réponse à ceux qui critiquent un peu trop sévèrement le choix qu'on a fait de cet emplacement.

Les arrangements pris pour l'établissement de cet important édifice, M. Turgot, dont la prévôté sera mémorable à jamais par le nombre, la grandeur et l'utilité des ouvrages dont il a embelli cette capitale, et MM. du bureau de la ville, jetèrent les yeux sur M. Bouchardon, sculpteur ordinaire du roi, dont la réputation étoit grande dans toute l'Europe, pour exécuter leur projet. Ils lui firent faire des dessins et un modèle, qui furent généralement applaudis, et l'on posa la première pierre de l'édifice sur la fin de l'année 1739.

Depuis ce moment-là, je puis vous assurer que je n'ai plus perdu de vue ce beau bâtiment; j'ai été témoin des soins extrêmes avec lesquels on a suivi la construction. J'ai vu amener sur le tas la plus belle pierre des carrières de Conflans-Sainte-Honorine, la même dont le fameux François Mansard, si curieux de bien faire, s'est autrefois servi pour le château de Maisons; j'ai vu cette pierre prendre, entre les mains d'un appareilleur expérimenté, des formes si exactes, un trait si précis, que, mise en œuvre, il n'est presque pas possible de discerner les joints des différentes assises; les parements en sont si unis et si bien dressés que le tout ne paroît faire qu'une seule masse. Je ne crois pas que depuis la belle façade du Louvre, il se soit fait un bâtiment avec autant de propreté que celui-ci.

Vous me direz, monsieur, que dans ceci vous ne reconnoissez qu'un ouvrage purement mécanique, et dont vous n'êtes que foiblement touché. Je vous connois, vous n'êtes véritablement affecté que des seules opérations de l'esprit; il faut vous montrer l'homme de génie, vous offrir et vous faire goûter les fruits heureux de son imagination, pénétrer dans le secret de ses pensées et vous les développer. Voilà ce que vous demandez, et je vais tâcher de remplir vos vues. Si je n'y réussis pas, n'en accusez que mon insuffisance.

Pour vous donner une idée plus nette de la fontaine dont j'entreprends de vous faire la description, je dois commencer par vous en tracer le plan. J'entrerai ensuite dans un détail circonstancié de toutes les parties de sa décoration et des divers morceaux de sculpture qui y sont employés. Tout le bâtiment règne sur un des côtés de la rue, et y occupe en longueur un espace de quatorze toises et demie. La rue n'est pas extrêmement large en cet endroit ; si l'on eût suivi l'alignement des maisons, non-seulement la fontaine n'eût pas été d'un accès bien facile, mais il est encore certain qu'il n'y auroit eu aucun jeu dans sa composition. L'habile artiste qui a présidé à cet édifice a donc imaginé de le retirer d'environ quinze pieds, et, par cet expédient, il a trouvé le moyen de former au-devant de la fontaine une espèce de place qui contribue à en rendre le service plus commode, et qui laisse assez d'espace pour pouvoir se reculer et embrasser d'un coup d'œil toute l'ordonnance. L'aspect en devient plus heureux et les parties se développent davantage.

Le corps du milieu, qui est ainsi renfoncé, fait avant-corps : il est soutenu à droite et à gauche par deux ailes qui, partant de l'endroit où elles s'unissent à cet avant-corps et décrivant par leur plan des portions de cercle, viennent reprendre l'alignement de la rue dans les deux extrémités qui terminent l'édifice. Imaginez-vous voir le frontispice d'une magnifique scène de théâtre antique.

Ce que je viens de vous dire du renfoncement du corps du milieu doit cependant, à la rigueur, se restreindre à la partie supérieure ; je veux dire à celle qui règne au-dessus de la première plinthe, car au rez-de-chaussée le plan de l'édifice change de figure. Celui des ailes est toujours le même, mais l'avant-corps du milieu avance en saillie presque jusqu'sur la rue et devient un massif, qui peut être proprement dit le lieu de la fontaine, puisque c'est de là que l'eau se distribue par quatre grands mascarons de bronze, placés tant sur le devant que dans les retours. Ce massif est entièrement orné de refends qui ne sont interrompus dans la principale face, laquelle prend la forme d'une tour ronde, que par une table d'attente renfermant une inscription ; et le même massif, couronné par un socle de glaçons en marbre blanc, sert de base à des statues colossales de même marbre, qui sont le principal ornement de toute cette riche composition.

Elles sont élevées du pavé à la hauteur de quinze pieds; c'est une distance tout à fait propre à en considérer toutes les beautés de détail. La principale de ces statues, celle à laquelle on voit bien que les autres sont subordonnées, est celle qui représente la ville de Paris. Assise sur une proue de vaisseau qui lui sert de trône, et qui est prise de ses armes, un sceptre à la main et la tête couronnée d'une couronne de tours, elle regarde avec complaisance le fleuve de la Seine et la rivière de la Marne, qui, couchés à ses pieds, paroissent eux-mêmes se féliciter du bonheur qu'ils ont de procurer l'abondance et de servir d'ornement à la grande ville, qu'ils baignent de leurs eaux. La Seine, en tant que fleuve, est représentée sous la figure d'un homme robuste, qui tient un aviron et qui a derrière lui un cygne se jouant parmi les roseaux. La Marne est figurée par une femme qui a dans la main une écrevisse, et l'on remarque auprès d'elle deux canards qui sortent encore d'entre les roseaux.

Je ne vous ferai pas une description plus étendue de ces admirables statues, persuadé que vous entendrez avec plus de satisfaction les jugements qu'en ont porté les personnes éclairées. Elles ont été touchées de cette majesté qui est répandue dans toute la figure de la ville de Paris : son attitude et le jet de sa draperie leur ont rappelé cette simplicité noble et mâle de l'antique, qui n'a jamais éprouvé les caprices de la mode. La figure du fleuve leur a paru dessinée avec science et avec fermeté, tandis que celle de la nymphe a plu par sa souplesse et le beau coulant de ses contours : il a été dit que l'une et l'autre conservoient sous la dureté du marbre la délicatesse et la sensibilité de la chair.

Un frontispice formé par quatre colonnes cannelées, d'ordre

ionique, et par autant de pilastres de même ordre, qui portent un fronton dans le tympan duquel sont les armes de France, sert de fond à ce groupe de figures, et met la ville de Paris comme à l'entrée d'un temple qui lui est dédié. En même temps ce frontispice sert à loger dans l'enfoncement de son entre-colonnes une inscription latine en lettres unciales de bronze, qui, conçue dans le style lapidaire, fixe l'époque du monument et fait élégamment l'éloge d'un prince chéri, qui ne respire que la paix et n'est occupé que du bonheur de ses sujets. Je l'ai copiée, je vous l'envoie, et j'espère que vous m'en saurez d'autant plus de gré que je puis y joindre une anecdote singulière; c'est que cette inscription est l'ouvrage de feu M. le cardinal de Fleury, et que ce grand homme, dont la modestie étoit aussi éminente que la dignité, l'ayant envoyé à M. de Boze, comme un simple canevas dont il le laissoit absolument le maître, celui-ci n'y trouva pas un seul mot à changer :

Dum Ludovicus XV — Populi amor et parens optimus — Publicæ tranquillitatis assertor — Gallici Imperii finibus — Innocue propagatis — Pace Germanos Russosque — Inter et Ottomanos — Feliciter conciliata — Gloriose simul et pacifice — Regnabat; — Fontem hunc civium utilitati — Urbisque ornamento — Consecrarunt — Præfectus et Ædiles — Anno Domini — M.DCC.XXXIX.

Ce qui se peut rendre ainsi en notre langue :

Sous le glorieux et pacifique règne de Louis XV. Tandis que ce prince, le père de ses peuples et l'objet de leur amour, assuroit le repos de l'Europe, que sans effusion de sang il étendoit les limites de son Empire, et que par son heureuse médiation il procuroit la paix à l'Allemagne, à la Russie et à la Porte Ottomane, les prévôt des marchands et échevins consacrèrent cette fontaine à l'utilité des citoyens et à l'embellissement de la ville, l'an de grâce M.DCC.XXXIX.

Les magistrats auxquels le public est redevable de ce superbe édifice ne sont pas nommés dans cette inscription ; mais je vous ai déjà fait remarquer qu'il y avoit au-devant du massif, qui sert de base au groupe de figures dont je viens de vous entretenir, une autre inscription. Celle-ci, gravée en lettres d'or sur un marbre noir, en forme de table d'attente, au milieu de deux consoles, d'où pend un feston de fruits de marbre blanc, est en françois ; c'est dans cette inscription que vous trouverez les noms de ces magistrats. Je vais vous la transcrire. Vous y lirez aussi le nom de M. Bouchardon, auteur de l'ouvrage : la distinction est singulière ; mais vous conviendrez qu'elle est bien placée.

1739.

DU RÈGNE DE LOUIS XV.

De la cinquième prévôté de messire Etienne Turgot, chevalier, marquis de Sousmons, etc., de l'échevinage de Louis-Henry Veron, écuyer, conseiller du roi et de la ville ; Edme-Louis Meny, écuyer, avocat au parlement, conseiller du roi, notaire ; Louis le Roi de Feteuil, écuyer, conseiller du roi, quartinier ; Thomas Germain, écuyer, orfèvre du roi. Etans Antoine Moriau, écuyer, procureur et avocat du roi et de la ville ; Jean-Baptiste-Julien Taitbout, greffier en chef ; Jacques Boucot, chevalier de l'ordre du roi, receveur.

Cette fontaine a été construite sur les dessins d'Edme Bouchardon, sculpteur du roi, né à Chaumont en Bassigny. Les statues, bas-reliefs et ornements ont été exécutés par lui.

Je dois vous décrire à présent les deux ailes du bâtiment qui accompagnent l'avant-corps du milieu. Toutes deux sont uniformes ; ainsi la description que je vous ferai de l'une servira pour l'autre. Depuis le sol jusqu'au dessus de l'atti-

que qui pose sur l'entablement, elles s'élèvent à la hauteur
de sept toises, et en général leur décoration est de même
caractère et s'accorde très-bien avec celle du corps du milieu. Le même ordre rustique, c'est-à-dire la même suite de
refends, règne dans la partie inférieure jusqu'à la première
plinthe, et n'est interrompu que par deux portes cochères de
sujétion : l'une qui sert d'entrée au monastère des religieuses
récollettes, l'autre qui conduit au château d'eau ou réservoir de la fontaine. Ne craignez point que ces deux portes
nuisent à la composition. Un habile homme sait profiter de
tout; il tire avantage des choses même qui paroissent les
plus contraires à ses desseins. La disposition heureuse de
ces portes en fait ici un ornement, qui semble nécessaire et
même indispensable.

Quoique la décoration des deux ailes prenne plus de richesses dans la partie supérieure, il n'y règne point cependant d'ordre ionique comme dans le corps du milieu. M. Bouchardon a cru qu'il valoit mieux lier toutes les parties qui
entrent dans cette décoration, au moyen de simples avances,
ou, si l'on veut, de pilastres dénués de bases et de chapiteaux, ce qu'il a fait sans doute pour mettre plus de repos
et d'harmonie dans son ordonnance, et pour l'étendre davantage; et, en effet, si ces pilastres eussent été chargés d'un
trop grand nombre de petites moulures, les parties auroient
paru trop coupées, et certainement il en seroit résulté trop
de sécheresse. Ces pilastres sont couronnés par un grand
entablement, et ils renferment des niches, une carrée au-
dessus de chaque porte, dans le fond de laquelle sont représentées en bas-relief, dans un cartouche, les armes de la
ville de Paris, et quatre autres niches cintrées, deux de chaque côté, où sont placées des figures de génies.

Vous avez vu, monsieur, que les principales figures qui
ornent cette fontaine concouroient à faire un tableau de

l'abondance qui règne en tout temps dans cette grande ville, et, pour étendre la même idée, que pouvoit-on imaginer de mieux que de représenter dans les figures qui devoient occuper les niches les génies des saisons? C'est ainsi que les anciens ont voulu exprimer le bonheur dont ils jouissoient sous des princes qui leur procuroient l'abondance; ils ont employé dans plusieurs de leurs monuments, et singulièrement sur les médailles, le type des quatre saisons, avec cette inscription : *Temporum felicitas.*

L'on ne s'est point écarté ici de cette ingénieuse allégorie. L'on a représenté le Printemps sous la figure d'un jeune homme paré d'une guirlande de fleurs, et qui aide à un bélier, le premier des signes que le soleil parcourt dans cette saison, à se soutenir. Un autre jeune homme, qui regarde fixement le soleil et qui tient un feston d'épis, exprime l'Été; on voit à ses pieds le cancer. Des balances et des raisins entre les mains du troisième génie désignent l'Automne, parce que c'est le temps des vendanges, et que l'équinoxe d'automne arrive précisément au moment où le soleil entre au signe des balances. Par une raison toute semblable, la figure qui représente l'Hiver est accompagnée du capricorne; c'est la seule qui soit couverte d'une draperie sous laquelle elle semble se vouloir mettre à l'abri des rigueurs du froid. Tous ces génies ont des ailes : ce sont celles du Temps avec lesquelles se fait la course rapide des saisons, et qui les entraîne dans le cours de leur révolution.

Les symboles qui animent ces quatre figures expliquent suffisamment les sujets qu'elles représentent; mais, supposé qu'il pût rester encore quelques doutes, ils se dissiperont dès qu'on jettera les yeux sur les quatre bas-reliefs qui sont placés dans des espaces carrés longs, au-dessous de chaque niche. Dans chacun de ces bas-reliefs on voit des enfants qui s'occupent de ce qui peut faire l'objet de leur amusement dans les diverses saisons. Les uns, rassemblés dans un jardin, attachent aux arbres des guirlandes de fleurs et se couronnent de roses; d'autres font la moisson; quelques-uns jouent avec un jeune bouc avide de manger des raisins; et les derniers, sous une tente et près du feu, cherchent à se garantir du froid de l'hiver.

Si l'on a rendu justice à la variété et à la naïveté des attitudes des génies, l'on n'a pas donné moins de louanges à la richesse des compositions de ces bas-reliefs; le travail en a paru aussi recherché et aussi spirituel que la matière pouvoit le comporter, car ces bas-reliefs, ainsi que les figures et toutes les autres sculptures qui entrent dans la décoration des deux ailes de la fontaine, ne sont qu'en pierre de Tonnerre, qui a le grain assez fin et qui est fort blanche, mais qui n'a pas, à beaucoup près, la fierté du marbre, seule matière digne d'occuper un excellent ciseau. Quel dommage qu'elle soit si rare parmi nous!

Ce que j'ai ouï beaucoup priser par les véritables connoisseurs, et ce qui fait en effet que l'œil, en considérant ce bel édifice, jouit d'un agréable repos, c'est la justesse et l'élégance des positions, c'est le parfait rapport de toutes les parties les unes avec les autres, c'est que tout y prend la forme pyramidale, si recommandée, si bien mise en pratique par le fameux Michel-Ange. De quelque côté que vous tourniez, quelque partie que vous embrassiez, la disposition de tous les objets vous dessine toujours une pyramide; et cependant cet artifice est voilé avec tant d'adresse qu'il faut en être averti, ou être plus qu'initié dans les arts pour l'apercevoir.

Permettez-moi d'ajouter encore une réflexion, que je n'ai pas faite seul. Je trouve que la grande richesse de cet édifice vient de son extrême simplicité, et, si je ne me trompe, j'y vois éclater de toutes parts ce goût pur de l'antique, ce goût

solide et sage que donne seule l'étude de la belle nature.
Peut-être me laissai-je emporter par trop de zèle. J'ose cependant former ce présage qu'en tout temps, qu'en tous
lieux, cet excellent goût prédominera, et que toutes les fois
que des idées trop composées et trop éloignées du vrai voudront prendre le dessus, il les éclipsera. Que quelques modernes, et même des sculpteurs de nom, se soient laissés séduire par un brillant, que semblent jeter dans la composition
certains tours et certaines licences qui paroissent emprun-
tées de la peinture, il n'en est pas moins vrai, quand on
rappelle les choses à leur véritable fin, que ce ne soit une
erreur. La peinture et la sculpture sont deux sœurs qui ont
le même objet d'imitation, et qui marchent vers le même
but; mais leurs allures sont bien différentes. L'on a blâmé
avec raison les peintres qui ont traité leurs tableaux dans le
goût de la sculpture, on leur a reproché la pesanteur, et de
n'avoir pas mis assez d'air dans leurs ordonnances; un sculpteur qui se proposeroit pour modèle le *faire* d'un peintre
livré à un génie fougueux, tomberoit-il dans un moindre
défaut et seroit-il plus excusable?

Il ne me reste plus, monsieur, qu'à vous rendre compte
de ce qui s'est passé à la réception de ce grand et bel ouvrage par la Ville. M. le prévôt des marchands et MM. les
échevins ne se sont pas contentés de témoigner à l'habile
homme qu'ils avoient employé leur extrême satisfaction; ils
ont voulu confirmer par un acte solennel les jugements
avantageux du public, et ils y ont ajouté une récompense
digne assurément de la magnificence de la première ville du
royaume. Ils se sont assemblés le 11 février dernier, et, par
une délibération particulière, ils ont accordé à M. de Bouchardon une pension de quinze cents livres, mais dans des
termes si flatteurs et si honorables pour cet excellent sculpteur, et si propres en même temps à donner de l'émulation

aux artistes qui courent la même carrière, que je ne puis m'empêcher de vous la transcrire en entier. Je sens que je l'affoiblirois si je l'abrégeois, ou si j'y mettois du mien; jugez-en :

Du vendredi 11 février 1746.

« Ce jour, Nous, prévôt des marchands et échevins de la ville de Paris, assemblés au bureau de ladite ville, avec le procureur du roi et de la ville, pour les affaires d'icelle, ayant considéré que les ouvrages de sculpture en marbre et en pierre qui avoient été ordonnés par nos prédécesseurs, suivant les marchés faits au bureau par acte des 6 mars et 23 décembre 1739, avec le sieur Edme Bouchardon, sculpteur ordinaire du roi, pour la décoration de la fontaine construite dans la rue de Grenelle, quartier Saint-Germain des Prés, étoient si parfaitement achevés et d'une si grande beauté que ce monument, élevé à la gloire de Sa Majesté, feroit connoître, dans les temps les plus reculés, le goût de ce siècle, et à quel point de perfection l'art de la sculpture a été porté par ledit sieur Bouchardon; qu'un ouvrage aussi digne de l'admiration générale méritoit également de cette ville capitale une marque de reconnoissance envers le sieur Bouchardon, qui puisse en même temps exciter l'émulation de tous ceux qui s'adonnent aux arts, et transmettre à la postérité un exemple des récompenses que méritent leurs talents et leurs veilles, lorsqu'ils atteignent à un degré de perfection capable de faire honneur au goût et à la magnificence de ce grand royaume. Sur quoi, la matière mise en délibération, avons, du consentement du procureur du roi et de la ville, accordé au sieur Bouchardon, sculpteur ordinaire du roi, une pension viagère de quinze cents livres, à compter de cejourd'hui, laquelle lui sera payée de six mois en six mois par Jacques Boucot, écuyer-conseiller du roi, receveur des domaines, dons, octrois et fortifications de la ville, en rapportant par lui ces présentes, pour la première fois seulement. FAIT au bureau de la ville, ledit jour onze février mil sept cent quarante-six.

« *Signé* : TAITBOUT. »

Avouez, monsieur, que je ne pouvois mieux finir ma lettre que par cette pièce. J'ose présumer que vous avez présentement oublié tout mon tort, et que vous continuerez d'être persuadé de la sincérité des sentiments pleins d'estime, avec lesquels j'ai toujours été, monsieur,

Votre très-humble et obéissant serviteur.

M***.

A Paris, ce 1er mars 1746.

SUPPLÉMENT DE L'ABECEDARIO

ABBATE (NICCOLO DELL'). Les peintures de la voûte n'en faisoient pas le moindre ornement, et l'on ne peut assez regretter qu'elles ayent été détruites (1). Lorsqu'on s'y détermina, elles étoient aussi fraîches et aussi brillantes qu'elles l'avoient jamais été. On y voyoit régner dans toute la longueur, qui étoit de **76** toises, une suite de tableaux de différentes formes, dont l'assemblage formoit divers compartiments plus riches les uns que les autres, et qui, renfermés dans des ornements de stuc, dorés et environnés d'autres ornemen's appelés grotesques, produisoient un spectacle tout à fait agréable. Pour décrire cette voûte avec plus d'ordre, j'en parlerai suivant sa division, qui consistoit en quinze travées.

Dans la première on voyoit les Dieux assemblés dans

(1) La description de cette galerie de Fontainebleau se trouve dans les notes du beau volume italien des *Peintures de l'Institut de Bologne*, 1759, in-folio, et M. Reiset n'a pas manqué de la citer dans son étude sur Niccolo, imprimée d'abord dans la *Gazette des beaux-arts*, et ensuite tirée à part, in-8°, 1860. — On peut voir aussi, dans la *Revue universelle des arts*, une note de M. Grésy sur les peintures de Niccolo dans la chapelle du château de Fleury.

l'Olympe, et ce morceau, qui étoit carré et qui occupoit le milieu de la voûte, était flanqué de quatre tableaux de forme carrée oblongue, où étoient représentés avec leurs attributs Diane et Cérès, Mercure et Bacchus, Junon et Cybelle, Mars et Hercule.

Au milieu du plafond, dans la seconde travée, étoit représenté, dans une forme octogone, Neptune apaisant la tempête. La composition en étoit admirable. Ce milieu étoit accompagné de quatre tableaux oblongs, où l'on voyoit Pallas, Mercure, Vulcain et Eole renfermant les Vents.

Vient ensuite la troisième travée où, dans le centre de quatre ovales couchés, remplis de divinités qu'a gravées George Mantuan, étoit représenté le lever et le coucher de la Lûne d'une façon tout à fait poétique.

Le sujet du milieu de la quatrième travée étoit Vénus et les trois Parques, et au centre de ce tableau le signe du Taureau; il étoit flanqué de quatre tableaux, le terminant en rond par chaque bout, et où se voyoient Pan, Apollon et les muses. Ils ont été gravés par George Mantuan.

Diane et Apollon, son frère, Minerve et l'Amour, étoient représentés dans un grand tableau qui occupoit presque toute la voûte dans la cinquième travée, et dans les côtés, des bas-reliefs de stuc représentoient les Quatre Saisons.

Un autre grand tableau, dans lequel on voyoit les trois frères Jupiter, Neptune et Pluton, étoit au centre du plafond dans la sixième travée. Vénus, Diane, Mercure, et une autre divinité que je prends pour Saturne, représentés dans quatre tableaux séparés, accompagnoient le grand morceau du milieu.

A la clef de la voûte, dans la septième travée, étoit un tableau hexagone, et l'on voyoit Apollon, ou le Soleil, au signe du Lion. Des sujets, pris de la Fable, qui avoient rapport à Apollon, étoient disposés autour du sujet principal

dans quatre médaillons feints de stuc, et dans quatre autres tableaux coloriés.

Le milieu de la galerie étoit marqué par deux grandes et magnifiques compositions que le Corrège auroit voulu avoir faites, et qui s'étendoient en cet endroit dans toute la voûte. On voyoit à droite le festin des dieux, et, vis-à-vis, Apollon et les Muses sur le Parnasse, et, dans l'intervalle qui séparoit ces deux grands sujets, étoit un ciel où le peintre avoit ingénieusement placé les Heures, qui formoient une danse en rond. Les figures, vues en raccourci, faisoient un effet surprenant. On a une estampe du Parnasse gravée par Antoine Garnier.

Les mêmes compartiments qu'on a vu régner dans la voûte, depuis l'entrée de la galerie jusqu'au point du milieu, suivoient dans le même ordre, et voici les sujets qui y étoient exprimés :

Dans le tableau hexagone, qui étoit au milieu de la neuvième travée, étoit figuré le triomphe de Minerve ou de la Sagesse, et les huit tableaux qui accompagnoient ce sujet principal, dont quatre étoient des médaillons en stuc, avoient pour objet des vertus telles que la Prudence, la Charité, etc.

Un grand tableau, semblable pour la forme à celui de la sixième travée, occupoit le milieu de la dixième, et l'on y remarquoit le char du Soleil accompagné des Heures et précédé de l'Aurore. Quatre des plus grands fleuves étoient représentés dans des tableaux qui accompagnoient celui du milieu. Un de ces fleuves, celui du Nil, a été gravé en petit par M. Etienne de Laulne.

Le sujet du milieu du plafond de la onzième travée étoit Neptune qui frappe la terre de son trident et qui en fait sortir le cheval. Aux quatre angles de ce tableau étoient représentées, dans quatre tableaux séparés, les divinités qui président aux quatre saisons

Dans la douzième travée on voyoit, au milieu, Bellone portée en l'air, et, dans quatre tableaux, semblables pour la forme à ceux de la quatrième travée, étoient, dans un la charité romaine, dans un autre un guerrier s'entretenant avec une femme nue, accompagnée de l'Amour, dans le troisième un homme assis, auprès duquel est une femme renversée qu'on poignarde, et, dans le quatrième, un roi dans son trône, regardant avec frayeur ce que lui fait voir un homme qui a les mains liées derrière le dos.

Jupiter assis dans son palais, près de Junon, et recevant la visite de Minerve, fait le sujet du tableau du milieu de la treizième travée, et, dans quatre tableaux ovales, étoient représentées des nymphes et des naïades.

Le milieu de la quatorzième travée étoit rempli par un grand tableau octogone, où Apollon, les Grâces et les Muses étoient représentés assis dans l'Olympe. On voyoit au our, dans quatre tableaux de même forme et carrés-longs, quatre sujets de sacrifices.

Enfin la quinzième et dernière travée étoit remplie dans le milieu de la voûte par un grand tableau dans lequel étoit la déesse Flore, et dans les quatre tableaux, qui mettoient le plus grand au milieu d'eux, on voyoit dans chacun des femmes et des enfants.

Au-dessus de la porte d'entrée de la galerie étoit peint dans une lunette Charles IX recevant les clefs de la ville du Havre, que lui remettent les Anglois après avoir été en possession de cette ville importante pendant longtemps, et ce tableau portoit la date 1563; mais cette date ne doit se rapporter qu'à la réduction de la ville, car il paroît par les comptes des bâtiments que le tableau n'a été fait qu'en 1570, et que c'est le dernier ouvrage qui ait été fait dans cette galerie.

— Ces excellentes peintures appartiennent, il est vrai,
au Primatice; on ne peut les lui contester, puisque c'est lui
qui en a fourni les desseins; mais Nicolo y a eu aussi trop
de part pour ne lui en pas faire partager l'honneur. Le Primatice avoit sous lui plusieurs peintres qui exécutoient ses
pensées; mais il se reposoit principalement de ce soin sur
Niccolo, et l'on sait que c'est ce dernier qui avoit peint la plus
grande partie des tableaux de cette galerie. Cela se recon-
noissoit assez à la beauté de la fresque, que peu de peintres
ont aussi bien entendu que lui. Je me souviens d'avoir accompagné dans cette galerie le célèbre François le Moyne,
celui de nos peintres qui a fait le plus d'honneur à notre
École françoise, et j'ai été témoin des éloges sans fin qu'il
croyoit devoir donner à un ouvrage le mieux exécuté, selon
lui, que nous eussions.

Je crois apercevoir que le peintre a eu dessein de représenter dans cette voûte tout ce qui pouvoit avoir rapport à
l'Olympe, et cela convenoit dans un lieu destiné à la représentation des aventures d'Ulisse, qui, par ce moyen, étoient
censées se passer sous les yeux des Dieux.

Il y a encore une chambre dans le château de Fontainebleau qui subsiste, et qu'on nommoit la chambre de madame d'Estampes, parce qu'elle l'a habitée. Toutes les murailles en sont peintes en 1570, par M. Nicolo, sur les desseins
du Primatice qui y a représenté l'histoire d'Alexandre. Quelques-uns de ces tableaux ont été gravés, entre autres celui
de dessus la cheminée, qui est l'entrevue d'Alexandre et de
Thalestris, reine des Amazones. Cette estampe est de Guido
Ruggieri, selon Malvasia qui en a fait mention. Domenico
Barbieri, Florentin, a gravé un festin, et d'autres élèves du
Primatice ont gravé le mariage d'Alexandre et de Campaspe,
une mascarade, Alexandre domptant Bucéphale, et ce prince
cédant sa maîtresse à Apelle. Ces deux derniers tableaux sont

les dessus de porte de cette chambre, qui n'est pas éloignée de la Salle du bal.

ALBANE. Apollon, dieu de la poésie, et Mercure, dieu de l'éloquence, montés sur leurs chars, aidant à Hercule à soutenir le fardeau du globe céleste. Pièce allégorique, gravée par Fr. Villamène, d'après François Albane. — Dédié au cardinal Pompée Arrigoni; ce sont les premières épreuves. — L'Hercule est une copie, presque sans aucun changement, de celui du Carrache dans le cabinet Farnèse; cela est bien singulier.

ASPETTI (TIZIANO). Son épitaphe est rapportée dans le livre, *Bellezze di Firenze* del Cinelli, p. 188.

AVELINE (ANTOINE). Seroit-ce le mauvais graveur de vues?

AVELINE (FRANÇOIS-ANTOINE) et AVELINE (JEAN), son frère, vivant actuellement à Paris.

AVELINE (PIERRE) étoit aussy disciple de Adam Perelle; mais, comme il n'est jamais sorty d'une certaine médiocrité, il luy fait peu d'honneur; il a, comme son maître, gravé beaucoup de paysages et de vues, mais les paysages sont du plus mauvais goût et les veues fort infidèles. Il mourut le 3e may, en l'année 1722.

BARLOW (FRANÇOIS). Voici un état des suites d'animaux de Barlow qui sont venues à ma connoissance : 1° une suite d'oyseaux en quinze planches dessinées et gravées par l'auteur même en 1655, et c'est à celle-ci que j'accorderois la préférence; 2° six planches d'oyseaux gravés par Hollar, formant une suite qui a été donnée en 1654, et dont la première feuille représente un aigle les ailes déployées; 3° la suite d'oyseaux (non pas gravée par Faithorne, qui n'a rien gravé d'après Barlow, mais est seulement l'éditeur de cette suite) gravée par W. Hollar, et qui est composée de 12 pièces; 4° une suite d'oyseaux en dix planches, dont quelques-unes sont des répétitions d'autres planches déjà publiées dans la suite de Faithorne, et toutes, tant celles-ci que celles dont les desseins paroissent pour la première fois, sont gravées, ou par Barlow, ou par Gaywood, disciple d'Hollar; 5° une suite d'animaux, en 13 planches gravées partie par Hollar en 1662, et partie par R. Gaywood; 6° douze planches d'oyseaux, assez proprement gravées par Fr. Place et J. Griffier; 7° les quatre parties du monde, figurées par un assemblage des animaux qui y naissent; 8° des chasses, au nombre de 13 planches gravées par Hollar, et deux ou trois morceaux détachés, tels que la fable d'Orphée qui attire au son de sa lyre les animaux, qu'a gravés Gaywood. (*Notes sur Walpole.*)

— Les planches pour une édition des fables d'Esope en trois langues, en latin, en françois et en anglois, sont au nombre de 112. Elles sont toutes du dessein et de la gravure de Barlow, et le livre a paru à Londres, in-fol., en 1666. On y reconnoît aisément le peu de talent de Barlow pour la figure. (*Notes sur Walpole.*)

BASSAN (JACQUES DA PONTE, dit le). *Les noces de Cana.* — 11,030 # Colins pour Mr de Selle. Il y a le double chez le Roy, qui peut estre vaut celuy cy; c'est par conséquent avoir trop hasardé que d'en avoir donné un si terrible prix; ç'a esté le sentiment général. Ce tableau est peint gras; le Bassan n'a rien fait de plus beau, et je ne connois aucun tableau de luy mieux conservé. (*Catalogue Tallard,* n° 91.)

BECK (DAVID). Son portrait, dans la suite des portraits des

peintres des Pays Bas, donnée par Meyssens, est suivi d'une inscription qui le fait natif de Delft. — Sa vie, écrite dans un plus grand détail par Houbraken, auteur hollandois, a été traduite par Descamps, qui l'a insérée dans le tome 2 de ses *Vies des peintres des Pays Bas. (Notes sur Walpole.)*

BENIERI (THOMAS). *Comme Walpole dit que cet artiste, né de parens françois, faisoit des portraits d'après nature et en marbre pour deux guinées, Mariette ajoute :* Ceci ne paroît pas possible ; le moindre morceau de marbre coûte davantage. Ces portraits étoient apparemment en terre ; encore étoient-ils faits à trop vil prix.

BERNIN (LE). Baldinucci, dans la vie qu'il a écrite de Bernin, rapporte une lettre de la reyne d'Angleterre, femme de Charles Ier, dans laquelle cette princesse, après lui avoir témoigné combien elle et le roy étoient contens du buste que le célèbre sculpteur avoit fait de son époux, lui montre le même empressement pour avoir le sien. On devoit lui envoyer à cet effet le portrait de la reyne, peint en différens aspects comme on avoit fait par rapport au roy ; la lettre est datée du 26 juin 1639. (*Notes sur Walpole.*)

— Le buste du roi Charles, par le Bernin, étoit à Greenwich lorsqu'on fit, par ordre du Parlement, la description de ses effets. (*Notes sur Walpole.*)

— *Neuf desseins, architecture et ornemens, par le Bernin ou de son école.* — 39# Helle. Le portrait de Bernin, qui y est fort peu de chose, n'est que la copie de celui qu'a M. Boucher. (*Catalogue Tallard,* n° 532.)

BISCHOP, peintre hollandois, qui a fait avec beaucoup de propreté nombre de desseins d'après des tableaux qui sont estimés, surtout par ses compatriotes. (*Notes sur Walpole.*)

BORZONI (LUCIANO). L'enfant Jésus recevant les respects du jeune S. Jean. Gravé à l'eau forte par Luciano *Borzoni.*

— Luciano Borzoni a gravé, mais je ne devois assurer que ce fût ici un de ses ouvrages. Il faudroit en avoir vu pour en parler sçavamment. Au reste, la pièce est joliment touchée et est de main de maître, — ou de quelque Génois. Il y a eu dans cette école quelques maîtres qui ont gravé, et dont je n'ai encore rien vu.

BOSSE (ABRAHAM). Le mary qui bat sa femme; le cordonnier qui chausse une dame. *Peter Stent exc* à chaque. Ces deux pièces, fort mal gravées, sont des copies doubles de Bosse; il n'y a pas de nom de Hollar, et je doute qu'elles soient de luy, quoyque dans sa manière; si elles en étoient, çe ne pourroit être que des essais de sa jeunesse; mais elles me paroissent plùstôst de quelques uns de ses disciples et des premiers fruits d'apprentissage.

BRACELLI (JEAN-BAPTISTE). Cette suite de figures fantastiques et grotesques, au nombre de quarante-huit planches, comprise celle du titre de l'épître dédicatoire, est le fruict d'un génie bisarre qui, pour la singularité des idées, renchérit encore sur celui de Callot. L'auteur est Jean-Baptiste Bracelli, Génois, qui mourut fort jeune, épuisé de travail. Il étoit élève du Paggi, et l'on apprend par une inscription qu'il a mise sur la première de ces planches qu'il les a gravées lui-même à l'eau-forte. Il demouroit alors à Livourne : *Giovan batista bracelli f. in acqua forte Livorno.* Je crois appercevoir à un coin de la planche, au dessous d'un canon, la datte 1607, qui est en effet le tems que cet artiste vivoit. Sa mort arriva en 1609. Baldinucci parle de ce Bracelli et de cette suite de pièces dans la vie de l'Empoli, dont Bracelli avoit été le disciple. Callot n'est pas, comme on voit, le pre-

mier qui ait imaginé ses figures grotesques. Ce goût, lorsqu'il arriva en Italie, avoit déjà pris racine, surtout à Florence. Il s'y est prêté d'autant plus volontiers que c'étoit un
goût de mode, et cela lui fut d'autant plus aisé qu'il y étoit
porté par lui-même; aussi a-t-il perfectionné ce genre qui,
depuis lui, n'a plus eu que d'assez mauvais imitateurs. —
Le prince, à qui Bracelli a dédié son ouvrage, est Pierre de
Médicis, fils naturel de Pierre de Médicis, fils de Côme Ier,
grand duc de Toscane. — C'est M. de la Gorée, de Toulouse,
et curieux d'estampes, qui m'a fait présent de cette petite
suite en 1750. En me l'envoyant, il me semble qu'il m'an-
nonça qu'elle devoit être composée de quatre vingt planches,
mais il se peut qu'il se soit trompé sur le nombre. C'est un
morceau rare. Je ne l'ai vu que cette seule fois.

BRICCI (FRANÇOIS). St Roch intercédant auprès de Dieu
pour une personne qui se met sous sa protection. Gravé au
burin par François Bricci, d'après le tableau du Parmesan,
qui est dans l'église de St Pétrone à Bologne. — Dédié au
cardinal Alexandre d'Est.

BRIOT (NICOLAS). Comme Vertüe, de l'aveu de M. Walpole,
n'avoit vu qu'une partie des pièces qui ont été publiées en
France, à l'occasion de la nouvelle façon de fabriquer les
monnoyes, proposée par Nicolas Briot, il a laissé beaucoup
de choses à dire sur ce sujet. Je vais tacher d'y suppléer en
donnant un catalogue plus exact des différents écrits qui furent publiés de part et d'autre durant le cours de cette con-
testation, et, pour ce qui concerne les faits, outre ce que des
recherches particulières m'en ont appris, je m'aiderai principalement de ce que j'en ai trouvé consigné dans un premier
placet que Furetière, auteur du *Dictionnaire universel*, présenta au chancelier Boucherat, à l'occasion de ses demêlés

avec l'Académie françoise. Il prétendoit trouver de là conformité entre la conduite assez tyrannique qu'on tenoit alors avec lui et les tracasseries qui furent suscitées autrefois à Briot par des confrères jaloux, et qui pensèrent faire échouer un projet dont on fut contraint dans la suite de reconnoître l'extrême utilité. Il espéroit que, d'après cet exemple, le magistrat écouteroit favorablement ses demandes et rejetteroit celles de ses adversaires. Malheureusement pour lui cette conformité, qu'il avoit voulu établir, devoit être accomplie dans tous ses points; il succomba et fut sacrifié, ainsi que Briot.

Lorsque celui-ci fit ses premières tentatives, il étoit en possession de l'office de tailleur général, c'est à dire de grâveur des monnoyes de France, office créé en 1547, et dont Marc de Bechot fut le premier qui fut pourveu. Né avec le génie de sa profession, il imagina de nouvelles machines, la presse, le balancier, le coupoir et le laminoir, bien plus simples et bien autrement sûres et expéditives que toutes celles dont on avoit fait jusqu'alors usage, et dont il avoit reconnu par expérience les dangers et les inconvéniens.

C'est ce qu'il entreprit de démontrer en 1616 dans un premier ouvrage qu'il fit imprimer, et qui parut sous ce titre : « Raisons et moyens proposés au roi et à son conseil par Ni- « colas Briot, pour rendre et faire toutes les monnoyes du « royaume à l'advenir uniformes et semblables. » Volume in-4°.

Il étoit juste qu'on en fît l'examen, d'autant plus que les officiers et monnoyeurs de Paris, à la tête desquels étoit Pierre Reynier, l'un des gardes de la monnoye, soutenoient l'invalidité des moyens que proposoit Briot. On commit donc, pour procéder à cet examen, le sr Henry Poullain, qui ne tarda pas à faire son rapport. On le trouve imprimé, et en voici le titre : « Relation d'Henry Poullain de l'épreuve de la

« fabrication des espèces sur certains nouveaux instrumens
« proposés par Nicolas Briot, tailleur général des monnoyes,
« 1617, vol. in 8°. »

Les differens monnoyeurs du royaume furent pareillement
consultés. Ils donnèrent leur avis, qui parut encore imprimé
sous cet intitulé : « Sommaire des raisons que les mon-
« noyeurs de Paris et autres monnoyeurs ont à alléguer
« coutre la nouvelle invention de Nicolas Briot. »

Sur cela, la Cour des monnoyes fit en 1618 des remontrances au roi et à son conseil, et les rendit publiques. Elles
furent imprimées à Paris dans cette même année, et sont in-
titulées : « Remontrances faites par la Cour des monnoyes
« au conseil d'État du roy, contre la nouvelle invention d'une
« presse pour fabriquer les monnoyes, par Nicolas Briot,
« vol. in 4°. »

Comme il s'en falloit de beaucoup qu'elles fussent favora-
bles à l'auteur du projet, et qu'on voit, même par le seul
énoncé du titre, qu'on cherchoit à affoiblir le mérite de ses
procédés en dénaturant ses machines et réduisant à une seule
presse l'ingénieux moulin, ou, pour parler plus juste, le balancier dont il étoit le créateur, Briot repliqua sur le champ
et rendit publique une espèce d'apologie qu'il intitula : « Re-
« ponse de Nicolas Briot, graveur des monnoyes de France,
« aux remontrances de la Cour des monnoyes. »

Un ancien conseiller de cette cour, nommé Nicolas de
Coquerel (1), vint encore à la charge et proposa dans un
écrit, qui fut imprimé en 1621, et qui a été cité par M. Wal-

---

(1) Il fut conseiller de la cour des monnaies et y fut reçu le
20 décembre 1583. Liste des officiers de la cour des monnaies, à
la tête de l'ouvrage de Germain Constant : Traité de la Cour des
monnaies.   (*Note de Mariette.*)

pole (1), l'examen d'un avis qui, suivant toutes les apparences, avoit été présenté de nouveau au Conseil par Briot, et l'affaire ne paroît pas avoir été poussée plus loin.

Briot, fatigué des tracasseries continuelles qu'on lui suscitoit, craignit que sa découverte, qui nuisoit à la fortune d'une infinité de gens, ne lui fît éprouver de plus grands malheurs. Il avoit dû s'apercevoir, dès le commencement de la dispute, que la Cour des monnoyes, dont il étoit justiciable, avoit voulu le rendre suspect en donnant, le 29 septembre 1617, un arrêt par lequel il lui étoit expressement enjoint, comme s'il en avoit eu la volonté, de ne graver aucuns poinçons qui pût servir aux monnoyes des princes étrangers, dans le temps que c'étoit lui même qui avoit provoqué cette deffense. Aprés d'inutiles efforts faits au mois de mars 1617 et en avril 1624, en présence de MM. de Chateauneuf, de Boissise et de Marillac, deputés à cet effet par Sa Majesté, et qui occasionnèrent de nouvelles remontrances de la part de la Cour des monnoyes, il perdit toute espérance, et bientôt ses adversaires obtinrent un arrêt du conseil du 3 mars 1625, et qui les authorisoit dans l'usage où ils étoient de tous temps de fabriquer les monnoies au marteau, et non autrement.

Briot, ne consultant pour lors que son dépit, quitta en désespéré son poste et la France, et, passant en Angleterre, il y fut favorablement reçu, se fit connoître par d'excellens ouvrages, y dressa ses machines, les fit marcher avec succès et y forma d'excellens élèves.

Je n'ajouterai rien à ce qu'a dit sur cela M. Walpole. Mais

---

(1) Examen d'un avis présenté au conseil de Sa Majesté pour la réformation des monnaies par Nicolas Briot, composé par Nicolas Coquerel.   (*Note de Mariette.*)

je ne puis croire avec lui que Briot ait repassé en France en
1642, puisque, lorsqu'il fut question d'une refonte des pièces
en 1640, et que le chancelier Séguier, ce juste rémunérateur
des talens, socella des lettres en faveur d'Isaac Briot, en considération, sans doute, des travaux de son frère dont on faisoit usage, ce qui méritoit recompense. Furetière, qui rapporte ce fait, parle de Nicolas Briot comme d'un homme qui
ne vivoit plus.

Je doutte même qu'il ait eu la satisfaction de voir ce même
Reynier, qui lui avoit été autrefois si contraire, revenu de
ses fausses prevenîions, solliciter, de concert avec Warin, qui
s'est rendu si celèbre dans l'art sçavant des médailles et des
monnoyes, un arrêt du Conseil pour qu'il leur fût permis de
faire fabriquer les machines de Briot, qu'on avoit jusqu'alors
si indignement rejettées, et de leur faire subir de nouvelles
épreuves. Ils l'obtinrent; l'arrêt fut rendu sur leur requisi-
toire, le 8 mars 1634. Le roi nomma des nouveaux commis-
saires pour être présents à leur travail, se réservant, sur le
compte qu'ils lui en rendroient, de prononcer sur ce qui con-
viendroit le mieux à son service.

Il est vraisemblable que cette première demarche n'eut
d'autre cause que les succès rapides avec lesquels on voyoit
agir les machines de Briot en Angleterre, et les belles monnoyes qu'elles donnoient. Mais ce ne fut qu'en 1645 que le
roi Louis XIV illustra les premières années de son règne, par
cet édit qui revoqua toutes fabrications de monnoyes au
marteau, et ordonna pour toujours l'établissement des mou-
lins et des autres machines de Briot dans toute l'étendue de
son royaume (1). (*Notes sur Walpole.*)

(1) L'arrêt de la Cour des monnaies du 29 novembre 1617, celui
du conseil d'Etat du 8 mars 1634, l'édit de 1645, se trouvent im-

— Si Nicolas Briot est veritablement Lorrain, il se pourroit faire qu'il eût appris l'art de graver des poinçons chez
Pierre Woeriot, pareillement Lorrain, qui s'est distingué dans
cette profession (1). (*Notes sur Walpole.*)

BRIOT (ISAAC). Il y avoit à Paris, au commencement du
XVIIe siècle, un graveur nommé Isaac Briot, qui, contemporain de Leonard Gauthier et de Firens, gravoit dans la manière de Thomas de Leu, c'est à dire avec propreté, mais sans
goût, et il y a grande apparence qu'il étoit de la même famille que le Nic. Briot, dont il est ici question; peut-être
même, étoit-il employé comme lui dans les monnoyes, car
les graveurs d'alors avoient besoin de plus d'un métier pour
se soutenir. (*Notes sur Walpole.*)

— I. Briot avoit une fille, nommée Marie, qui gravoit
comme son père et dans la même manière. L'abbé de Marolles en fait mention dans son catalogue d'estampes, 8°,
page 92. — Le père se nommoit Isaac. (*Notes sur Walpole.*)

— Isaac Briot, contemporain de Leonard Gauthier, que je
présume avoir été employé dans les monnoyes, gravoit
comme lui au burin, mais avec tant de mediocrité et sur des
sujets si peu importans, que son nom, ainsi que celui de sa
fille nommée Marie, qui manioit pareillement le burin, sont
demeurés dans l'oubli, et, comme ce qu'on connoît de leurs
gravures n'est pas fort nombreux, il se peut faire qu'entraîné

---

primés dans le *Traité de la cour des monnaies*, de Germain Constant, parmi les Preuves, p. 175, 193 et 234. (*Note de Mariette.*)

(1) M. Dauban a publié dans la *Revue de numismatique* une étude
sur Briot, dans laquelle il s'est servi de ces notes sur Walpole,
dont nous lui avions communiqué la copie. On peut voir aussi sur
Briot l'opuscule de M. Henri Lepage : Nicolas Briot, graveur des
monnaies de la cour de Lorraine, 1860, in-8°.

par l'exemple de Nicolas, il travailla pareillement dans les monnoyes, ce qui paroît d'autant plus vraisemblable que nos graveurs, étant alors peu occupés, avoient besoin de plus d'un métier pour subsister. (*Notes sur Walpole.*)

BUONAROTI (MICHELE-ANGELO). Plusieurs enfans portent avec peine un cerf dans une chaudière où d'autres enfans font cuire des viandes. L'on en voit de l'autre côté qui foulent le raisin dans une cuve. Cette pièce, qui est un caprice de l'invention de Michel Ange Buonaroti, a été gravée en 1546 par Enéas Vicus, avec peu de succès. — La sçavante façon de dessiner de Michel Ange y est furieusement déguisée. — Il y en a une copie chez Lafreri en 1553, qui est fort inférieure encore à l'original de Vicus. Il faut que celui-ci ait gravé sa planche d'après quelque dessein qui n'étoit pas de la main de Michel Ange, car tout y est d'une manière insupportable, tandis que, dans le dessein que j'ai, il règne une legèreté et un goût exquis.

— *Comme Walpole reproche incidemment à Michel Ange une trop grande recherche anatomique, Mariette ajoute :* Voilà ce que valent à Michel Ange les artistes qui, avec un goût très borné, ont voulu l'imiter, et n'ont été, ainsi qu'il l'avoit si bien prédit, que des corrupteurs de sa grande manière. On le fait garant de leurs défauts, et l'on ne veut pas voir que cet homme incomparable n'a donné à la plupart de ses figures des attitudes difficiles, et où il étoit besoin de faire agir les ressorts des muscles, que parce qu'il y étoit entraîné par la sublimité de ses pensées auxquelles il n'étoit pas en son pouvoir de donner un frein, mais que cela ne l'empêcha jamais d'être soumis à la nature et de la représenter même avec finesse. (*Notes sur Walpole.*)

BURANI (FRANÇOIS). Silène couché par terre, au pied d'une

cuve de vin et au milieu de trois satyres. Gravé à l'eau forte par François Burani, de Reggio. Gio Batt. de Rossi formis in Romæ. Ce peintre a voulu imiter l'Espagnolet, et peut-être ce dernier en est-il l'inventeur.

BUTLER (SAMUEL). M. Walpole, en faisant cette addition dans la seconde édition de ses Anecdotes, ne s'est pas apparemment ressouvenu qu'il avoit déjà donné place dans ce même volume, en qualité de peintre et de dessinateur, au fameux Samuel Butler, auteur de Hudibras. En cultivant ces deux arts, on pouvoit croire que cet écrivain y avoit acquis de l'expérience et qu'il étoit bon à consulter. C'est sans doute ce que faisoit le lord trésorier Salisbury en s'adressant à lui, comme on le voit ici (*sur les travaux de sa maison d'Hasfield*), et peut-être le poëte s'émancipoit-il jusqu'à lui fournir des desseins de sa façon. Mais, quoy qu'il en soit, il est évident que le nouvel artiste doit être rayé de cette place et reporté à l'endroit où il étoit déjà parlé de Butler. (*Notes sur Walpole.*)

CACCIANEMICI (VINCENZO). Diane, allant à la chasse, armée d'un dard et accompagnée de chiens qu'elle mène en lesse. Cette pièce est gravée au burin par le même qui a exécuté la précédente; quelques uns veulent que ce soit Bonassone, mais il n'y a aucune apparence. Pour l'invention, elle a toujours passé pour estre du Parmesan. L'on assure pourtant qu'elle est d'un gentilhomme bolognois, qui étoit son élève et qui se nommoit Vincent Caccianemici. — Sur la terrasse, auprès d'une fontaine, on trouve ces deux lettres V. C., que Malvasia apprend être les premières lettres du nom de Vincent Caccianemici. Celuy cy estoit élève du Parmesan, et il y a grande apparence qu'il a fait ce dessein d'après quelque legère esquisse de son maistre, car, parmy les clair-obscurs, l'on en trouve un du Parmesan, qui représente cette même figure de Diane, et un autre qui représente le groupe de chiens. Peut-être que le Caccianemici, qui ne peignoit que pour son plaisir, n'a fait qu'y adjouter un fonds de son invention ; elle est gravée dans la même manière que la pièce précédente. Malvasia l'a mise au nombre des pièces de Bonasone, mais il en parle pourtant comme d'une pièce douteuse, et que plusieurs disent être de Vincent Cacciánemici.

CAGLIARI (PAOLO). Le clergé de la ville de Myre venant recevoir en cérémonie St Nicolas, son evesque. Gravé à l'eau forte par un anonyme, d'après un des tableaux du plafond de l'église de St Nicolas de Frari, à Venise.

— La république de Venise sous la figure d'une reyne assise dans un trosne au pied duquel sont représentées la Justice et la Paix. Gravé à l'eau forte par un anonyme, d'après un des tableaux du plafond de l'Anti-collegio de Venise.

— *A ces deux notes* : On croit que cet anonyme est M. Blanchard le fils. Du moins, c'étoit luy qui en avoit la planche.

— Des huit tableaux représentant des Vertus qui sont dans le plafond de la salle du Collége à Venise, quatre seulement ont été gravées par Le Fevre ; mais toutes les huit l'ont été par J. Barri. Voyez *Pitture di Venezia*, édit. de 1733, p. 105, avec un titre. Ils sont dans l'œuvre du roi.

CAMPAGNOLA (DOMENICO). L'estampe du sacrifice d'Abraham, gravée en bois, en quatre grandes feuilles, sur le dessein du Campagnole, se trouve presque toujours de mauvaise édition. Les bonnes sont celles où on lit dans un cartouche, au haut de la planche, cette inscription en lettres gothiques : La historia de Abraam, come per comanda — mento del signor Dio Abram meno Isaac — suo unigenito fiolo sul monte p. sacrificarlo al — signor Dio. Come nel Genesiis troverai a lo — XXII capitolo. Stampata in la Christianissi — ma cita di Venetia per Bernardino Benalio — e Bartholamio Bianzago compagni. Ces deux noms des éditeurs sont remarquables.

— S. Jean Baptiste montrant J. C. dans le désert. Très beau paysage que nous avons et qui est aussi chez le roy. Il est gravé en bois, sur le dessein du Campagnole, apparemment par Nicolas Boldrini de Vicence, car on trouve cette marque au bas de l'estampe, dans le coin à gauche : Nich° B. V. T., que j'explique : *Nicholo Boldrini Vicentino taglio*, et, de l'autre côté, sur la terrasse, les deux premières lettres du nom de Campagnola, D. C. Je suis comme asseuré que tous les autres paysages du Campagnole sont de ce graveur, qui est excellent. C'est de luy une Vénus du Titien qui tient l'Amour.

— La conversion de S. Paul. Il est renversé de cheval. Dieu descend du ciel, environné de nuées et luy ferme les yeux pour l'aveugler. Quatre de ses compagnons, à gauche, fuient; un autre, à droite, debout, tient un drapeau rompu. La composition de cette pièce est assez mauvaise, mais l'on y reconnoît cependant le goût vénitien. Elle est gravée en bois et mal exécutée. Sans nom ny marque. Elle est attribuée chez le roy au Titien, dans l'œuvre duquel elle se trouve; je la croirois plutôt du Campagnole, s'il falloit luy donner un nom.

— Paysage, gravé en bois, où St Jérosme paroît à l'entrée de sa grotte. Ce paysage est si beau et si bien touché qu'on le prendroit aisément pour estre du Titien, si l'on n'y voyoit au bas le nom du Campagnole. Il y en a même quelques uns, parmy ceux du Titien, qui sont gravés en bois dans la même manière, d'où l'on conjecture qu'il se sera servy du Campagnole, qui étoit son disciple, pour les graver. — C'est un merveilleux paysage. — A l'épreuve, qui est chez le roy et qui est parfaite, on lit seulement le mot DOMINICVS. Le mot CAMPAG. a été ajouté depuis, mais cependant fort peu de temps après que la planche eût été mise au jour.

—Un paysage, où l'on découvre dans le lointain une ville, dont la porte est défendue par une grosse tour quarrée, et, plus sur le devant, dans le chemin qui y conduit, une charrette attelée de deux bœufs; il est dessiné et gravé à l'eau forte par Dominique Campagnola, celuy de tous les disciples de Titien, qui en a le mieux touché le paysage; il y a même de ses desseins qui sont si bien dans la manière de son maître qu'il est difficile d'en faire la différence. Très excellent paysage. Sur la terrasse, ces deux lettres D. C., qui sont les premières du nom de Campagnole.

— Un berger couché négligemment par terre et jouant du chalumeau près d'un groupe de maisons, telles que le Campagnole en a mis dans ses paysages. Aussi cette petite pièce me paroît elle venir d'après lui. C'est un des premiers essais d'Augustin, Venitien qui y a mis sa marque.

— Un paysage, dont le fond représente la vue d'une ville bâtie sur le bord de la mer. Sur le devant est un berger qui garde ses troupeaux. Je le crois du dessein du Campagnole. On y trouve cette marque : 1570, I. P. C. Il est à l'eau forte et mal exécuté.

— Paysage où l'on voit sur le devant une femme assise par terre, près d'un homme qui joue de la vielle. Il est gravé en bois, et c'est un des plus beaux qui ayent été faits de cette sorte d'après le Titien. — Le feuillé des arbres est d'une legèreté merveilleuse. Il n'y a au bas ny nom ny marque, et je la crois plutôt du Campagnole que du Titien; mais, comme Valentin Le Febre a mis le nom du Titien au bas de la planche qu'il a gravé à l'eau forte, je l'ay rangé parmy ceux du Titien. Cependant, comme V. Le Febre s'est pu tromper, je croiray toujours, avec beaucoup d'autres, que l'invention en est du Campagnole.

CARLISLE (ANNE). *Comme Walpole raconte qu'elle trouva*

le moyen de faire le portrait d'une dame de qualité, en lui donnant des leçons de peinture et en étant derrière elle, Mariette ajoute : Sans doute qu'il y.avoit vis à vis de la dame une glace dans laquelle sa tête se miroit; on ne peut l'entendre autrement. (*Notes sur Walpole.*)

CARPI (UGO DA). Je ne doute pas que toute la suite des apôtres n'ait été exécutée en clair obscur par Ugo da Carpi, d'après le Parmesan, mais je ne l'ay point encore veu complette. Le roy en a seulement dix, sçavoir : Jesus Christ, *S. Pierre, S. Paul, S. André, S. Jean, S. Philippe, S. Mathias tenant une hallebarde, S. Barthelemy, S. Thadée et S. Simon.* — J'ay tous ceux qui sont soulignés. — M. le président de La Garde a la pluspart de ces petits apostres très beaux, imprimés en rouge, surtout le S. André. -- Je les ai eus.

CASSANA. *Comme Walpole parle, sous le nom de Cassini, d'un peintre contemporain du Ricci, Mariette met en marge :* Le veritable nom de ce peintre est Jean Antoine Cassana; voyez sa *Vie* dans le tome IV des portraits de peintres de la galerie de Florence. (*Notes sur Walpole.*)

CAUS (SALOMON DE). Je pense qu'il étoit Liégeois, et je présume, par les lieux où se sont faites les éditions et les dates qui les accompagnent, qu'après avoir été en Angleterre au service du prince Henry, il passa en Allemagne à celui de Frédéric, electeur palatin et roi de Bohême, et beau-frère de son ancien maître. La partie des mathématiques qui semble l'avoir occupé davantage est la mechanique et encore plus l'hydrostatique, qui a pour objet le mouvement des eaux. Il étoit aussi architecte, autant que cette science regarde la décoration des jardins. Ce fut lui qui, en cette qualité, ordonna celui de Heidelberg, fameux dans le temps par ses jets d'eau. Outre son traité de perspective, on a de lui : — Les raisons des forces mouvantes avec divers dessins de grotes et fontaines, et un traité de la fabrique des orgues, qui fait le 3ᵉ livre de cet ouvrage publié à Francfort en 1615, par Théodore de Bry; — les institutions harmoniques, Francfort sur le Mein, et dans la même année, f°; autant qu'il m'en souvient, ce livre contient la pratique de faire des orgues hydrauliques, ce qui étoit alors fort à la mode; — Hortus palatinus à Friderico rege Bohemiæ, elect. palat. Heidelbergæ inexstructus à Salomone de Caus, architecto, Francofurti, de Bry, 1620, f°; — la pratique et demonstration des horloges solaires, Paris, 1624, f°.

Outre Salomon de Caus, il y a eu un Isaac de Caus, aussi mécanicien, qui, lui étant postérieur de quelques années, peut avoir été son fils ou son frère cadet. Il fit imprimer à Londres un livre de sa composition, intitulé : *Nouvelles inventions de lever l'eau plus haut que sa source, avec quelques machines mouvantes, par le moyen de l'eau.* Londres, 1644, fol., fig. (*Notes sur Walpole.*)

CAVALLINI (PIETRO), *auteur du crucifix qui a parlé à Stᵉ Brigitte*. On auroit pu ajouter que ce crucifix miraculeux se voit dans l'église de Sᵗ Paul, hors des murs, à Rome. (*Notes sur Walpole.*)

CHAPRON (NICOLAS). Vierge considérant l'enfant Jesus à qui elle donne à teter, en demy corps. Cette pièce est de l'invention et de la graveure à l'eau forte de Nicolas Chapron, et n'est point certainement d'après le Titien, ainsy que le porte l'inscription qui est au bas : — Tisian pinxit Huar excud.; — elle n'y a été apparemment mise par celuy à qui appartenoit cette planche que pour en avoir plus de debit. — M. de

Tallard en avoit un dessein qu'on a vendu sous le nom supposé de Schedone.

CICCHINI (TOBIA). J'ay veu chez le roy, dans l'œuvre de
Bonasone, une estampe assez mal exécutée au burin, dans la
manière de Corneille Cort, d'après un peintre que je crois
disciple de Pompeo Aquilano. Cette estampe représentoit la
sainte Vierge ayant sur ses genoux le Christ mort, S. Jean
debout à ses côtés, et, à ses pieds, Sᵉ Madelaine pleurant à
genoux, le tout dans un paysage. Le nom du peintre y étoit
ainsy gravé : *Tobia Cicchini Aqlan9* (Aquilanus) *invent*.

CLARET (WILLIAM). Je connois une autre estampe infiniment plus belle et plus rare, qu'a gravée P. Lombart étant à
Londres, d'après un portrait peint par G. Claret. C'est celui
d'un Anglois nommé Samuel Malines. On le croiroit de P.
Lely, tant il est dans sa manière, et je doute que ce dernier
en ait fait de meilleurs. (*Notes sur Walpole.*)

CLEEF (JUSTE de). Le portrait qui est au Palais Royal peut
être celui d'un nommé de Groot, sans être celui du fameux
Grotius ; la faute vient de lui avoir donné le nom d'Hugues,
ce qui est, à la vérité, une bevue des plus grossières. (*Notes sur Walpole.*)
— Cet intitulé est celui de quatre vers latins de la composition de Dominique Lampsonius, qui se lisent au pied du
portrait de Juste de Clèves, dans la suite des portraits des
anciens peintres des Pays Bas, publiée chez Jerome Cock.
(*Notes sur Walpole.*)

CLEYN (FRANÇOIS). Il faut beaucoup rabattre des éloges
qu'on prodigue ici à Franç. Cleyn. Ce qu'il a gravé lui même,
ou ce qui l'a été sur ses desseins par Hollar, pour le Virgile

d'Ogilby, est d'un goût barbare tout à fait déplaisant. Les ornemens sont, à mon gré, ce qu'il a fait de plus passable. J'en porte ce jugement d'après les figures du Virgile, que j'ai actuellement sous les yeux, et d'après une suite de frises au nombre de dix, dont huit en travers et deux en hauteur, qui ont été publiées à Londres sous ce titre : *Varii Zophori figuris animalium ornati*, *per Franc. Cleyn*, 1645. (*Notes sur Walpole.*)

CLOCK (NICOLAS). Les cinq sens de nature, la veue, l'ouye, l'odorat, le goût et le toucher, représentés par des femmes qui en tiennent les attributs, en cinq pièces inventées par H. Goltzius, et gravées en 1596, les quatre premières par Nicolas Clock et la dernière par Corneille Drebbel. — Les bonnes impressions *Conradi Goltzius exc.*, celles d'ensuite *Petrus Overrait ex.* — Ce Clock, qui a, je crois, gravé une bonne partie des Métamorphoses d'Ovide, inventées par Henry Goltzius en 1589 et 1590, se nomme icy indifféremment *Nicolaus Clock*, *Cl. Clock* et *Clas Clock*; c'est que, comme je l'ay déjà remarqué en un endroit, *Clos*, en flamand, répond à Nicolaus.

COOPER (ALEXANDRE). Voyez Sandrart, par rapport à ce peintre qui lui fit voir de ses ouvrages à Amsterdam, où Sandrart demeuroit pour lors; c'étoit vers l'année 1642. (*Notes sur Walpole.*)

COQUES (GONZALÈS). Deux petits portraits, en pied, du roy Charles I et de la reine, son épouse, sont passés à Dresde. le feu roi de Pologne les ayant achetés en 1753 de M. de la Bouexière, fermier général. Dans le catalogue des tableaux de la galerie de Dresde, qui vient de paroître en 1765, on les donne, pour ce qui regarde les figures, non plus à Van Dyck, mais à Gonzalès Coques, et cela peut fort bien être. Ce peintre n'a pas la science de Van Dyck, mais il a peint dans sa manière, et il a mis dans sa touche le même procédé que Miéris; aussi le nomme-t-on le petit Van Dyck. (*Notes sur Walpole.*)

CORRÈGE (ANTONIO-ALLEGRI, dit le). *Un dessein très-précieux, colorié à gouazze, représentant la Ste Vierge assise avec l'enfant Jésus dans un paysage*(1).— 364. L. Silvestre. Je n'ay jamais peu me persuader que cette miniature, car c'en est une, fût de la main du Corrège. Je n'y vois aucune touche qui manifeste le maître. Elle me semble plustost une copie du tableau, à laquelle le temps, qui y a beaucoup travaillé, a donné un certain air de vétusté qui prévient. Mais on se désabuse aisément, lorsque l'on fait un examen sérieux du dessein; il estoit fort délabré en sortant de chez (*sans doute* Coypel). Je soupçonne que quelque main obligeante y a travaillé depuis. (*Catalogue Tallard*, n° 237.)

— *Vénus endormie, vendue 1000 l. sterling à la vente de Charles Ier.* Ce tableau est en France dans le cabinet du roi; le vrai sujet est Jupiter, transformé en satyre, qui surprend la nymphe Antiope endormie. (*Notes sur Walpole.*).

— *Le médecin du Corrège, gravé par Tanjé en 1775.* L'on ne donnoit point à ce beau portrait, lorsqu'il étoit en Italie, d'autre nom que celui de médecin de Corrège; on ajoutoit que l'on sçavoit par tradition que le peintre et le médecin avoient été liés d'une amitié étroite. Je ne doute nullement que ce ne soit le même homme pour lequel avait été peint, par le Corrège, le merveilleux tableau du mariage de S^te Ca-

---

(1) Ce dessin a reparu récemment à la vente du dernier baron de Sylvestre.

therine, qui est chez le roy, et que le Vasari nomme le docteur François Grilenzone, en lui appliquant la qualité d'intime
ami du Corrège. *Dottor* et *medico* sont en italien la même
chose. L'endroit où Vasari parle de ce médecin et de son tableau est celui où il fait la vie de Jerome de Carpi.

CUSTOS (DOMINIQUE). Il y avoit alors à Augsbourg un graveur d'Anvers qui s'y étoit établi, et qui se nommoit Dominique Custos. Il étoit fils de Pierre Custos, dit Baltens, peintre d'Anvers, et il y a grande apparence que le Jerosme
Custodio dont il est question ici étoit le frère du graveur,
beau père de Luc Kilian. (*Notes sur Walpole*.)

DIEPEMBECK (ABRAHAM). Le Temple des muses a paru en
1655 et non en 1663. Mais les desseins de Diepembeck doivent être d'une date fort antérieure, puisque Favereau, pour
lequel ils ont été faits, est mort en 1634. (*Notes sur Walpole*.)
— L'art de monter à cheval, par le duc de Newcastle (*dont
es planches reproduisent les peintures faites d'après nature,
par Diepembeck, des chevaux que ce seigneur avoit dans ses
écuries*), a été imprimé à Anvers en 1568. et est devenu un
livre extrêmement rare, presque toute l'édition ayant péri
dans un incendie. Il en a été donné de nos jours une nouvelle édition en 1737 à Londres, qui n'a point fait perdre de
prix à l'ancienne. (*Notes sur Walpole*.)
— Je connois deux portraits de Marguerite de Colchester,
épouse du duc de Newcastle. Dans l'un, cette dame est assise
dans un cabinet sous un dais, et dans l'autre, elle est figurée
debout dans une niche entre deux termes, celui de Minerve
et celui d'Apollon. L'un et l'autre ont été gravés par P. Van
Schuppen, d'après des desseins de Diepembeck, et ont été
faits pour être mis dans des livres qui ont été écrits en anglois
par cette duchesse, et ont été imprimés à Londres en 1668.

L'un des deux est intitulé : *Plays never before printed, written by Duchess of Newcastle*, London, 1668 (pièces de théâtre composées par la duchesse de Newcastle, imprimées à Londres en 1668). J'ai dans mes recueils une troisième estampe qui n'est pas moins rare que les précédentes, et qui a été pareillement gravée sur un dessein de Diepembeck. Elle représente le duc et la duchesse de Newcastle en conversation pendant l'hyver avec leurs enfans, qui, comme eux, sont assis et forment un cercle au devant d'une cheminée à laquelle ils se chauffent. Le duc et la duchesse ont sur la tête des couronnes de laurier. Cette estampe est un ouvrage de Pierre Clouwet ; elle est, pour la forme, semblable à celles qu'a exécutées Van Schuppen, et paroît avoir eu une pareille destination (1). (*Notes sur Walpole*.)

DIETRICH (CHRISTIAN). Deux tableaux peints par Corneille

---

(1) Elle a été faite pour le livre rarissime : *Nature's picture drawn by Fancy's pencil to the life,* London, 1656, folio. L'exemplaire qui s'en trouve au British museum, dans la collection Grenville, a l'estampe de Clouwet, dont une épreuve séparée s'est vendue 64 livres 1 schelling à la vente de sir M. Sykes. Lord Egerton a réimprimé ce livre à cent exemplaires, à son imprimerie particulière de Lee Priory. Quant à ce que dit Mariette des enfants de la duchesse, il lui était bien permis de se tromper, et le docteur Lort, décrivant en Angleterre cette gravure, a commis la même erreur; en réalité, la duchesse n'eut jamais d'enfants, et son mari n'en avait eu qu'un de sa première femme. Ces autres personnages restent donc un problème. Du reste, on peut voir sur la vie et les ouvrages de la duchesse de Newcastle un excellent article de la nouvelle *Retrospective Rewiew*. London, Russell Smith, in-8°, 1853, n° d'août, p. 332-50. Nos lecteurs feront bien d'y recourir, car, outre la curiosité de ses ouvrages, la duchesse de Newcastle a été un noble caractère, et forme avec lady Russell, dont M. Guizot a parlé dans une étude récente, et avec mistress Hutchinson, qu'on trouve dans les mémoires écrits par elle sur la vie de son mari, une trinité de femmes profondément honnêtes, courageuses et dévouées, qui repose des débauches éhontées de la scandaleuse cour de Charles II.

Boys, dont on a des estampes qu'a gravées Moitte, étoient dans le cabinet du comte de .Bruhl, et c'est en imitant ces compositions et ne s'en écartant que dans certains détails, que Dietrich a gravé en 1745 ces deux morceaux. Il les a beaucoup améliorés, mais pour le fond c'est à peu près la même chose. Les compositions lui ont plu, et il n'a pas fait difficulté, comme on voit, de se les approprier. (*Note publiée dans le Journal de Wille*, I, 354.)

DIETTERLIN (VENDELIN), mort en 1597, âgé de 49 ans, étoit de Strasbourg, et par conséquent Allemand et non pas Flamand. M. Walpole lui donne trop gratuitement le titre de fameux architecte ; il ne le mérite jamais. Il a défiguré l'architecture en la surchargeant d'ornemens lourds et d'un goût barbare dont on ne peut supporter la veue. Son ouvrage sur l'architecture consiste en desseins de fenêtres, de portes, de cheminées, de tombeaux, de fontaines, etc. Il a été imprimé à Nuremberg en 1598, in folio. Dietterlin en a gravé lui même les planches, et l'on trouve son portrait à la tête. (*Notes sur Walpole.*)

DOBSON. Outre le portrait de Dobson, gravé à l'eau forte par lui même et qui est digne de Van Dyck, il y en a un autre, gravé depuis peu en manière noire par George White. (*Notes sur Walpole.*).

— La place de sergent-peintre qu'il eut est presque sans fonction et plus lucrative qu'elle n'est honorable. Elle est distincte de celle de premier peintre du roi ; celui qui en est pourvu présidoit autrefois aux divers ouvrages de peinture qui se faisoient pour la cour. (*Notes sur Walpole.*)

— Dobson a peint le portrait d'Endémion Porter, et l'on en a l'estampe gravée par G. Faithorne, qui, dans cette planche, ainsi que dans celle du portrait du prince Robert, aussi d'après Dobson, a suivi une manière de graver très différenté de la sienne. Il n'y employe guère qu'une seule taille. L'auroit-il fait pour se conformer au goût de Dobson ; car ce sont, à ce qu'il paroît, les deux seules planches de son œuvre où il en use ainsi. En tout cas, il a fait sagement de s'en tenir à ces deux morceaux. Il auroit perdu de sa réputation, s'il en eût fait davantage dans ce genre. Cela n'empêche pas cependant que les deux portraits ne soient curieux et rares. (*Notes sur Walpole.*)

DU PÉRAC (ETIENNE). Paysage où l'on aperçoit, dans le fonds d'une forêt, des cerfs en rut qui se battent, et, sur le devant, des chasseurs, dont il y en a un qui porte des réseaux. Autre, où sont représentés, sur le devant, deux voyageurs à cheval, qui s'entretiennent ensemble en marchant. Ces deux paysages sont gravés à l'eau forte par Etienne Du Pérac ; ce sont des meilleurs qu'il ait faits. On les tient du dessein du Titien ou du Campagnole.

— Six paysages de la même forme et de la même grandeur. Ils ont été gravés à l'eau forte par Etienne du Pérac, disciple du Titien ; les desseins même en paroissent estre de luy, quoyqu'attribués par quelques uns au Titien.

DU SART (FRANÇOIS). Il fut surnommé le Valon, parce qu'il étoit originaire du Haynaut, et Sandrart, qui lui a donné place dans son livre des peintres, nous apprend qu'étant venu à Rome, cet artiste fit de rapides progrès dans l'art de la sculpture. Il avoit, dit-il, un génie des plus féconds, et le roi d'Angleterre (Charles Ier) le fit venir à Londres, et lui donna à restaurer diverses statues antiques. Les troubles qui agitoient l'Angleterre l'obligèrent d'en sortir, et il alla chercher une retraite à la Haye. Le prince d'Orange l'accueillit et lui ordonna plusieurs figures pour en orner un de ses jardins. Il fit aussi en marbre le buste de Pierre Spirinx, envoyé de Suède en Hollande, et celui de son épouse, qui, comme son mary, étoit passionnée pour les ouvrages de l'art. Sandrart, p. 349. Corneille de Bie place sa mort en 1661, à Londres. Est-ce qu'il y seroit retourné? Dans tous les cas, ce seroit ici que son article auroit dû trouver place, et non dans le tome 3ᵉ de ces Anecdotes, où ce qu'on dit sur son sujet n'est pas exact. *Mariette avoit de plus écrit en marge :* Voyez ce que M. Walpole en écrit, tome 3, pour n'y avoir aucun égard. (*Notes sur Walpole.*)

FALCO (ANGELO). Une sirène domptant des chevaux marins, et une néréide portée sur le dos d'un triton; gravé à l'eau forte par Ange Falco, d'après un dessein attribué au Parmesan. — L'on en a des épreuves sans le nom du graveur, et d'autres, où il est écrit ainsy au bas de la planche : *Anglo Falco.* Je ne la crois pas d'après le Parmesan; elle paroist plustost d'après le Moro; elle est même gravée dans sa manière, et peut être que ce Falco est un de ses disciples.

FANELLI (FRANCESCO). On auroit pu citer Sandrart qui a parlé de cet artiste à la page 349 de ses *Vies des peintres.* Ce fut, selon lui, une figure d'yvoire représentant Pygmalion qui procura à Fanelli la connoissance de Charles Iᵉʳ. Celui-ci le fit venir à sa cour, où il fut occupé à faire divers ouvrages, et entr'autres des vases, tant en yvoire qu'en marbre, enrichis d'ornemens fantastiques, que je ne présume pas avoir été de fort bon goût, mais dont l'exécution pouvoit avoir son mérite; car, dans les figures en bronze, Sandrart remarque qu'on ne pouvoit rien faire de plus achevé, comme il n'étoit pas possible de les fondre plus mince ni avec plus de dextérité. Il n'en connoissoit point, à ce qu'il dit, de mieux réparées, et c'étoit ce qui l'avoit engagé à en mettre plusieurs dans son cabinet. (*Notes sur Walpole.*)

— Les planches mises au jour à Paris, par Van Merle, en 1661, qui sont toutes des desseins de fontaines pour des jardins, comme on les faisoit alors, ne sont pas assez bien gravées pour être de Faithorne, et je ne doute point qu'elles ne l'ayent été par Van Merle, qui en fut aussi l'éditeur. On ne peut prendre sur ces desseins qu'une fort mauvaise idée de Fanelli. Il y montre fort peu de génie. (*Notes sur Walpole.*)

FINIGUERRA. Hercules combattant contre un serpent. Cette figure est dessinée assez correctement et gravée dans la manière d'André Mantègne. — On lit près de cette figure: Divo Herculi invicto, dont les lettres sont arrangées sur une colonne; au dessous du serpent, l'on voit ces trois autres lettres : I. F. T., ce qui me fait croire que cette pièce n'est point d'And. Mantègne, ces 3 lettres n'ayant aucun rapport avec son nom; je crois plustost que ces trois lettres sont à rebours, et qu'il faut lire ainsy : T. F. I., auquel cas ce seroit la marque de Maso Finiguerra, car Maso en italien est le diminutif de Tomaso, comme Cecho l'est de Francesco, Sandro d'Alessandro, etc.; alors cette marque voudroit dire : Tomaso Finiguerra incidit. Si c'est de lui, et que cette découverte ait lieu, ce premier inventeur de la gravure étoit très-habile, car on ne voit pas de choses d'And. Mant. qui soient aussy bien, et le Pollajolo n'en approche pas; j'ay changé l'épreuve qui y étoit en une autre très-parfaite.

FLAMEN (ALBERT). Ce peintre avoit acquis la pratique de dessiner à la plume avec beaucoup de propreté, ce qui se reconnoît dans tout ce qu'il a gravé. Outre ses paysages et autres morceaux qu'on trouvera icy, il a encore gravé des oyseaux et des poissons, qu'on a inséré dans le recueil qui comprend tout ce qui a été gravé en France dans ce genre.

FONTANA (BAPTISTE). S. Jean Baptiste, assis au pied d'un

arbre dans sa solitude, regardant le ciel et mettant les mains en croix sur sa poitrine. Gravé à l'eau forte par Baptiste Fontana, d'après un dessein qui est peut-être aussi de son invention, quoyque quelques uns le croyent du Titien. — Le nom de Fontana n'y est pas, mais elle est seurement de luy, et je crois même qu'il en est l'inventeur.

— Sept paysages gravés à l'eau forte par Jean Baptiste Fontana, de Vérone, et il y a apparence qu'ils sont aussy de son invention; on ne les a rangés à la suite de ceux du Titien, que parce que quelques uns prétendent qu'il en a fourny les desseins. Il y a représenté dans tous des sujets de la vie de Jesus Christ, ou des paraboles.

FRANÇOIS *premier*. Où M. Walpole a-t-il pris que François 1er avoit peint? Je ne sache personne qui l'ait dit avant lui (1). (*Notes sur Walpole.*)

GERBIER D'OUVILLY (BALTHAZAR). *Comme Walpole le fait naître en* 1591, *Mariette ajoute* : Sandrart, qui lui a donné une place dans son livre des *Vies des peintres*, le fait naître à Anvers en 1592. Il lui fait faire le voyage d'Italie, et nous apprend que son talent étoit de peindre à gouache sur le velin. — On trouve cette date : æt. 42, anno 1634, sur son portrait gravé par Paul Pontius, d'après Van Dyck, et, suivant ce calcul, l'on doit reculer sa naissance en 1592.

— *Comme Walpole le dit né en* 1591, *Mariette remarque* : On trouve cette date: æt. 42, ann 1634, sur son portrait gravé

_____

(1) Walpole l'avait certainement pris dans le *Lomazzo, Idea del tempio della pittura*. L'un de ses fils, Henri II, a touché à la sculpture, et c'est en modelant des figures que sa jeunesse prisonnière essayait de tromper les ennuis de sa captivité. (Voir Jubinal, Rapport sur la Bibliothèque de la Haye, in-8°.)

par Paul Pontius, d'après Van Dyck, et, suivant ce calcul, l'on doit reculer sa naissance en 1592. (*Notes sur Walpole.*)

— La faute (*celle qui lui fit perdre la faveur du duc de Buckingham*), supposé qu'elle ait été réelle, fut sans doute oubliée, car, lorsque Gerbier se fit peindre par Van Dyck en 1634, six années après la mort funeste du duc de Buckingham, il a soin de se faire mettre dans la main un papier avec cet écrit : *Vivat memoria Buckingamii*, qui expose aux yeux de tout l'univers ses sentimens et donne une assurance que la mémoire de son bienfaiteur ne sortira jamais de son cœur. Voyez son portrait, gravé par Paul Pontius, dans la suite des cent portraits de Van Dyck. (*Notes sur Walpole.*)

— L'inscription au bas de son portrait gravé par Paul Pontius, dit pareillement qu'il fut envoyé par le roi à Bruxelles avec le titre de son agent : *Bruxellas prolegatus*, et que ce fut en 1609, immédiatement après que la paix eût été signée entre l'Espagne et les États généraux. (*Notes sur Walpole.*)

GIORGION. L'archange S. Michel accompagnant Sᵉ Marguerite qui se présente à genoux devant l'enfant Jésus qui est entre les bras de la sainte Vierge. Gravé au burin chez G. Vallet, par un graveur françois, que l'on croit estre Andriot, d'après un tableau du Titien composé dans la manière du Giorgion. — Elle paroist plustost d'après le Giorgion que d'après le Titien.

GRIMALDI, dit le BOLOGNÈSE. Une suite de quatre grands paysages, gravée à l'eau forte par Francisque Grimaldi, Bolognois. Il étoit disciple des Carraches, et s'étoit formé dans leur école une excellente manière de dessiner le paysage. L'on en peut juger par ces quatre morceaux, où il a pris un grand soin, et qui sont de ses meilleurs ouvrages. Le nom du

Titien se trouve écrit au bas de chacun, comme si il en étoit l'inventeur. Ce ne sont pourtant là ny ses sites ny ses choix d'arbres, et, s'il est vray que le Bolognèse les ait gravés d'après des desseins de ce grand maistre, il est encore plus vray qu'il en a déguisé la manière à ne pouvoir la reconnoître. — A toutes, *Ticiano Venetia*, et mesme à quelques uns ces deux mots écrits à la pointe par le graveur mesme. L'on trouve à un seul, c'est celuy où il y a des gens qui jouent aux dés, cette marque GF. G, qui sont les premières lettres du nom de Grimaldi; pour moy, je crois que le Titien n'en est nullement l'inventeur.

GUAY. *A propos d'un camée antique représentani le nom de Cupidon et de Psyché, Mariette ajoute :* M. Guay, graveur du roy en pierres fines, qui a vu et examiné ce camée, et qui est très capable d'en juger, n'en pense pas si avantageusement. Il m'assure que le travail n'est pas du premier beau, qu'on n'y trouve point cette finesse de touche ni cette élégance dans les formes qui rendent si admirables plusieurs anciens morceaux de gravure qu'il seroit aisé de citer. — Le principal mérite de celui-ci consiste, selon lui, dans le sujet qui est tout à fait agréable et dans la difficulté du travail, les figures en étant extrêmement saillantes, ce qui n'a pu se faire qu'avec un tems prodigieux et une égale patience. — Ce camée singulier, et toute la collection des pierres gravées du comte d'Arondel, appartiennent présentement au duc de Malborough. (*Notes sur Walpole.*)

HONTHORST (GERARD). Le portrait de Frederic Henri, prince d'Orange (1), celui de son épouse, de ses cinq enfans,

---

(1) Honthorst passa ses derniers jours au service de ce prince.

de son gendre et de sa belle fille, au nombre de neuf, for
ment une suite d'estampes qui ont été gravées par Corn.
Vischer, sous la conduite de Pierre Soutman en 1649, d'après
les tableaux qu'en avoit peint Gérard Honthorst. (*Notes sur
Walpole.*)

JAMESON (GEORGES). M. Walpole, pour s'accommoder au
goût de sa nation, rapporte tout au long les différents articles qui concernent Jameson, tels qu'ils sont couchés dans le
manuscrit du chevalier Colin Campbell; j'ai pris sur cela
mon parti; j'ai cru qu'un extrait suffisoit; il apprend tout ce
qu'on peut desirer de savoir. (*Notés sur Walpole.*)

LANA (LODOVICO). Hercule combattant contre le lyon de la
forêt de Némée. Gravé à l'eau forte par Louis Lana, peintre
de Modène. A en juger par cette pièce, ce peintre dessinoit
assez bien, quoyqu'un peu chargé. Il gravoit de chair et avec
liberté de pointe, ce qui feroit croire qu'il n'a pas gravé pour
cette seule pièce. Dans le Vidriani, que j'ay, quelqu'un y a
adjouté que ce peintre avoit gravé plusieurs morceaux de son
invention. — Voyez cy dessous la confirmation de cecy. —
Sa marque est au bas de l'estampe.

— Une sainte famille en demies figures. La Se Vierge y est
représentée lisant dans un livre qu'elle tient de la main
droite. L'enfant Jésus debout, qui est près d'elle, soulève le
voile dont la tête de sa sainte mère est couverte, et St Joseph,
sur la droite de l'estampe, paroît s'appuyant sur un bâton.
On voit au haut, dans l'angle à gauche, une tête de chérubin, et l'on trouve écrit au bas : *Lodoco Lana in.*, qui est le
nom de l'auteur, peintre de Modène, mort dans le milieu
du dernier siècle; c'est un joli morceau, bien composé,
dans le goût de l'école de Bologne, et très spirituellement
touché.

LANIER (NICOLAS), car c'est ainsi que je trouve son nom écrit dans l'intitulé de son portrait gravé par Lucas Vostermans, d'après Jean Lyvyns. Voici comme il est conçu :

« Nicolas Lanier. In aula serenissimi Caroli, Magnæ Britanniæ regis musicæ artis directori, admodum insigni pictori, cæterarumque artium liberalium, maximè antiquitatum Italiæ, admiratori summo, Mæcenati suo vivicè colendo. »

Son portrait le représente jusqu'aux genoux, assis, la tête découverte, ayant son chapeau devant lui et ayant dans la main droite une baguette, qui, sans doute, est la marque de sa charge d'intendant de la musique du roi. C'est un bel homme d'une physionomie pleine de douceur, et qui tient beaucoup de celle du roi son maître.

On ne sait lequel des trois, du peintre, du graveur, ou du marchand Martin Van Enden, est auteur de la dédicace. Leurs noms sont sur une même ligne, quoiqu'à différentes distances, au bas de la dédicace. Mais je pencherois vers Vostermans par préférence, attendu ses liaisons avec Lanier, qui lui fit graver dans la suite plusieurs de ses desseins.

Quant au peintre Jean Lyvins, il n'est pas certain qu'il ait mis le pied en Angleterre. Il a pu peindre Lanier dans un des voyages que celui-ci faisoit assez souvent pour aller à la piste des acquisitions de tableaux et d'autres curiosités dont il étoit chargé par le roi Charles I. Il est pourtant vrai que le portrait d'un musicien attaché au roi Charles, que Livins a peint et gravé, sembleroit réaliser un voyage fait par lui à Londres, car voilà l'inscription qui est au pied :

« Jacobo Goettero, inter regios Magnæ Britanniæ Orpheos et Amphiones, Lydiæ, Doriæ, Phrygiæ testudinis tibicini et modulatorum principi, hanc e penicilli sui tabula in æs transcriptam effigiem Joannis Lævini fidæ amicitiæ monumentum L. M. consecravit. »

La planche gravée par Lyvins à l'eau forte a été terminée par J. Vostermans.

— L'inscription étant au pied de son portrait gravé par Vosterman, d'après Van Dyck, donne à Lanier la qualité de directeur de la musique du roi Charles I.

— « M. Roose le joaillier, possédoit, dit Walpole, toutes les planches que Lanier a gravées lui-même à l'eau forte, d'après différents desseins des grands maîtres. » Lanier, c'est ainsi qu'il signoit son nom, et non pas Laniere, ne les a pas toutes gravées. Il n'y a de lui dans la suite qu'environ quinze morceaux, tous fort petits; le surplus est de Luc Vosterman, je crois le jeune, et presque tout vient d'après des desseins du Parmesan, qui appartenoient au comte d'Arundel, et que possède actuellement M. Zauetti à Venise. Il y a toute apparence que M. Walpole n'a parlé de ces planches que sur un faux rapport qui lui en a été fait, car l'inscription dont il fait mention n'est point telle qu'il la rapporte. La voici copiée exactement : *Prove prime fatti a l'aqua forte da N. Lanier, a l'età sua giovenile di sessanta otto anni 1636.*

— J'ai trouvé, parmi d'anciens papiers de famille, un billet que Nicolas Lanier écrivoit à François Langlois, dit Chartres, premier mari de mon ayeule, lequel étoit alors à Londres, et y avoit apporté des desseins dont il faisoit commerce. Cette lettre, assez courte pour que je la puisse insérer ici en entier, est conçue dans des termes qui décèlent, dans celui qui l'écrit, la passion dont il étoit dévoré pour cette espèce de curiosité. Elle est en italien, qui étoit la langue naturelle de Lanier. La voici :

« Caro mio padrone amantissimo.   S'io fossi stato sano
« questi giorni passati, sarei andato a Londra a trovarla a
« posta, con speranza di veder i bei disegni : ma dubbio che
« già il sig. Conte ne habbia portato via ogni cosa, se no

« avertisca V. S. che il signor Porter (1) desidera comprarne
« quantita, anch'io trovero qualche oro a spendere, ma, ma,
« ma che i disegni siano buoni, buoni, buonissimi. Che V. S.
« mi mandi dove sia allogiata, et il primò che posse la tro-
« verò ; nel resto, resto de V. S. molto Illa servitore affet^{mo},
« Nicolo Lanier. — Chiswike, 8^b 9 1637. A monsieur, mon-
« sieur Chartres, à Londres. »

— *Walpole disant :* R. Simonds, en parlant de Nic. Lanier,
dit qu'il étoit : « Innamorato d'Artemisa Gentileschi che pin-
geva bene, » *Mariette ajoute :* Mais cela ne veut rien dire :
cette manière de parler est dans la bouche de tous les curieux
et ne peut s'entendre que des ouvrages, et non de la personne.

LAUTHIER (M^r), qui traita avec le roy (2), étoit avocat au
conseil et secretaire du roy ; son cabinet, où je me souviens
d'avoir vu beaucoup de pièces de marine de Puget, fut vendu
après sa mort, en mars 1720.

LANFRANC. Neptune et Thétis portés chacun sur les eaux
dans leurs chars marins, et dans le haut est représentée une
femme en l'air qui répand des roses et d'autres fleurs, pièce
allégorique, gravée par Fr. Villamène. — Avec ces mots :
Hinc amor, inde timor. Par allusion aux armes du cardinal
Fabrice Veralli, à qui la pièce est dédiée. — D'après J. Lanfranc. — M. Crozat en avoit le dessein.

LE BLOND. Il se nommoit Michel et passoit pour être un

---

(1) Il est question d'Endemion Porter, huissier de la chambre de
Charles Ier, et grand ami de Van Dyck, ainsi qu'on le peut voir ci-
devant dans la vie de ce grand peintre.   (*Note de Mariette.*)
(2) Pour la vente du cachet de Michel Ange.

bon connoisseur. C'étoit l'oracle des curieux de son tems. Ils ne faisoient rien sans le consulter. On a son portrait peint par Van Dyck, et gravé par Th. Matham. Il y prend la qualité d'agent de la reyne et couronne de Suède en Angleterre. (*Notes sur Walpole,* dans l'article Rubens.)

LILLY (WILLIAM). M. Walpole, dans la vie de Dobson, donne à M. Lilly la qualité d'astrologue. Le party de Cromwell s'en servit avec avantage pour affermir le peuple dans l'idée où il étoit que la cause qu'il défendoit étoit celle de Dieu. Chaque année il publioit un almanach, où il annonçoit des victoires sur les royalistes. Il paroît, par la façon dont il s'exprime sur le compte du roy Charles, lorsqu'il en fait le portrait, qu'il se plioit volontiers aux circonstances, et c'est véritablement la marche qu'ont tenue, dans tous ces jours, ces sortes de charlatans. (*Notes sur Walpole.*)

LE MOYNE. Que n'a-t-on eû en France les mêmes attentions? On n'y verroit pas terni, comme il est, le beau plafonds peint par Le Moyne, dans le sallon d'Hercule à Versailles. (*Notes sur Walpole.*)

LUYCK (FR.). L'ange annonçant à la sainte Vierge qu'elle a été choisie pour être la mère du Sauveur. La Vierge à genoux, et à la droite de l'estampe, se détourne de sa prière pour écouter l'ange qui est de l'autre côté du tableau. Il y a dans l'air deux petits anges, dont l'un répand des fleurs. Cette estampe est passablement gravée au burin par Franc. Van den Steen, que l'empereur avoit fait venir à Vienne dans l'intention de lui faire graver les tableaux de son cabinet, et voilà pourquoi il prend sur cette gravure la qualité de graveur de Sa Majesté Impériale. Il n'y a point d'autre nom d'artiste aux premières épreuves que celui du graveur Vanden

Steen. On la donne à Rubens dans la collection des estampes de ce maître, qui est chez le Roi, et je ne suis pas éloigné de le croire. La planche a été gravée sur le dessein de Fr. Luyck, qui étoit pour lors garde des tableaux de l'Empereur. Ce dernier ne tarda pas à faire mettre son nom sur le cuivre, et de l'accompagner du mot *delineavit*, ce qui signifieroit seulement qu'il avoit fait le dessein pour la gravure, et j'ai le soupçon qu'il la put faire d'après un tableau de Rubens qui étoit alors en sa possession, tant la manière de Rubens y est imprimée avec des caractères reconnoissables. L'estampe n'est pas méprisable, et il n'est pas aisé d'en rencontrer des épreuves. On ne sait à Vienne ce qu'est devenue la planche, non plus que toutes celles que Vanden Steen a gravées pendant son séjour à Vienne. Elles devroient se trouver dans le trésor de S. M. I., et peut-être y sont-elles pour n'en sortir que mangées de vert-de-gris. — Au bas, quatre vers latins commençant par ces mots : Anxia ne timeas, etc. Francisco de Steen S. C. M. sculpsit. — Cette estampe est véritablement gravée sur le dessein de Fr. Luyx. L'épreuve que j'ai eu autrefois, et que j'ai cédé à M. le prince Eugène, portoit son nom, ainsi gravé sur la planche : Fran. Luycx S. C. M. pict. delineavit. Ce Luycx étoit peintre de l'Empereur, et, je crois, garde de ses tableaux.

MAZZOLA (FRANCESCO). Saint Jean-Baptiste assis dans le désert, dans une attitude qui fait connoître qu'il annonce la parole de Dieu. Cette pièce, qui est du dessein de Raphael, et dans le goût du Parmesan, est admirablement bien dessinée ; on l'attribue ordinairement à Marc Antoine, mais l'on y reconnoist pourtant mieux la manière de graver de Silvestre de Ravenne. Quoy qu'il en soit, elle est de la plus grande rareté, et si belle épreuve que la croix que tient le saint n'est pas encor achevée de graver. — J'en ay veu chez le Roy deux autres épreuves que l'on avoit rangées dans l'œuvre du Parmesan, et, pour moy, je croirois assez volontiers qu'elle est de son dessein. Ces deux épreuves étoient de la qualité de celle-cy, c'est à dire que la croix que tient le saint n'estoit pas encore ombrée, d'où l'on peut conjecturer que la planche a été laissée par le graveur en cet état.

—Mars assis sur un lict, près de Venus, qui alaite l'Amour, et qui, dans une attitude fort lascive, se jette entre ses bras. Cette pièce, qu'on croit être d'après le Parmesan, est gravée avec beaucoup de soin, mais avec trop de dureté, ce qui la rend peu gracieuse. — Au bas, quatre vers italiens, dont le premier commence : Qui tra Venere. Au haut de la planche, Æ V. Cette pièce est gravée dans la même manière que celle qui suit; je ne doute nullement qu'elle ne soit du même temps. — Elle avoit été gravée précédemment, en 1539, par J. Bapt. Mantuan, et Vasari en parle. — M. Crozat a, parmi ses desseins, un dessein, qu'on dit être du Fattore, semblable à cette estampe pour la composition. S'il est vray que ce dessein soit du Fattore, comme il y a apparence, l'estampe est donc aussy d'après le peintre, et je la crois en effet plustost de luy que du Parmesan.

— Le dieu Mars jouissant des embrassements de Vénus, pendant que Vulcain est occupé à travailler à sa forge. Gravé en 1543 par Enéas Vicus, d'après Fr. Mazzoli, connu sous le nom de Parmesan. Cette estampe, — qui n'est pas une des moins considérables de l'œuvre, — est fort rare, ce qui vient de ce qu'étant traitée trop licentieusement, on en a beaucoup détruit par principe de conscience; dans la suite, on a fait des corrections pour la rendre plus supportable aux yeux délicats.

—Lucrèce assise au pied de son lict, ayant à la main le poignard dont elle va se percer le sein. Gravé d'après un tableau de François Mazzuoli, qui a été fort célèbre. L'estampe n'en donne pourtant pas une grande idée. Au pied, quatre vers italiens commençant ainsi : Mentre che, etc. — E. V. Fran. Par. inventor. Aux secondes épreuves, le nom de Ant. Salamanca exc. — Elle fait pendant avec la Venus et Mars cy dessus.

MORO (BATTISTA del). La vestale Tucia portant de l'eau dans un crible pour preuve de sa virginité; elle est prête à entrer dans le temple de Vesta, et la Victoire descend du ciel et luy prépare une couronne. Cette pièce paroist plutôt de l'invention de quelque peintre de l'école vénitienne que de celle du Parmesan. On y trouve beaucoup de la manière de Batiste del Moro. Sans nom ny marque; mais je suis cependant comme asseuré qu'elle est gravée par Batista del Moro, et peut-être de son invention. C'est sa manière de prononcer les bouches, les yeux et autres parties; c'est sa manière de traiter les plis de ses drapperies; il n'y a qu'à les reconfronter avec quelqu'une des pièces gravées à l'eau forte, où il a mis son nom; celles cy sont, à la vérité, mieux gravées, mais c'est que le Moro n'avoit pas la même pratique du burin que de l'eau forte, et encore, dans les pièces qu'il a gravées à l'eau forte, il y a de certains endroits retouchés au burin, qui font bien connoistre que les pièces gravées entièrement au burin, qui sont ici, sont aussi de luy. La Vierge, qui est cy dessus, est gravée précisément dans la même manière que cette pièce de la vestale Tucia; je suis très persuadé qu'elle est pareillement de Batista del Moro.

— Deux femmes assises près d'un édifice ruiné, ayans entre leurs bras un enfant auprès duquel se rendent la Victoire et la Paix, celle cy tenant un rameau d'olivier, l'autre descendant du ciel et apportant une couronne et une palme; l'on n'oseroit asseurer que cette composition allégorique soit de l'invention du Titien, quoyque plusieurs le prétendent; ce qui est de certain, c'est qu'elle ne peut estre que d'un mais-tre vénitien. On la croit même gravée par Baptiste, surnommé del Moro; elle est à l'eau forte. — Sans aucuns noms d'artistes; peut estre de l'invention de B. del Moro. Je ne comprends pas quel peut estre le sens du sujet.

— Le martyre de S¹ Faustin et de S¹ Jovite, patrons de la ville de Bresse; ces deux saints étant liés sur le chevalet, que deux bourreaux font marcher en le tirant à eux avec une corde. — Sans aucuns noms d'artistes. Au bas, la vie de ces saints en latin et en italien : Venetiis apud Lucam Bertellum. Rare. — Quoyque cette pièce soit traitée dans la manière du Titien, l'on n'oseroit cependant asseurer qu'elle soit de son dessein; l'on n'en connoist pas même le graveur, à moins que ce ne soit Baptiste del Moro, et alors il pourroit en estre aussy l'inventeur. Elle est gravée à l'eau forte, d'une manière pictoresque et artiste.

— Un homme portant dans une hotte trois de ses enfans, dont il y en a un qui luy ôte le chapeau de dessus la teste, et un autre qui agace un chien en luy montrant des verges, ce qui renferme une énigme, dont le sens est que les enfans se servent souvent du crédit de leur père pour faire impunément des insultes. Au reste, cette pièce est gravée à l'eau forte par un anonyme, que l'on préjuge être Baptiste del Moro, et l'on ne doutte point que le dessein n'en soit du Titien. Au bas, ces deux vers italiens :

Spesso al figliuol d'ingiuriar baldanza
Da il sostegno del padre et la possanza.

Ap. Gio. Fran. Camocio. Rare et belle.

MORO (MARC AGNOLO del). Le jardin de l'Amour, d'où Vénus et son fils chassent un vieillard. Cette pièce est du nombre de celles dont l'invention est attribuée par quelques uns

.au Titien, quoyqu'on la puisse donner avec plus de vraisemblance à Marc Agnolo del Moro, que l'on en croit aussy le graveur. — L'on voit un peu plus loin, à l'ombre d'un arbre, des femmes qui font un concert d'instrumens, et un jeune homme qui y préside. Au bas, huit vers italiens, qui commencent :

Quest'è il giardin del vago dio d'amore, etc.

Il n'y a aucuns noms d'artistes; elle est à l'eau forte, et je la crois assez de l'invention et graveure de Marc Agnolo del Moro.

. NOLPE (PIERRE). J'ai vu des cartouches oblongs, faits pour accompagner et être mis au pied des trois belles estampes qui ont été gravées par Pierre Nolpe, et dans lesquelles se trouvent représentés en trois temps le commencement, le milieu et la fin du risque que courut le prince de Nassau, surnommé le Brasilien, lorsque, voulant entrer dans la ville de Franecker, le pont-levis sur lequel il falloit passer manqua sous lui et le mit en danger de se noyer, lui et sa suite, dans le fossé plein d'eau que ce pont traversoit. Ces cartouches renfermoient des vers latins, sur une colonne, et des vers hollandois, de la composition de Van Vondel, sur une autre, relatifs au sujet qui étoit représenté dans l'estampe. Je ne copierai que les premiers, jugeant bien que ceux dont ils sont suivis n'en disent pas davantage :

I. — *Volvitur in caput.*

Dum pontem, Franckera, tuum fortissimus heros
  Ire parat, mediis precipitatur aquis.
Ingemuit veri turbatus imagine Martis,
  Nec valuit tanti pondera ferre Dei.
Anxia depressi cecidere repagula pontis
  Et male fida suum deseruere Ducem.
                            P. Francius.

II. — *Sol in aquario.*

Conculcatus equis, rigidæque simillima morti
    Vix sua confusis vultibus ora refert.
Ingratis heu crimen aquis, sic ergo peribit,
    In medio potius dignior hoste mori.
Accurrit comitum fidissimus agmine toto ;
    Auxiliaturam porrigit ille manum.

III. — *Ereptus ab undis.*

Talia tollebat cœlo Mauritius ora ;
    Submissi tensas intuerere manus.
Teutonicæ voluisse rei nostræque saluti
    Quis dubitat magnos consuluisse Deos?
Se tibi continuet clementia Numinis alti ;
    Hac duce, Nassavidum vincere perge, decus.

Ces trois pièces sont estimées et ne sont pas communes, même dans le pays, où elles se vendent assez chèrement.

PALME. La S⁰ famille de Jésus Christ, où ce divin Sauveur est representé sur les genoux de sa mère, au milieu de S. Joseph et de S⁰ Elisabeth accompagnée de S. Jean, qu'elle introduit auprès de Jésus et de Zacharie, son époux, qui indique le livre des saintes écritures soutenu par un ange. Gravé au burin par Pierre de Jode le jeune. — Chez P. Mariette. Tician inventor. Quelques uns croyent que c'est d'après un tableau du vieux Palme.

PARME (JACQUES de). S⁰ Jérôme à genoux dans le desert, méditant sur un crucifix. Gravé au burin par Corneille Cort en 1577. — Au bas : *Jacobus Parmen. inven.* Effectivement cette pièce a bien peu du goût du Parmesan ; mais quel est donc ce Jacques de Parme, dont aucun auteur n'a parlé?

PAULIS (JEAN ANTOINE DE). Pilate montrant Jésus-Christ couvert d'un manteau de pourpre et couronné d'épines. Gravé au burin par Jean Antoine de Paulis, d'après Ventura Salimbeni. Sur la face d'un degré dans l'ombre, on voit cette marque (1); sans doute que c'est celle du graveur. Je ne le connois pas. Le P. Orlandi fait mention d'un Antonio di Jacquart, intagliator, qui marquoit ses pièces A. D. I. F. Je ne sçais si ce seroit lui, car je ne connois pas ce graveur. *Statio formis Romæ.* J'en ay veu une épreuve dans l'œuvre de Callot, à qui elle estoit attribuée, mais elle n'est pourtant pas de luy. Outre la marque, qui n'a aucun rapport avec son nom, on y lisoit au bas : *Joannis Antonii de Paulis for.* Au burin.

PERIN DEL VAGUE. Le combat des Amazones, dans un ovale, gravé en 1543. Cette pièce est des moindres choses d'Enéas Vicus ; de la manière qu'elle est éxécutée, il est bien difficile de reconnoistre qui est l'inventeur. — Mais il est pourtant certain que l'invention est de Perin del Vague. Mr Crozat en a le dessein original fort beau, sur lequel cette estampe a été gravée. Il étoit autrefois dans le cabinet de Mozelli à Vérone. — Il m'appartient présentement.

— Une femme nue, appuyée près d'une piramide dans une place publique, et environnée d'hommes et de femmes qui accourent pour allumer leurs flambeaux aux flammes qui sortent de son corps. — E. V. à un coin de la planche. — Gravé à Rome en 1542, d'après Perin del Vague. Pour l'avoir bonne, il faut la rencontrer sans le nom de Salamanque. — Cette épreuve est avant que la planche fût entièrement achevée. — C'est la fable de la maîtresse de Virgile, punie pour

---

(1) Brulliot, 1re partie, no 265, 269, et Appendice, no 27.

l'avoir exposé à la risée du public. — Ant. Salamanca exc.
Extrêmement mal exécutée. Avec cette inscription :

Virgilium eludans meritas dat fœmina pœnas.

Romæ, anno 1542.

— Un dessein de grotesques par Perin del Vague, sur lequel est écrit par lui : Perinò fre..... per esser povero, a appartenu à Antoine Le Pautre. Il étoit ajusté de la même façon que tous ceux que j'ai eus chez l'abbé Brelot, et que je soupçonne avoir appartenu à cet architecte. Il les cotoit, et celui-ci l'étoit de N 72. Celui du même peintre, représentant la présentation au temple, lequel a appartenu au comte d'Arundel, a passé entre les mains du sr Loger avant que d'arriver dans celles de M. Crozat le jeune, avoit écrit au verso, le nom *Perino del Vaga.* (Voyez I, 205, et IV, 111-4.)

PESARESE. (Voyez I, 300, et IV, 115-116.) Joseph dans la prison expliquant les songes de deux officiers de Pharaon, qui y étoient pareillement détenus. L'un d'eux, assis sur le devant, est veu par le dos, et la figure, qui est nue, ressemble tout à fait à une académie. Il n'y a ni noms ni marque à cette pièce gravée à l'eau forte, mais l'on y reconnoît la manière de dessiner et de composer du Pesarèse, et certainement elle vient d'après son dessein. — Malvasia fait mention de ce dessein du Pesarèse dans la vie qu'il a donnée de ce dernier.

— La Se Vierge considérant l'enfant Jésus qui vient de naître. St Joseph à genoux prépare des linges pour l'emmailloter. Gravé au burin par Jean Charles Allet, en 1713, sur le dessein de Pierre de Pettis, d'après le tableau du Pesarèse. Dédié au cardinal Albani par le graveur, qui se qualifie *sculptor ærarius.* Le tableau est dans le cabinet du cardinal

Fabio Olivieri, grand admirateur du Pesarèse, son compatriote, dont il a fait graver quelques uns des tableaux qu'il possède.

— La S^e Vierge assise, ayant au devant d'elle l'enfant Jésus debout, adoré par S. Jean Baptiste, pendant que, dans le fond, St Joseph, appuyé sur une fenêtre, est appliqué à la lecture. Les deux marques, qui se trouvent au bas de cette estampe, sembleroient vouloir désigner que c'est le Guide qui en est le graveur, et que c'est Simon Cantarini, dit le Pesarèse, qui en est le peintre. L'on n'y voit cependant aucune apparence. Une estampe, si mal dessinée et gravée avec si peu d'intelligence, n'est jamais sortie de leurs mains, et ce que l'on peut croire de plus probable, c'est que ces deux fausses marques y ont été mises par quelque marchand intéressé pour surprendre les acheteurs. — Au bas, ces marques S. C. P. IXE — C. R. F. Cette première marque veut peut-être désigner *Simon Cantarini pinxit*, et l'autre marque désignera le nom du graveur, que l'on ignore.

— Jupiter, Neptune et Pluton faisans hommage de leurs couronnes aux armes du cardinal Borghèse, placées dans le ciel et environnées de génies qui portent les simboles des quatre Vertus cardinales. Cette pièce est si bien dessinée et gravée à l'eau forte avec tant d'art qu'elle a passé fort long-temps pour estre du Guide, quoyqu'elle soit de l'invention et de la graveure du Pesarèse. — Malvasia apprend que cette estampe a été faite pour une thèse, soutenue à Bologne, en 1633, par le docteur Fantuzzi. — On en trouve des épreuves sans les armes de Borghèse.

— Vénus assise dans un paysage, près d'Adonis de retour de la chasse. Cette petite pièce est de l'invention et de la graveure du Pesarèse. Elle est fort croquée, mais pleine d'esprit.

— Un amour, au pied d'Adonis, tient sa lance, et, sur le devant, un chien se repose. — Cité par Malvasia dans le supplément du catalogue des estampes à l'article *Stampe* de la table.

PIETRI (PIETRO DEI). Le Ratta, peintre génois, dans une lettre qu'il adresse à Mgr Bottari, et que ce dernier a fait imprimer dans le VIe volume des *Lettere sur la pittura*, p. 276, fait mention d'une petite estampe (*stampina*) qu'il dit être gravée par Pietro de' Pietri, et qui représente des âmes souffrant dans le purgatoire. J'en connois une où j'ai trouvé écrit au bas le nom de l'Algarde, et que j'ai rangé par cette raison dans l'œuvre de ce maître. Il se peut faire que ce nom y ait été mis par méprise, et j'ai un pressentiment que c'est véritablement la pièce gravée par P. de' Pietri, dont parle le Ratta. Il ne dit point que le graveur eût pareillement fourni le dessein de ce morceau, et alors il se pourroit fort bien faire que l'Algarde en fût l'inventeur, et P. de Pietri le graveur. Cela accorderoit toutes choses. — Ma conjecture est sans fondement ; j'ai présentement l'estampe gravée par Pietro de' Pietri, dont il est question dans la lettre écrite par le Ratti. Mal à propos le nomme-t-il *una stampina*, puisqu'elle est de la grandeur d'un grand in folio. Elle porte 14° 9′ h; 9° 9′ tr. Elle est entièrement gravée au burin, *e d'un bulino stentato*.

PIO. Un portement de croix, de Giuseppe Passeri, vient de la collection du Sr Pio, qui avoit écrit le nom de ce peintre au bas de son dessein, et qui, étant contemporain, ne peut être soupçonné de s'être trompé. Il en est de même du dessein de Suzanne, de François Trevisani, de celui de Pietro de' Petri représentant une Assomption en plafond, de celui du cavalier Giuseppe Nicolo Nasini, S. (.....), pape, dans une gloire. Tous ces desseins étoient ainsi étiquetés par le Sr Pio, et, par cette raison, je ne les crois point douteux.

PIPPI (GIULIO). Pub. Cornelius Scipion forçant le camp des Carthaginois. Cette pièce est d'un graveur ancien dont on ignore le nom; elle n'est nullement bien exécutée, et n'est considérable que parce qu'elle n'a été gravée que cette seule fois — au burin *R* Excudeb Ant. Salamancà, 1540. C'est une des tapisseries de l'histoire de Scipion, chez le roy, du dessein de Jules Romain, et non pas de celuy de Raphaël.

— Scipion et Annibal parlant ensemble à la teste de leurs armées séparées l'une de l'autre par une rivière. Cette pièce est gravée au burin, en 1541, par le mesme graveur que la précédente, et elle n'est pas mieux exécutée. C'est une des tapisseries de l'hist. de Scipion, chez le roy, du dessein de Jules Romain. Vasari, t. 2, p. 339, verso la fine, dice che questa stampa viene inventata da Giulio Romano, e credo di si. — Excud. Ant. Salamanca, 1541.

— L'empereur Constantin faisant la donation de la ville de Rome au saint siége, en la personne du pape St Silvestre, assis dans l'église de St Pierre. Ce tableau est peint dans une des salles du palais du Vatican, par Jules Pippi, Romain, sans doutte sur les desseins de Raphael. Jean Baptiste Franco, peintre vénitien, l'a gravé au burin. Il est fort rare d'en trouver des épreuves bien imprimées. — Vasari dit qu'elle est de l'invention de Jules Romain, et je n'en doutte pas.

PITTONI. Une suite de paysages représentans, pour la pluspart, des veues de ruines d'édifices, au nombre de seize pièces, inventées et gravées à l'eau forte par Jean Baptiste Pittoni, de Vicence. On ne les a mis encore icy que parce que quelques uns croyent que le Titien en est l'inventeur. — C'est ce même homme qui a gravé les antiquités de Scamozzi. Il a marqué ces pièces cy d'un B.P., qui sont les premières lettres de son nom. On le trouve tout au long au frontispice qui se trouve quelquefois à la tête de la suite, avec ce titre : Imagini favolose, nelli quali in diversi modi si vegono rappresentate le piu vaghe favole degli antichi, intagliate in rame da M. Battista Pittoni. In Veoetia, presso Francesco Ziletti, 1585. L'on apprend par l'avis au lecteur que les planches avoient passé d'entre les mains de Jerôme Porro en celles de Zellotti ; j'en ay veu un exemplaire plus complet de quatre pièces. Quelquefois il a aussi marqué son nom B. P. V.

AVERTISSEMENT DES ÉDITEURS

Lorsque nous avons commencé il y dix ans la publication des notes de Mariette, nous croyions promettre beaucoup, mais non pas autant que nous avons donné. Nous avions dressé à l'avance une table alphabétique des manuscrits pour pouvoir faire la copie au fur et à mesure des nécessités de la publication. Il eut certainement mieux valu avoir la copie tout entière avant de commencer, pour pouvoir la disposer dans un ordre parfaitement régulier et faire au besoin des renvois en avant aussi bien qu'en arrière; mais, forcés de prendre le temps de ce long travail sur d'autres occupations et de rendre moins sensible, en la répartissant, cette ingrate et fatigante besogne, que ses difficultés et sa longueur ne nous permettaient pas de confier à un copiste et qui nous a donné plus de peine que n'auraient fait des travaux personnels sans nous faire le même honneur, nous n'avions pas le choix des moyens; il a fallu faire comme nous avons fait, ou jamais nous n'aurions pu trouver en une fois assez de temps pour terminer une copie entière, et, si nous avions eu le courage de l'entreprendre, nous n'aurions peut-être pas eu celui de la terminer; car la table qui nous marquait les étapes de la route ne nous indiquait pas les distances. Le renvoi d'un nom nous donnait un article de quelques lignes, mais les renvois de tel autre nous faisaient travailler des jours entiers, quelquefois des semaines, et faisaient plusieurs feuilles d'impression. Nous comptions sur deux ou trois volumes; nous sommes arrivés à en donner six, et nous devons remercier et l'éditeur et les souscripteurs des Archives de nous avoir suivis jusqu'au bout.

C'est cette longueur, d'abord imprévue, qui, pour ne par faire encore attendre la fin de la première série des Archives, nous engage à ne pas ajouter au Mariette l'étude sur sa vie et sur ses travaux de critique que nous avions annoncée en commençant. Elle est écrite, et paraîtra séparément; mais, entre sa publication et celle de la Table complète des noms de lieux et de personnes de la série des Documents, il n'était pas possible d'hésiter pour la commodité des recherches et l'utilité directe des Archives. Cette table leur donne un complément nécessaire, trop souvent absent des ouvrages qui en ont le plus besoin, et elle ne pouvait être imprimée qu'avec elles; au contraire, et sans parler des travaux récents qui ont entretenu le public du savant amateur, son livre parle d'un côté pour lui-même et de l'autre notre étude personnelle peut sans inconvénient paraître ailleurs. C'est à ce parti que nous nous sommes arrêtés; et, laissant absolument de côté tout ce qui se rapporte à la personne et aux travaux de l'écrivain, dont nous sommes heureux d'avoir amené au jour et mis dans le courant la science critique et les saines appréciations, il ne nous reste, dans cette courte post-face, qu'à parler rapidement des manuscrits que nous avons consultés, des principes qui nous ont guidés dans notre publication, et des limites dans lesquelles, pour une partie de ces notes, nous avons dû tenir notre choix. Ces détails, que nous devons à tout le monde, seront particulièrement utiles à ceux qui parlent des papiers de Mariette comme les ayant personnellement étudiés, et qui ne lisent pas toujours avec assez de soin la publication qui en est extraite.

Tous les manuscrits dont nous nous sommes servis sont, comme on sait, à la Bibliothèque impériale. Ceux qui se trouvent au Cabinet des estampes lui ont été vendus par M. Leblanc, père de l'auteur du *Manuel de l'amateur d'estampes;* il les tenait de Regnault de Lalande, à qui ils n'ont pas dû être inutiles lorsqu'il rédigeait ses très-consciencieux catalogues de ventes.

Le premier de ces manuscrits est un exemplaire interfolié du volume in-4° de l'*Abecedario pittorico*, publié en 1719 à Bologne par l'abbé Orlandi, qui le dédia à Crozat, l'un des amis de Mariette. Les additions de celui-ci portent aussi bien sur des noms nouveaux que sur les artistes figurant déjà dans le livre imprimé, et elles sont insérées dans l'ordre adopté par l'auteur italien. Celui-ci, selon un l'usage de sa patrie, à coup sûr peu commode dans un dictionnaire biographique, les range non pas au nom de famille ni au nom sous lequel les peintres sont le plus connus, mais dans l'ordre de leur prénom, et par suite, quand ils en ont deux ou plusieurs, de leur premier prénom. A la table de concordance d'Orlandi Mariette avait commencé d'ajouter la concordance de ses compléments, mais sans l'achever; nous l'avons refaite, pour pouvoir remettre ses additions dans leur ordre naturel, et, sauf les articles en italien de l'édition napolitaine d'Orlandi, augmentée par le Guarienti, que Mariette avait copiés pour les réunir au texte primitif, nous avons imprimé tout le travail de Mariette sur l'Abecedario. Par leur nombre et bien plus encore par la façon dont la plupart de ces notes complémentaires sont écrites avec un soin qui témoigne que Mariette les rédigeait, au moins d'abord, pour publier un Abecedario en français, ce sont elles qui forment le cadre de notre publication et qui nous en ont donné le titre.

Le second manuscrit, beaucoup plus volumineux, et que nous appellerons les Notes de Mariette sur les graveurs, est d'une autre nature. Il comprend dix volumes in-folio, composés de cahiers autrefois séparés et reliés aujourd'hui dans un ordre alphabétique approximatif. Ce sont en réalité des catalogues d'œuvres gravés d'après les peintres et d'œuvres de graveurs; seulement ce ne sont pas des travaux faits pour l'impression, comme, à tout prendre, on pourrait dire que l'était le volume de l'Abecedario. Originairement c'est un inventaire, généralement très-sommaire, parfois détaillé, et suivant les volumes et les pages de la collection d'estampes formée pour eux-mêmes par le grand-père et le père de Mariette et vendue par ce dernier au prince Eugène. Cet inventaire a certainement été recopié, et cette copie se trouve certainement à Vienne, car Bartsch, qui n'a pas connu nos manuscrits de Paris, a donné comme de lui tant de remarques et de descriptions entières, textuellement copiées de Mariette, que l'existence à Vienne de cette copie, dont notre manuscrit serait originairement un des brouillons, est prouvé

par son plagiat, trop continu pour qu'il n'ait pas eu affaire
à un double de notre inventaire. Seulement, notre brouil-
lon, ou plutôt cette première mise au net a servi à Mariette
jusqu'à sa mort de cadre pour une quantité innombrable
d'indications nouvelles, de corrections, de remarques de
tout genre, écrites dans tous les sens, dans les marges,
dans les bouts de lignes, entre les lignes et presque entre
les mots. Bartsch, au moins pour les Italiens, a pris sa
gloire dans le premier travail; elle serait plus grande s'il
avait connu ce second travail, où Mariette a noté, d'après
les pièces qui entraient dans sa propre collection ou qui
passaient sous ses yeux, tous les progrès de sa science et
de sa critique, et où le disparate des écritures de ses divers
âges et surtout le désordre croissant des additions enche-
vétrées ajoutent autant de vie et d'intérêt qu'ils enlèvent
de clarté. Au commencement, c'était, dans l'ordre des
pages des volumes, la table d'une collection; à force d'être
reprise à chaque instant pour servir de memento et de cahier de remarques, ce n'est plus qu'un amas de notes de
toute nature, qui n'étaient pour Mariette que des matériaux amassés, qu'un magasin de renseignements, lentement réunis pour lui fournir, à un jour donné, ce dont il
aurait eu besoin pour écrire une histoire de la gravure ou
pour rédiger définitivement les monographies de l'œuvre
de tel ou tel peintre ou de tel ou tel graveur.

Si les extraits pris par nous dans ces notes de graveurs
constituent au moins la moitié de notre publication,
nous n'avons pas besoin de dire que nous sommes loin
d'avoir tout donné, et que nous avons laissé plus encore
que nous n'avons pris. Un seul homme pourrait faire profiter réellement la science de la gravure de cet énorme

travail; ce serait celui qui aurait la patience, après avoir
copié chaque note sur un feuillet séparé, d'en composer
méthodiquement les œuvres des graveurs disposés en dictionnaire; en joignant à ce travail de Mariette et en y
fondant, avec les marques d'origine, celui de Heineken
qui est conservé à la Bibliothèque de Dresde, on ferait une
œuvre singulièrement utile, nouvelle sur bien des points,
et que personne ne peut se vanter de recommencer personnellement, mais nos intentions nous interdisaient ce
travail. Non-seulement les mentions des pièces sans nom
d'auteur, originales ou copiées, et tout l'essai de catalogue des camaïeux italiens anonymes, que nous recom-
manderions à une publication particulière, échappaient à
la nôtre, puisque les notes de ce genre, si intéressantes
qu'elles soient, manquent des noms de personnes nécessaires pour les faire entrer dans un *abecedario* d'artistes;
mais nous nous serions trop éloignés de ce que nous
pouvions et voulions faire. Notre but n'était pas de cons-
tituer en catalogues de gravures et d'œuvres de graveurs
les dix volumes des notes de Mariette; son Abecedario, qui
était le fonds de notre publication, nous traçait une voie
stricte dont nous ne devions pas nous écarter, celle de
laisser de côté tout ce qui était description pure et simple
d'une gravure ou distinction d'un état, de négliger tout
ce qui n'était que du catalogue pour prendre seulement
ce qui est remarque biographique, discussion artistique
et appréciation détaillée, en un mot tout ce qui cesse
d'être une mention pour prendre la forme d'une remarque
raisonnée.

C'est là la règle qui a présidé à l'établissement de la
table préparatoire que nous avons dû dresser pour nous

indiquer les extraits à faire, et, comme notre but était de
tirer un Abecedario d'artistes des papiers de Mariette,
nous les avons rapportés, toutes les fois que nous l'avons
pu, au nom des peintres plutôt qu'à celui des graveurs,
aux premiers auteurs et aux modèles plutôt qu'aux tra-
ducteurs et aux interprètes.

On voit, par ce que nous venons de dire des limites que
nons nous sommes imposées, que nous sommes loin
d'avoir épuisé tout ce qui se trouve d'intéressant dans
ces Notes de graveurs. Pendant que nous avancions lentement, notre regrettable ami, M. Renouvier, a parcouru
plus d'une fois ces précieux volumes, et ses *Types et manières des Maîtres graveurs* en ont profité en plus d'un
point, comme aussi le *Callot*, de M. Meaume; d'autres
les imiteront, et personne désormais ne devra commencer
ou terminer la monographie de l'œuvre d'un peintre ou
d'un graveur anciens sans venir puiser largement à cette
source féconde, mais nous devions nous restreindre pour
tenir nos promesses et mener sûrement à fin ce que nous
avions entrepris.

Le troisième manuscrit que nous avons consulté ne
se trouve pas au Cabinet des estampes, mais à celui des
manuscrits. C'est une traduction, en trois volumes petit
in-4°, de la première édition des *Anecdotes de la peinture
en Angleterre*, de Walpole; nous ne l'avons connue qu'au
milieu de notre travail, de sorte que ce qui aurait dû figurer dans les premières lettres a dû attendre jusqu'au
Supplément. Beaucoup de notules ne sont compréhen-
sibles qu'au bas du texte; nous les avons négligées pour
prendre tout ce qui avait une valeur et un intérêt personnels.

Nous n'avons rien à dire de l'appendice, où nous avons réuni quelques petits ouvrages imprimés de Mariette ; nous ajouterons cependant que nous avons inséré, à leur ordre de noms d'artistes, les remarques de Mariette dans le Catalogue Crozat, quelques-unes de celles de sa Description du cabinet Boyer d'Eguilles quand elles étaient biographiques, et aussi des notes éparses que nous avons trouvées ou qu'on nous a signalées sur des gravures ou sur des livres. Nous aurions dû recevoir plus de communications de ce genre que nous n'en avons eues, car Mariette annotait ses livres aussi bien que ses catalogues de ventes, et de ce côté nous devons être très-incomplets.

Nous devons faire encore deux remarques ; l'une est relative à Mariette, c'est de se souvenir que, si tout ce qu'on a lu est bien de lui, il n'y faut pas chercher autre chose que ce qui s'y trouve et lui reprocher de ne pas avoir fait un ouvrage, d'avoir été trop court sur celui-ci et trop long sur celui-là, de manquer d'homogénéité et de proportion entre les parties. Jamais Mariette, dont nous n'avons là que des fragments, n'aurait imprimé ses travaux sous cette forme ; il avait amassé ces matériaux pour en tirer plus d'un ouvrage, mais le lecteur n'a affaire ici qu'à des notes, et il ne doit pas l'oublier. L'autre remarque, — on vient de voir que nous avons eu autre chose à faire qu'à transcrire, comme quelques-uns l'ont cru, un manuscrit tout préparé qui se suivait bien régulièrement du commencement jusqu'à la fin, — porte sur ce qui a été notre travail d'éditeurs, et sur l'ordre adopté par nous dans la disposition des notes éparses que nous réunissions pour en composer chaque article. Nous avons invariablement mis d'abord

les faits biographiques, par ordre de dates, et les appréciations ; les œuvres sont rangés ensuite par nature de
sujets, sujets religieux dans l'ordre de l'Ancien et du
Nouveau Testament, saints et saintes par ordre alphabétique, sujets mythologiques par ordre d'importance reli-
gieuse, faits de l'histoire ancienne et moderne dans l'ordre
des temps, portraits par ordre alphabétique ; à l'occasion,
nous avons rangé les peintures monumentales d'après la
disposition des lieux qu'elles décoraient et réuni les titres
de livres, les dessins, les gravures en bois, les paysages,
les allégories. Il n'y a pas un article qui ait donné lieu
d'y réunir toutes ces divisions, et toutes ne nous revien-
nent pas en mémoire ; mais en somme, ce qui nous a toujours préoccupés a été de disposer les notes par groupes,
pour en augmenter l'intérêt par la clarté qui peut résul-
ter de leur position relative, et pour en rendre au besoin
la recherche plus facile. Nous devons aussi ajouter que,
quand dans un alinéa on trouve des phrases séparées par
des tirets, ce sont des notes écrites à des époques différentes, qui se complètent ou se corrigent ; ce sont celles
aussi dont la copie a été la plus pénible et parfois la plus
délicate, car il fallait reconstituer la pensée successive,
choisir entre plusieurs rédactions plus ou moins incom-
plètes, rétablir parfois et lire sous les ratures l'erreur effacée pour rendre compréhensible sa correction. Ailleurs,
et malgré la netteté habituelle de cette écriture élégante,
lorsque la note a été tracée trop rapidement et en man-
geant les lettres, ou lorsqu'elle est de là main tremblante
des dernières années, il a fallu essayer le sens avant de
reconnaître le mot, et se résigner à ne lire, en s'y prenant
à plusieurs fois, que lorsqu'on avait deviné.

Enfin nous ne terminerons pas sans remercier les conservateurs du Cabinet, M. Duchesne aîné, M. Deveria, M. Henri Delaborde, de l'aide qu'ils ont prêtée à notre longue besogne ; ils n'ont pas pu la rendre plus courte, ils l'auront faite au moins plus aisée par les facilités bienveillantes qui nous ont toujours été continuées. M. Joly, le prédécesseur de M. Duchesne, avait voulu faire acheter toutes les collections de Mariette ; il avait trop raison pour être écouté. Nos manuscrits s'y seraient trouvés et peut-être bien d'autres encore. M. Duchesne les a plus tard rattrapés au passage ; c'est lui qui les a fait acquérir par la Bibliothèque du roi. Il y a d'autant plus de mérite qu'ils sont restés bien longtemps sans être consultés, et la première marque publique qui en ait paru est la note sur Petitot et sur Oudry, publiée en 1845 par M. Villot dans le *Cabinet de l'Amateur*. Aussi n'est-ce que justice, à la fin de ces six volumes de rappeler le nom de M. Duchesne ; ces manuscrits de Mariette eussent pu, sans lui, finir par se perdre en passant de main en main. Peut-être les a-t-il sauvés du papier ; croyons qu'il ne se trouvera personne aujourd'hui pour lui jeter la première pierre.

P. DE C. — A. DE M.

Paris. — Impr. de PILLET fils aîné, rue des Grands-Augustins, 5.

Paris. — Imp. de PILLET fils aîné, rue des Grands-Augustins, 5.